福建省委宣传部高校哲学社会科学基础理论研究项目（JSZM2020046）
福建省科技厅创新战略研究项目（2021R0084）　　　　资助出版
福建江夏学院学术著作专项基金

利率走廊调控国际经验与中国目标模式构建研究

杨斌　著

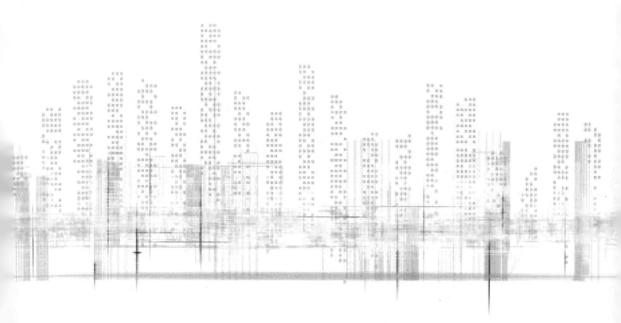

中国金融出版社

责任编辑：童祎薇
责任校对：孙　蕊
责任印制：程　颖

图书在版编目（CIP）数据

利率走廊调控国际经验与中国目标模式构建研究/杨斌著. —北京：
中国金融出版社，2022.6
ISBN 978 – 7 – 5220 – 1651 – 1

Ⅰ. ①利…　Ⅱ. ①杨…　Ⅲ. ①利率—研究　Ⅳ. ①F820.1

中国版本图书馆 CIP 数据核字（2022）第 102652 号

利率走廊调控国际经验与中国目标模式构建研究
LILÜ ZOULANG TIAOKONG GUOJI JINGYAN YU ZHONGGUO MUBIAO MOSHI
GOUJIAN YANJIU

出版
发行　中国金融出版社

社址　北京市丰台区益泽路 2 号
市场开发部　（010）66024766，63805472，63439533（传真）
网 上 书 店　www.cfph.cn
　　　　　　（010）66024766，63372837（传真）
读者服务部　（010）66070833，62568380
邮编　100071
经销　新华书店
印刷　河北松源印刷有限公司
尺寸　169 毫米 × 239 毫米
印张　17.5
字数　236 千
版次　2022 年 6 月第 1 版
印次　2022 年 6 月第 1 次印刷
定价　69.00 元
ISBN 978 – 7 – 5220 – 1651 – 1
如出现印装错误本社负责调换　联系电话　（010）63263947

前　　言

近年来，我国货币金融领域出现中国特有的货币现象。在市场总体流动性充裕的情况下，银行间市场出现"钱荒"和"资产荒"，而中小企业较难申请到贷款，通过民间借贷资金成本又很高，金融市场"量宽价高"问题突出，反映了金融创新和金融"脱媒"加速背景下，货币内生属性增强，数量型调控难度加大，中央银行货币政策的数量目标和价格目标难以兼得，有必要构建利率走廊调控框架，实现价格稳定。后凯恩斯主义内生货币供给理论认为货币供给内生于实际经济活动，利率则外生地由中央银行设定的政策目标利率决定，早已"预言"了利率走廊调控的必然性。马克思主义货币理论对利率由两大资本家阶级分割社会平均利润率决定的论述对利率走廊调控具有重要指导意义。其启示意义在于，中央银行可以综合运用利率走廊调控和宏观审慎政策控制商业银行的利息收入和非息收入，使银行业取得社会平均利润率，有助于让金融回归本源，更好服务实体经济。因此，构建利率走廊调控必须坚持马克思主义货币理论的指导地位。

改革开放40多年来，人民银行从直接信贷控制转变到当前间接货币总量调控，还初步尝试构建利率走廊调控模式。由于当前货币政策目标过多，缺乏对价格的有效调控，无法平抑市场利率波动，因此，利率走廊的可信度和中央银行的信誉度受到挑战，影响货币政策最终目标的实现。通过分析我国微观货币创造机制，笔者发现在我国经济金融领域货币的内生属性和利率的外生属性都有增强的趋势，数量型调控难度加大，价格型调控可能性提高。英美两国货币政策发展史的路径差异表明货币政策框架的选择与一国的经济发展阶段和金融发展程度密切相关。随着我国经济向稳态增长逼近，利率走廊调控建设具有相当的重要性和紧迫性。因此，必须进一步加快利率走廊调控体系建设，克服数量型调控框架固有缺陷，实现向价格型调控框架转型。发达国家利率走廊调控模式的建立一般需要具备以下基础条件：具有基准性的政策目标利率，合理设定的走廊宽度，能与价格型调控相配合的公开市场操作和具有流动性管理功能的准备金制度。在人民银行推动下，持续的利率和汇率市场化改革使我国初步具备构建利率走廊调控的基础条件，但价格型调控框架的完全建立仍存在一定的阻碍因素，特别是经济和金融结构扭曲，成为货币政策传导的"中梗阻"，对利率走廊调控体系建设构成挑战。为完善我国价格型调控框架，在充分借鉴国外先进经验并结合我国转轨经济特征的基础上，笔者提出构建我国利率走廊调控目标模式。

通胀目标制具有规则性和透明性，能够加强中央银行与公众沟通，有利于形成和引导公众预期，因此构建利率走廊调控目标模式首要的是实行通胀目标制。上海银行间同业拆放利率（Shibor）具有市场性、基础性和主导性，利率走廊调控要以 Shibor 作为基准利率，以有效引导市场利率走向。利率走廊宽度通过改变机会成本改变商业银行的微观行为，因此最优利率走廊宽度的设定要充分考虑调控成本、中央银行容忍度和外生冲击类型。在我国转轨经济特征背景下，人民银行具有价格稳定和金融稳定双重目标，利率走廊还需要余额准备金制度相配合才能实现最终目标。针对存在的问题，一要增强利益诱导的有效性。强化 Shibor 的基准性；完善合格担保品框架，提高融资可得性；改变准备金制度的期间平均考核方式，实行自愿准备金制度。二要强化中央银行的预期引导。构建"通胀目标制 + 宏观审慎政策"的调控框架；提高中央银行独立性和货币政策透明度。三要健全顺畅的货币政策传导机制。加强金融市场建设，规范微观市场主体行为，还应提高分析预测能力以应对货币政策时滞问题。

目　　录

绪　　论

第一节　研究背景与意义

一、研究背景

改革开放40多年来，中国对内采取渐进式分权改革，重塑中央与地方、政府与市场的关系，明晰产权，激发市场活力，引导经济沿着帕累托效率改进的路径来实施；对外持续拓展与深化开放的广度与深度，顺应全球化趋势主动融入世界经济，特别是加入世界贸易组织后，抓住世界新科技革命的重要战略机遇期，根据比较优势大力发展外向型经济，从落后的农业国迅速发展成为"世界工厂"。经济总量排名世界第二，制造业规模跃居全球第一，经济建设取得举世瞩目的成就。然而，40多年来经济发展并非一帆风顺。通胀与通缩、经济过热与经济下行伴随经济景气循环周期性出现。中国政府在把握好改革开放的节奏与力度的同时，综合运用财政政策和货币政策，逆经济风向加强对宏观经济的调控，中国经济在总体上保持稳定与均衡发展。与财政政策相比，货币政策可以算得上是中国宏观调控的"新"工具。1983年9月，中国人民银行开始专司中央银行职能，我国才有了真正意义上的现代货币政策调控框架。在熨平宏观经济波动过程中，人民银行在货币政策应该逆什么风向和逆多大风向的问题上不懈追求、努力探索，实现货币政策框架由直接信贷控制向间接数量型调控重大转型，逐步形成以货币总量为中间目标，综合运用多种货币政策工具，最终实现价格稳定和经济平稳增长的数量型调控框架。新框架有效熨平了经济周期性波动，经受住了 1997 年亚洲金融危机和 2008 年国际金融危机的考验，取得良好的调控效果。

进入 21 世纪的第二个 10 年以来，中国经济面临更为复杂的国内外环境，货币政策由数量型调控向价格型调控转型显得尤为必要和紧迫。国际环境方面，民粹主义、霸权主义和逆全球化思潮抬头，世界经济复苏进程缓慢。国内环境方面，我国经济"大而不强"的特征十分明显。2017 年，我国人均国内生产总值世界排名第 68 位，占世界人均水平的82.37%。与西方发达国家相比差距更大，仅是欧盟的 23.39%、美国的14.83%。① 从供给侧分析，我国制造业劳动生产力低，处于全球价值链低端，关键核心技术仍受制于人；人口红利消失、劳动力成本快速上升、资源环境约束增强、出口导向模式不可持续。中国经济步入新常态，国内产出由高速增长换挡到中高速增长，迫切需要实现新旧动能转换，向高质量增长转型。因此，在国家产业政策支持下，新技术革命成果在经济领域的应用，不论在广度和深度上都在加大，进一步加快我国金融创新节奏，加剧金融"脱媒"趋势，增加货币当局实施数量型调控的难度。20 世纪 90 年代，主要发达国家也面临同样困境。在科技推动下，信息技术向金融行业渗透，加速金融创新。货币需求函数变得越来越不稳定，降低了各国中央银行实施数量型调控的有效性。在数量型调控框架下，货币需求的不稳定会增加中央银行预测的难度。预测误差主要通过实际产出对货币政策目标的偏离和市场利率的剧烈波动表现出来。21世纪以来，我国货币市场利率波动趋势明显、频率加快。特别是近 10 年来，利率波动有不断加剧的特征，并在 2013 年达到峰值。当时同业间流动性骤紧，市场利率飙升到 13.6% 的高位。这一被称为"钱荒"的现象引发市场广泛关注。高关注度一方面体现在对长期以来我国中小民营企业"融资难、融资贵"的担忧，另一方面也体现在市场在货币政策宽松

---

① The world bank. GDP Ranking ［EB/OL］. https：//datacatalog. worldbank. org/dataset/gdp － ranking, 2018 － 10 － 11.

背景下对"钱荒"现象的困惑。"钱荒"现象是我国当前数量型调控框架下货币政策调控难度加大具有代表性的例证。数量型调控框架将调控重点放在总量指标上，缺乏对价格的有效引导，不合理的利率波动会扰乱价格的信号作用，影响市场发挥资源基础性配置功能。人民银行在认识到利率稳定的重要性后，借鉴国际利率调控经验，尝试打造利率走廊调控机制。2015 年后期我国货币市场利率波动趋稳，说明了利率走廊机制的有效性。但到了 2016 年，人民银行为完成"去杠杆"任务收紧流动性，利率走廊上限不断被突破，利率走廊机制的可信度和中央银行的信誉度受到挑战，这说明当前利率走廊调控机制还不健全，中央银行调控利率的能力还有待提高。

在国内外宏观环境变化背景下，党的十九大审时度势提出构建社会主义现代化经济体系[①]，其中重要一环就是建设现代化金融体系。中央银行作为货币政策制定者和实施者，必须完善货币政策调控体系，为经济的可持续发展提供可靠保障。从主要发达国家成熟的利率走廊调控来看，调控顺利实施必须具备一定基础条件。我国货币当局应该抓紧建立健全利率走廊调控体系，在实践中提高利率调控的能力，为构建利率走廊系统创造有利条件，以应对日益严峻的货币政策调控形势。

二、研究意义

本书研究的对象是中央银行货币政策框架，目的是探讨如何构建符合中国经济发展阶段的利率走廊系统。利率是资金的价格，有效的利率形成与传导机制是市场发挥资源配置基础功能的关键。利率的合理波动反映了利率良好的价格信号功能；利率的不合理波动，根据新凯恩斯主义协调失效模型，会在市场形成悲观预期，将经济由好的均衡推向不好的均衡，导致货币政策最终目标无法实现，并可能在剧烈

---

①　习近平. 决胜全面建成小康社会　夺取新时代中国特色社会主义伟大胜利 ——在中国共产党第十九次全国代表大会上的报告 ［EB/OL］. http：//www. xinhuanet. com//politics/2017 – 10/27/c _ 1121867529. htm，2017 – 10 – 27.

的价格波动动摇市场信心后引发危机。当前我国金融市场存在"量宽价高"的现象。市场流动性宽裕，而中小企业融资渠道少，获取资金的成本高，说明价格存在扭曲，信号作用弱化。虽然货币当局在货币政策实践中对构建利率走廊调控框架进行了初步的探索，但没有起到很好的调控效果。因此有必要探讨如何构建完善的利率走廊调控框架。只有有效的中央银行调控才能实现市场价格的稳定，才能更好地发挥市场的基础性作用。

价格扭曲是表，经济和金融结构扭曲是里。当前我国处于经济体制转轨特殊时期，城乡经济结构中二元经济并存，金融领域中正规金融和非正规金融并存，是金融服务实体经济能力不足的重要原因。我国金融体系中有效配置资源的基准价格：利率、汇率还未完全实现市场化，国债收益率曲线还不完整；虽然已经告别资金短缺时代，但是长期资金和权益类资金短缺，存在"期限错配"和"权益错配"；金融服务普罗大众特别是弱势群体的普惠性金融仍有待开发；资本项目自由化和人民币国际化进展缓慢，成为构建开放型经济体的掣肘；金融监管的有效性、规范性和稳健性亟待提高，防患与化解系统性金融风险刻不容缓。其中，利率市场化改革是"牵一发而动全身"的重要领域和关键环节，利率市场化所达到的程度是影响金融领域其他问题的根本，利率市场化改革的顺利完成关系到是否能建成与国民经济稳定运行相匹配的现代化金融体系。利率市场化改革能否实现的关键是构建现代化的货币政策调控框架。因此，本书研究具有重要的实践意义。

通过文献梳理，笔者发现国外利率走廊相关文献主要是以发达国家完备市场作为隐含的前提假设，针对不同发展阶段特征进行利率走廊建设的研究很少。国内文献也主要局限于利率走廊机制的研究，实证研究没有针对不同的市场条件进行建模，降低了研究结论适用于中国的有效性。利率走廊调控是在西方经济和金融理论与实践基础上发展起来的，其在货币政策实践中的成功与西方特定的经济金融制度和环境密切相关。西方发达国家已经走完了工业化和城市化的进程，而我国尚处于计划经济向社会主义市场经济转轨的特殊阶段。我国构建利率走廊调控体系必须结合本国经济金融的具体国情，不能完全照搬照抄，避免出现"唯洋是举""食洋不化"。

　　我国是社会主义国家，以马克思主义理论为总指导进行经济建设。因此，本书在理论基础方面，首先研究西方利率走廊调控及其货币理论基础，进而阐述马克思主义货币理论。对两者进行对比分析时，发现有联系，也有差异。从两者的联系出发，本书尝试用马克思主义货币理论对利率走廊机制进行分析，发现利率走廊机制体现了马克思主义的货币内生性思想，说明马克思主义理论适合用于指导我国利率走廊建设。两者的差异反映了阶级立场的不同。马克思主义货币理论将利息率分为市场利息率和一般利息率。在货币市场中，市场利息率就是利率走廊所要调控的隔夜市场利率，一般利息率就是中央银行要实现的政策目标利率。马克思运用阶级分析方法分析了一般利息率由社会平均利润率决定，最终决定于阶级力量的对比。启示意义在于我国在利率走廊建设与调控中要以马克思主义为指导，通过利率走廊调控让银行业取得社会平均利润率，从而避免金融业暴利对实业的剥夺。因此，本书用马克思主义理论研究利率走廊调控是一种理论创新。

　　为构建我国利率走廊调控的目标模式，本书回顾了我国货币政策20 多年来的发展路径，并结合当前具体的经济金融条件分析了货币政策框架转型的必然性、必要性和可能性。通过回顾西方主要发达国家货币政策的历史演变，梳理西方国家当前利率走廊调控的经验，总结了构建利率走廊调控体系必须具备的基础条件。结合我国目前数量型调控框架下的有利条件和障碍因素，提出我国构建利率走廊调控的目标模式。目标模式的构建充分结合定量与定性分析方法，在定量方法上将我国特殊的国情以建模的形式放在动态一般均衡框架内进行探讨，并通过动态数值模拟检验了模式的有效性。因此，本书不论在利率走廊的理论基础还是构建的具体策略上都进行了必要的"中国化"，具有重要的理论意义。

第二节　文献回顾

一、国外相关研究

利率走廊调控理论可以追溯至 18 世纪中期的真实票据理论，在一定程度上可以说前者是后者的现代版本。真实票据理论将货币供给与名义真实票据数量挂钩，利率走廊调控将货币供给与名义利差（市场利率与目标利率之差）挂钩，两者都将货币供应直接与反映通货膨胀压力的不受控制的名义变量联系起来，产生了通货膨胀反馈机制，会导致价格和货币无限期螺旋上升。19 世纪中后期的银行贴现率学派在对真实票据理论进行批判的过程中，形成了中央银行如何设定银行贴现率使市场利率逼近真实利率的构想，初步构建了利率走廊调控的具体操作思路。20 世纪初，货币数量论和银行准备金头寸学说在凯恩斯的极力支持下迅速被各国中央银行接受，成为 20 世纪大部分时期除英格兰银行外各西方主要国家中央银行货币政策实践的主导范式，而利率调控理论没有受到应有的重视。直到 20 世纪90 年代货币需求函数不稳定导致货币供应量和名义收入关系的破裂，数量型调控的效力受到普遍质疑，以货币总量为中介指标的做法逐渐被各国中央银行摒弃，利率走廊调控相关理论和实践才又重新回到人们的视野。

（一）利率走廊的作用机制

Clinton（1997）最早通过图示分析利率走廊调控的作用机制。分析以加拿大中央银行在零准备金制度下进行利率走廊调控为案例进行。加拿大的商业银行在加拿大中央银行设立结算余额账户，加拿大中央银行公开市场操作控制结算余额的供应量。Clinton 认为加拿大中央银行能够控制结算余额的供应量还不足以实施货币政策，必须保证商业银行对结算余额的需求是确定的，否则结算余额需求曲线的不规律移动会使给定的结算余额对经济中均衡的货币量产生不可测的外生冲击。为了保证对结算余额有确定的需求，零准备金下的利率走廊调控必须包含一系列激励商业银行以中央银行零结算余额为目标的规则和措施。这些激励措施主要包括：规定商业银行必须通过中央银行的结算账户进行转账、结算与支付款项的操作；设定商业银行在交易日期间在中央银行结算账户上的透支与盈余具有对称的机会成本。Clinton 对于对称的机会成本设定了两种情况。第一种情况下，商业银行在中央银行存款利率和借款利率之间有 50 个基点的利差，市场利率位于利率走廊中间，这样商业银行盈余和赤字的成本均为 25 个基点。在这种情况下，商业银行成本最小化的结算余额的目标为零余额。第二种情况下，中央银行不对存款支付利息，并设定借款利率为市场利率的两倍。在这种情况下，商业银行有正的储备余额的机会成本是其不在市场中放贷所放弃的利息，而商业银行透支的机会成本等于其透支量在市场中所能获得的利息收入减去中央银行对其征收的罚息。因此，盈余的机会成本等于透支的净成本，商业银行成本最小化的结算余额的目标仍然为零余额。这样借款利率和存款利率构成了走廊的上下限，中央银行实际上不需要公开市场操作就能将市场利率控制在走廊中间。同时，Clinton 还强调了在零结算余额要求下，采取期间平均考核有利于稳定短期利率的波动。

　　Woodford（2001）对利率走廊调控作用机制进行了更深入的图示分析，确定了利率走廊下的准备金供给和需求曲线及均衡的市场利率决定。他认为中央银行除了通过公开市场操作提供一定数量的结算余额，还向商业银行提供常备贷款和存款便利工具。常备贷款利率和常备存款利率构成利率走廊的上下限，目标隔夜市场利率位于利率走廊中间。由于这两个工具是常备工具，因此商业银行没有理由不向中央银行借款，而通过隔夜市场以更高的利率借入资金。同样，商业银行没有理由不将资金存入中央银行，而以更低的利率在隔夜市场出借资金。这样市场利率就能够有效地控制在利率走廊中间。Woodford 认为，两个常备便利工具确定了清算资金供给和需求曲线的形状。货币供给曲线在贷款利率位置水平部分表明常备借贷便利下的隔夜清算资金供给是完全弹性的。货币供给曲线在存款利率位置水平部分表明无论隔夜清算资金的需求有多低，存款利率都能为隔夜利率设定下限。清算资金供给曲线的垂直部分表示不是由常备借贷便利提供的清算余额净供给。在利率走廊区间中，由于持有超额准备金的机会成本是市场利率的增函数，其与市场利率同方向变动，因此清算资金的需求曲线向右下方倾斜。清算资金供给和需求曲线的共同作用决定了市场利率在利率走廊通道内的均衡位置。

Keister、Martin 和 Mcandres（2008）将利率走廊由对称系统拓展到地板系统。他们认为许多中央银行的操作方式是在货币供应量与货币政策之间建立紧密联系，因为准备金的供应必须精确设定以实现目标利率[①]。由于准备金在经济中发挥着其他重要作用，这种联系可能会引起中央银行其他目标无法实现，尤其是在严重的市场流动性紧张时期。他们认为实施货币政策的另一种方法是，可以通过将准备金数量从利率目标框架中剥离出来，消除货币供应量与货币政策之间的紧张关系。而这种剥离的方式就是按目标利率对超额准备金支付利息。均衡利率将不再取决于准备金余额的确切数量，中央银行可以增加准备金的供应量，目标利率将在需求曲线的平坦部分实现，同时市场利率不会低于目标水平。在这一安排下，对称系统退化为地板系统，并允许中央银行根据金融市场的清算需求和流动性需求来设定准备金余额供应，以实现有效的资源分配。地板系统会将利率目标的货币数量与货币政策分离。这种分离给了中央银行两个独立的政策工具：利率目标可以按照通常的货币政策考虑来设定，而准备金的数量可以独立设定。

（二）利率走廊的理论模型

Woodford（2000）通过构建银行间市场资金供求模型分析加拿大中央银行的货币政策操作框架。根据模型预测，清算资金的需求是隔夜利率相对于存贷款利率的函数，而与上述利率的绝对水平无关。中央银行只要移动利率走廊，并保持存贷款利率相对于目标隔夜利率的位置不变，隔夜市场利率就会相应变化。同时，中央银行通过改变常备借贷便利工

---

① Keister, Martin, Mcandres. Divorcing Money from Monetary Policy [J]. FRBNY Economic Policy Review, 2008 (9).

具和存款便利工具的利率，并向公众宣布目标利率的变化，就可以调控利率，而无须对目标清算余额进行数量调整。这意味着，当市场利率偏离目标利率时，中央银行无须进行公开市场操作，而只需要通过宣告操作就可以纠正市场利率的偏离。中央银行调整利率时，并不需要改变结算余额的供应量，只需要设定合理的利率水平即可。宣告操作使货币政策更加透明，容易引导公众预期的形成，提高货币政策执行的效果。而意外的外生冲击改变货币需求，引发利率波动时，中央银行仍可以通过公开市场操作来平抑利率的波动。

William（2003）通过构建一个代表性银行模型分析利率走廊框架下的准备金均衡特征。他通过一个交易日模型分析了零准备金制度下，中央银行的存贷款便利工具能使商业银行面临对称的成本，能够有效地将市场利率锚定在利率走廊内。他认为，由于货币供给经常面临不可预测的外生冲击，中央银行很难精确估计准备金需求，因此很难避免利率波动。他通过多个交易日的跨期模型分析了期间平均账户余额要求同样可以为商业银行设定对称的存贷款成本，并且避免了中央银行难以精确估计准备金需求的限制。然而，期间平均会导致商业银行进行跨期套利，在交易日的最后一天会导致市场利率的剧烈波动，并且准备金要求会导致商业银行规避行为。他认为解决政策实施收益与准备金要求的效率成本之间的权衡的一种方式是中央银行在所需的准备金余额上支付市场利率。另一种可能的解决办法是实行自愿准备金制度，消除强制性准备金要求会比向超额准备金支付利息更完全地消除商业银行规避准备金要求的行为。他还认为，抵押条款、非货币成本、为满足准备金要求的融资能力、中央银行存款和贷款的不完全可替代性四个因素会对货币政策框架的结构和有效性产生重大影响。

（三）最优利率走廊

国外对最优利率走廊宽度的研究是近二十几年才兴起的。Bindseil 和 Jablecki（2011）对 20 世纪 90 年代以来关于中央银行最优利率走廊宽度的研究进行了回顾与评价。Bindseil（2004）和 Whitesell（2006）则对不同利率走廊宽度的效应进行了分析。

Berentsen 和 Monnet（2008）首次提出关于利率走廊的动态一般均衡模型，研究中央银行、货币市场和受特殊流动性冲击的商业银行的福利最大化问题。该模型结果表明，如果持有抵押品的机会成本是正的，那么最好设置一个正的区间。同时中央银行可以通过两种模式来实施一个既定的货币政策：既可以在保持利率走廊宽度不变的情况下移动走廊，也可以改变利率走廊宽度。这两种不同的利率走廊调控模式是等效的①。

Berentsen、Marchesiani 和 Waller（2010）建立一个具有特殊流动性冲击的一般动态均衡模型，模型分析表明中央银行不设定零宽度的利率走廊与存款利息有关。如果将目标利率设定为存款利率，中央银行实际上需要为存款支付大量的利息。如果没有相应的资产组合产生收入流，中央银行必须能够征税，以支付利息。由于中央银行并没有征税的权利和为存款利息提供资金支持的收入流，因此中央银行最优的走廊宽度必须是严格正的，才能保持中央银行资产负债表的平衡。

Curdia 和 Woodford（2011）认为最优的利率走廊必须设定正的区间，且目标利率要高于存款利率。如果存在税收摩擦，资金在这种利率走廊宽度下将分配给最需要的银行，社会福利会实现最大化。

Bindseil 和 Jablecki（2011）利用一个封闭的金融账户内的每日流动性冲击的随机模型，对货币市场的成交量和中央银行资产负债表的平均长度进行了分析。他们认为，货币政策的核心技术问题是利率走廊宽度的设定。

（四）活跃的银行间市场对利率走廊调控的重要性

Paolo Surico（2004）认为银行间市场的作用是发现有效价格，即使总产出和消费者剩余最大化的价格。在利率传导机制下，中央银行通过利率走廊调控银行间市场的有效价格，使短期利率向中长期利率传导，以实现货币政策最终目标。

---

① Berentsen. A. , C. Monnet. Monetary Policy in a Channel System [J]. CESIFO Working Paper. No. 1929, 2007.

　　银行间市场还有另一个重要特征。Rochet 和 Tirole（2003）最早提出银行间的风险敞口产生了对银行监控彼此风险的激励。在他们之后，Hoerova 和 Monnet（2016）提出货币市场的功能是市场约束的观点，认为货币市场引发约束机制，能够激励银行在事前以明智和稳健的方式开展业务。Furfine（2000），King（1999）以及 Angelini、Nobili 和 Picillo（2009）的实证研究很好地证实了关于货币市场约束效应的理论观察，他们证实了风险特征较差的银行（高比率的不良贷款或低资本充足率）比风险特征较好的银行支付了更高的隔夜资金利率。如果没有货币市场，银行将只与中央银行交易，这将降低风险意识。因此，即使货币市场发现有效价格的理论不成立，上述学者仍认为货币市场可以履行促进交易对手风险评估和进行同行业监督的职能。

　　双边风险敞口也可能成为一家银行的违约向其他金融机构蔓延的渠道，对福利有显著的负面影响。Allen 和 Gale（2000）以及 Freixas、Parigi 和 Rochet（2000）指出，金融风险传播机制的强度将取决于银行间风险的确切模式。因此，有关银行同业传染的文献虽然原则上不反对活跃的银行同业市场本身，但可能会削弱活跃的银行间市场对利率走廊调控重要性的观点。

　　（五）利率走廊下的银行中介效率比较

　　利率走廊通过影响货币市场上的银行中介行为对隔夜利率进行调控。货币市场上的银行中介活动分为银行间的中介活动和银行与中央银行间的中介活动。这两种银行中介活动的力量对比取决于两者中介效率的不同。

　　Rochet 和 Tirole（2003）分析了银行之间在吸收存款和提供贷款方面存在成本差异的银行间（或银行与中央银行间）市场的结构性原因："一些银行，也许是由于它们的区域性差异，吸收存款能力好，但缺乏投资机会。相比之下，其他银行，如货币中心银行，则拥有充足的投资机会。因此，前者似乎很自然地向后者提供贷款。"① 银行之间的结构性比较优

---

　　① Rochet J, Tirole J. Platform Competition in Two‑sided Markets [J]. Journal of the European Economic Association, 2003, 1（4）: 990‑1029.

势将推动银行间市场和银行与中央银行间市场中介活动的力量对比。

Curdia 和 Woodford（2011）特别关注银行体系的成本如何决定商业银行的中介行为和存贷利差。他们认为，受专业知识和资本约束等因素影响，在有限的融资市场上中介机构贷款的边际成本是上升的。Bindseil 和 Jablecki（2011）认为，商业银行吸收存款行为也受到边际成本上升的影响，并且商业银行面临的边际成本的变化是中央银行中介行为的主要推动力。Goodfriend 和 McCallum（2007）假设一个完全竞争但规模收益不变的银行体系，根据银行中介服务生产函数推导了利率走廊下存贷款利率的利差。

二、国内相关研究

（一）国际利率走廊调控的经验

钟凡（2002）分析了德国中央银行的再贴现管理的具体做法、实践经验和技术要求。他认为，由于德国的商业银行有充足的抵押品申请贷款，因此伦巴德利率能够成为利率走廊的有效上限，而利率走廊下限由短期国库券的价格决定的贴现率决定。这是国内学者较早涉及利率走廊的相关文献。

张翠微（2003）说明了欧洲中央银行利率走廊调控机制。欧洲中央银行通过设定贷款便利工具，为银行间货币市场的日终结算资金提供融资便利，贷款便利工具利率成为利率走廊的上限。银行间市场上商业银行通过存款便利将结算资金的头寸存入中央银行，为利率走廊设定了下限。

戴根有（2002）介绍了国际公开市场业务操作框架，回顾了公开市场业务操作实践并总结了基本经验。他认为，随着利率市场化改革的深入，货币政策框架将由数量型调控向价格型调控转型，货币政策工具也将由公开市场业务向价格型工具转变，未来货币政策操作工具将形成以存款准备金利率为下限、隔夜质押利率为上限的利率走廊。[①]

---

① 戴根有. 论我国公开市场操作的实践 [J]. 深圳金融, 2002 (11)：1-4.

胡海鸥和贾德奎（2006）介绍了几个典型国家利率走廊调控的方式。他指出，德国联邦银行是最早采用利率走廊进行货币政策调控的银行之一。他认为贴现率作为德国联邦银行利率走廊调控的下限之所以无效，是因为在流动性相对充裕的时候，商业银行可以通过银行间市场以更低的利率拆入资金，而无须向中央银行贷款，这样同业拆借利率就比利率走廊下限更低。除了欧洲国家，他还介绍了北美洲和大洋洲几个典型国家利率走廊的操作经验，认为加拿大、澳大利亚、新西兰等国家利率走廊调控取得了比较明显的成效。

刘兆强和倪全学（2017）对新兴市场国家土耳其、韩国、印度、墨西哥的利率走廊调控模式进行总结，认为 G20 中的新兴市场国家多数显性或隐性地实施利率走廊调控，并且发现实行利率走廊调控的国家一般实行通胀目标制。其政策建议是，我国货币政策宜采用数量与价格并重的调控模式。

方恒（2017）通过对利率走廊的含义与作用机制的分析，借鉴加拿大中央银行的对称利率走廊系统和欧元区非对称利率走廊系统具体经验和做法，认为利率走廊调控有利于稳定市场利率，通过合理设定利率区间，并配合公开市场操作，可以有效将市场利率控制在利率区间内。

（二）利率走廊兴起的原因

戴根有（2003）从利率传导机制分析了发达国家数量型调控向价格型调控转型的原因。他认为，货币政策以利率调控为目标是客观趋势，因为货币市场利率更能有效地反映资金的供求，并且货币市场利率具有基础性作用，能够使政策利率向整个市场迅速传导。

胡海鸥和贾德奎（2006）认为，信息技术飞速发展，公众可以享受到使用电子货币带来的便利性，企业在信息技术帮助下也能够更便利地进行融资与结算活动，而随着公众与企业持币减少，商业银行用于现金漏损和结算资金的需求也降低，因此信息技术总体上降低了市场主体对现金的需求量。鉴于上述原因，他认为中央银行预测货币需求的难度加大，通过基础货币量的变动调控经济的效力被削弱，而且随着信息技术的发展还会进一步弱化，因此中央银行需要通过利率走廊来调控利率，为货币政策实施寻找新的出路。

伍戈和李斌（2012）认为，电子货币的发展打破了中央银行对于货币供给的垄断地位，特别是大额实时支付系统的引入，使商业银行不需要基础货币就能够满足账户的清算需求，中央银行通过货币供给量调控货币的能力大大削弱。

徐策（2016）对利率走廊在印度兴起的原因进行分析。他认为印度之前实行利率管制，原因是走出与苏美不同的第三条发展道路，经济体制上采取资本主义私有制和社会主义公有制相混合的发展模式。僵化的计划经济下实行利率管制，导致国有企业效率低下，商业银行缺乏风险管理的动力。随着实行由计划经济向市场经济的改革，印度逐步建立起利率走廊调控机制，取得较好的调控效果。

（三）利率走廊的基本原理

刁节文（2008）分析了利率走廊的作用机制。他认为以存款利率为下限，贷款利率为上限，政策利率设定在中间位置，市场利率可以得到有效控制。因为商业银行能够低于市场利率向中央银行申请贷款，就不会向市场中的其他银行融资；而商业银行能够高于市场利率向中央银行存款，就不会以更低的利率在市场上借出资金。这一利益诱导机制，能够有效地将市场利率波动控制在中央银行合意的区间内。

官慧和刘义圣（2016）分析认为，利率走廊通过预期引导与利益诱导两个渠道控制利率。中央银行利率区间设定调整走廊的操作宽度。利率走廊宽度调整改变了商业银行的营利空间，改变了商业银行的储备需求行为，对市场主体产生了预期效应，最终实现利率政策目标。因此，深化金融机构改革，可以增强市场主体意识，为预期效应与利益诱导创造更有效的利率传导。

马骏等（2016）通过对货币政策由数量型调控向价格型调控的转型所必须具备的利率传导条件进行了实证分析，他们的结论是，为进行利率调控，必须构建顺畅的利率传播机制。利率传播机制中利率渠道的构建离不开短期利率波动的稳定性。这就需要构建利率走廊调控，将中央银行公开市场操作所控制的短期利率控制在走廊内，才能实现利率的稳定。稳定的利率波动，能够使政策利率作为市场的基准，短期利率在利率传导机制下，能够有效地向中长期利率进行传导。这是走廊调控的利率传导机制。

上述文献阐述了利率走廊最基本的三个作用机制。通过调整利率区间，改变商业银行的营利空间，通过利益诱导，改变商业银行的行为，从而对商业银行的零售存贷款利率施加影响。中央银行调控短期利率只是手段而不是目的，中央银行要实现最终目标，市场中的微观主体必须能够预期短期利率的变动，根据预期改变自身的行为方式。另外，短期利率向中长期利率的传导还依赖利率传播机制。通过利率传播渠道，短期利率才能传导到不同金融产品和金融市场上，最终影响产出和就业的均衡水平。

（四）利率走廊的理论模型

贾德奎和胡海鸥（2004）通过构建一个代表性商业银行准备金需求模型，分析了实行零准备金制度可以实现利率控制目标。该模型的另一个结果是中央银行实行利率走廊调控，并不需要频繁使用公开市场操作，就能实现对市场利率的有效控制。

季晓静（2009）通过构建商业银行目标函数，即设商业银行利润等于其投资与货币市场所获得的收益加上存入中央银行获得的利息，减去从中央银行获得的超额准备金的成本，并对等式求解一阶最大化条件。结论为在动态上保持基础货币的供给能使中央银行通过利率走廊调控市场利率。

牛慕鸿等（2015）通过两个简单的模型计算最优利率走廊宽度，求解利率走廊宽度如何与公开市场操作相配合以降低操作成本与利率波动。同时还将信息不对称引入模型，通过可测和不可测的两种流动性需求探讨中央银行如何应对两种形式的外生冲击。

三、研究述评

（一）缺乏对具有转轨特征经济体的规范研究

对利率走廊相关文献进行梳理发现，西方利率走廊相关研究主要集中在 20 世纪末和 21 世纪初。研究的内容主要涉及利率走廊的作用机制、利率走廊的理论模型、最优利率走廊宽度、银行间市场的作用和利率走廊下中介效率的比较等利率走廊微观机制的研究。西方利率走廊调控理论的发展和货币政策的实践为我国货币政策调控提供了有益的借鉴。但是，西方利率走廊调控理论的发展主要是为了解决西方发达国家在 20 世纪末货币政策调控出现的新情况、新问题。西方利率走廊相关研究是基于西方经济、金融、法律等市场条件较为完备的前提假设展开的。我国目前由计划经济向社会主义市场经济转轨，由低收入国家向中高收入国家迈进，由占世界经济较小比重到目前具有举足轻重的地位，虽然市场条件得到逐步完善，但与西方发达国家相对完备的市场条件相比，经济中仍存在较大的市场摩擦，信息并不完全，市场还不完备，西方利率走廊调控理论对我国改革发展和宏观调控不具有直接的针对性。例如，西方发达国家进行利率走廊调控一般采取零准备金制度，并且取得较好的调控效果。如果根据这一表象得出我国也应该在利率走廊调控中实行零准备金制度的结论，就会造成价格型调控在我国"水土不服"。因为根据我国目前转轨的特殊国情，未来我国金融市场仍存在较大摩擦，国际收支失衡还将进一步存在，经济中内外部不均衡同时并存，与发达国家市场条件存在较大的差异。本书将结合这一特殊的具体国情独立建模，以更好地模拟当前与未来我国面临的经济金融状况，所得到的结论对构建我国利率走廊调控目标模式更具有针对性。同理，对于我国利率走廊调控目标模式中货币政策目标的确定、基准利率与政策利率的选择、利率走廊宽度的设定，虽然国外进行了大量研究，但是由于国情不同，相关研究对我国并不具有普适性。国内研究在借鉴国际经验的基础上，针对具体某一方面提出对策建议，还比较欠缺系统性、规范性的研究。本书将利率走廊调控目标模式与我国具体国情相结合进行系统性、规范性的深入研究，这也是本书研究的主题和重点。

（二）货币政策理论与实践存在古德哈特"二分法断裂"

西方利率走廊调控相关研究主要以目前西方主流经济理论作为理论

基础。相关文献在阐述理论基础时一般会提及古典、新古典、凯恩斯、新凯恩斯和货币主义的利率决定理论。西方主流利率决定理论可以分为实物利率理论和货币利率理论。在实物经济时期，借贷行为以实物形式出现，利率对应的是实物利率；在货币经济时期，借贷以货币形式出现，利率对应的是货币利率。实物利率理论和货币利率理论贯穿西方经济学发展史，是两种利率理论相互对抗的过程。相关文献中，早期货币利率理论会涉及配第、洛克的货币分析；早期实物利率理论会涉及诺思、斯密和穆勒的实物分析；古典实物利率理论会涉及杰文斯、庞巴维克、马歇尔和费雪的实物利率分析；近现代利率理论则会涉及凯恩斯的借贷资金说、希克斯和汉森的 IS – LM 模型、帕廷金的 CC – BB 模型以及弗里德曼有关货币变动量与利率的三个效应。在学院派的研究中，只有经济中的实际因素，即自然利率才是进行经济分析的唯一重要变量，这与维克塞尔自然利率假说的提出密切相关。而后凯恩斯主义认为，只有基准利率才能够被中央银行直接控制，并通过利率传导机制影响实际经济。因此，在货币政策实践中，基准利率才是重要的货币政策工具。尤其是在实证研究中，欧洲自然利率的不稳定造成无法有效指导货币政策实践，因此其重要性受到质疑，并凸显了基准利率的重要性。国内利率走廊调控相关研究沿袭了以自然利率为理论基础的学术传统。国内外研究的范式实际上反映了古德哈特的"二分法断裂"，即学术研究只从均衡利率出发，而中央银行利率调控则以基准利率为主，造成在货币金融领域的学术研究难以有效指导货币政策实践。因此，本书将后凯恩斯主义的内生货币供给理论作为理论基础，目的是突破古德哈特的"二分法断裂"，使学术研究能够有效指导货币政策实践。从这个角度看，本书在理论基础的构建方面是一个有益的尝试。

（三）缺乏阶级分析及对金融自由化倾向的批判，无法为金融扩张设定合理边界

尽管国外对利率走廊调控进行了较早的系统性研究，在各国货币政策实践中也取得了较好的调控效果，但是 2008 年国际金融危机表明，单

一的价格稳定目标不能实现金融稳定，会导致金融"脱实向虚"，无法有效服务实体经济。中央银行的货币政策实际上发挥社会财富再分配的职能，上述问题的本质原因是以金融自由化为指导的价格型调控，无法使中央银行有效发挥社会财富再分配的职能。因为随着金融创新的发展，商业银行不仅能够取得传统存贷业务的利息收入，还能通过金融创新逃避中央银行监管取得非息收入。中央银行无法仅仅通过价格型调控使商业银行取得合理的商业利润。非息收入不仅不在中央银行价格型调控的范畴内，而且在金融自由化背景下中央银行也缺乏控制商业银行非息收入的合理性。马克思对于社会平均利润率的论述则可以为中央银行控制商业银行非息收入的合理性提供理论支持。遗憾的是不仅国外相关文献，而且国内相关文献都鲜有从马克思主义货币理论出发探讨利率走廊调控。因此，本书从马克思主义货币理论出发分析利率走廊调控，提出要通过利率走廊调控和宏观审慎政策相结合的方式，控制商业银行的利息收入和非息收入，使商业银行取得社会平均利润率。尽管2008年国际金融危机后，西方国家提出实行宏观审慎政策，但目的是维护金融稳定。按照这一调控逻辑，似乎当前西方社会面临的种种问题，一大部分要归咎于实行金融不稳定。根据马克思主义货币理论分析，实行宏观审慎政策的目的是控制商业银行的非息收入，使商业银行取得社会平均利润率。金融体系的恶性扩张才是造成金融不稳定的根本。从马克思主义货币理论角度考察，银行业取得社会平均利润率是金融体系有序扩张的参照基准，使中央银行货币政策调控目的更明确，更有针对性，也更具有合理性，有利于中央银行实现金融稳定目标。

（四）国内对2008年国际金融危机的反思研究不足

最后需要提到的是2008年国际金融危机后，国外学术界对单纯的价格型调控进行了反思，认为应该将价格稳定和金融稳定相结合实施货币政策。但是国内利率走廊相关研究较少涉及当前国外利率调控的新思路和新进展。本书回顾了这一新进展，并在此基础上提出中国构建利率走廊调控的目标模式，弥补了国内相关研究的不足。

第三节　研究目标与研究内容

数量和价格就像一枚硬币的两面，统一于价值之中。货币市场也不例外，货币数量与货币价格统一于均衡利率之中，两者的变化都能够反映市场动态均衡的信息，没有本质性区别。然而纵观中央银行几百年发展史，都是围绕用数量型调控还是用价格型调控这一核心问题展开。从货币政策调控框架角度来思考，中央银行数量目标和价格目标能否同时实现？如果不能，要依据什么条件来判断到底是进行数量型调控还是价格型调控？对人民银行来说，如果形势要求未来必须进行价格型调控，那么现在是否具备了相应的条件，又有哪些因素阻碍了框架的转型？构建价格型调控的目标模式是怎样的，又需要采取哪些措施实现这一目标或向目标逼近？本书正是带着这些问题层层设问、不断深入，尝试揭开货币这层"面纱"，探究藏在表象背后的本质。

本书首先从现象入手，联系发生在我国货币金融领域的"钱荒"和"量宽价高"现象，结合国际货币调控框架在金融"脱媒"趋势下的新发展，直觉上提出向价格型调控框架转型，构建利率走廊调控是应对的策略。那么，问题是这种应对策略只是权宜之计，还是历史发展的必然，是否具有长期性和不可逆性？通过对利率理论进行梳理，笔者发现长期徘徊于主流经济学理论之外的后凯恩斯主义货币理论对货币内生性的深刻洞察，已经解释了进行价格型调控的必然性。对比马克思主义货币理论与后凯恩斯主义货币理论，两者有联系也有区别。两者的区别使马克思主义货币理论对利率走廊建设更具有指导意义。其意义在于不仅要依靠利率走廊建设调控银行业的利息收入，还需要宏观审慎政策调控银行业的非息收入，两者相结合使银行业取得社会平均利润率，能让金融回归本源，更好服务实体经济，改变货币市场"量宽价高"和民营企业"融资难、融资贵"现象，实现金融稳定与可持续发展。如果价格型调控具有必然性，那么另外一个很自然的问题是，处于相同时代背景下的英国和美国中央银行为什么会走出两条大相径庭的调控路径？通过梳理两国经济和货币发展史，运用 Poole 经典模型进行分析，笔者发现两国发展阶段的差异和金融基础条件的不同，是其选择不同发展道路的原因。更具有启示意义的是，随着我国经济接近稳态增长，价格型调控具有长期性和不可逆性。2008 年国际金融危机后对凯恩斯主义的回归，只是非常规状态下的非常规操作，在量化宽松退出后，利率微调将重回正轨。价格型调控体系的长期性和不可逆性意味着建设利率走廊调控体系的重要性和紧迫性。梳理我国货币政策发展历史，人民银行推动的利率市场化改革为价格型调控创造了必要条件，我国初步具备建设利率走廊的条件。但是根源于经济和金融领域的结构性矛盾对构建利率走廊形成挑战。笔者结合国外先进经验和我国具体国情，从利率走廊调控各要素入手探讨利率走廊目标模式的构建，在最后的对策建议中从利率走廊的利益诱导、预期引导和货币政策传导三个方面提出解决办法。其中，货币政策传导的对策建议正是针对结构性矛盾提出的。因时间仓促，研究略显浅薄，只给出了一些方向性意见，有待进一步研究。

本书框架如下：

绪论从宏观经济背景出发，阐述货币政策框架转型的必要性与迫切性。通过列举当前经济金融领域存在的突出矛盾，说明构建利率走廊调控体系具有重要的理论和实践意义。对国内外利率走廊相关文献进行梳理，发现对基于马克思主义理论、转轨经济特征、货币政策演变的历史视角的研究相对不足。根据上述薄弱明确研究重点和方向。最后介绍了研究内容与方法。

第一章首先简要介绍利率走廊相关概念和理论基础。通过将西方内生货币供给理论与马克思内生货币供给理论进行对比分析，发现两者有区别也有联系。两者的联系说明马克思主义理论适合用于指导我国利率走廊建设。两者的差异反映了阶级立场的不同。马克思对社会平均利润率的论述对于构建利率走廊调控体系具有重要意义。在利率走廊建设和调控中，坚持银行业取得社会平均利润率的马克思主义观点有助于解决经济虚拟化和产业空心化问题，能够让金融更好服务实体经济。

第二章通过回顾中国直接信贷控制和间接数量型调控的发展历史，总结数量型调控框架的几个主要特征，说明数量型调控存在一定的局限性，有必要向新的调控框架转型。对当前数量型调控中货币创造微观机制进行深入分析，发现我国货币内生性增强是数量型调控难度加大的原因，说明框架转型具有必然性。与内生性增强相伴随的是利率外生性的强化，表明中央银行能够外生设定政策目标利率来调控市场利率，说明框架转型的可能性。

第三章探讨国际货币政策实践经验借鉴。先从历史的角度梳理英美两国货币政策框架演变的不同路径。对英国的分析重点放在价格型调控上，对美国的分析重点放在数量型调控上。通过简化的 Poole 模型，在 IS－LM 框架下对中央银行是选择数量型调控还是价格型调控的策略进行分析。结合英国和美国当时经济发展所处的不同阶段和金融领域具备的不同条件，解释了在相同时代背景下英美两国走出大相径庭的货币政策路径的原因，证明数量和价格只有适合和不适合之分，没有孰优孰劣之分。同时运用唯物史观驳斥了反历史决定论的一些观点。分析我国当前经济发展阶段和金融特征，说明我国向价格型调控转型的必然性和长期性。最后，借鉴国际上成功的利率走廊调控经验做法，总结顺利实施利率走廊调控所要具备的基础条件。

第四章分析我国当前构建利率走廊调控体系具备的条件和存在的障碍因素。持续不断的利率市场化改革和汇率市场化改革，人民银行货币政策向有利于价格型调控的框架转型，是所具备的条件。当前利率调控框架还不完善，中央银行的调控能力还有待加强，特别是我国经济金融领域深层次结构性矛盾对货币政策框架转型构成了挑战。

第五章从货币政策调控最终目标的确定，基准利率和政策利率的选择，利率走廊区间的设定，最优准备金制度的选择出发，探讨如何构建我国利率走廊调控目标模式。鉴于已有文献对最终目标和利率的研究较多，对准备金制度的研究较少，对选择零准备还是余额准备还存在一定的争议，本章重点对准备金制度进行分析，通过构建一个开放经济模型探讨最优准备金制度的选择。分析集中在货币政策操作框架、经济金融结构和中央银行的货币政策目标三个方面。

第六章以我国利率走廊调控模式的目标路径为基准，从利率走廊调控框架的利益诱导机制、预期引导机制和货币政策传导机制三个方面对构建有效的利率走廊调控体系提出对策建议。

第七章对主要结论进行了总结。

本书技术路线如下：

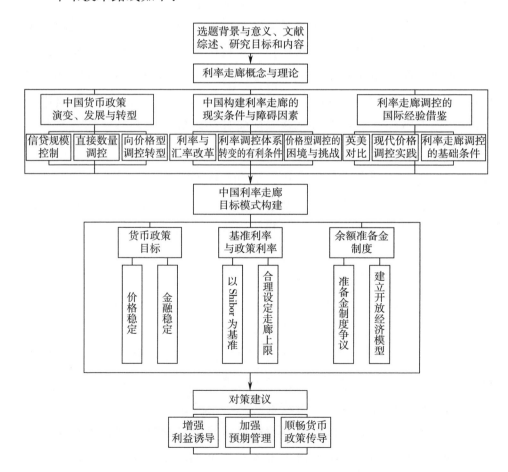

第四节　研究方法

一、唯物辩证法和唯物史观

唯物辩证法和唯物史观是本书最重要的研究方法。唯物辩证法上，本书采用矛盾的观点、普遍联系的观点和运动的观点进行分析。数量和价格不是孤立和静止的，它们对立统一于价值之中。数量型调控和价格型调控也不是孤立和静止的，它们对立统一于经济实际变量之中。数量型调控和价格型调控没有绝对的优劣之分，货币政策框架选择的标准应当是：当数量不稳定时，数量上升为主要矛盾，要调控数量；当价格不稳定时，价格上升为主要矛盾，要调控价格。利率波动是普遍联系的，不是简单的供求关系，深受经济和金融结构的影响。本书深入探讨了我国经济和金融领域存在的深层次结构性矛盾，并从普遍联系的角度对利率调控提出对策建议。唯物史观上，本书坚持历史发展是必然与偶然的统一。通过梳理英美货币政策的历史进程，探讨了两国选择不同的调控政策的必然性；通过梳理中国货币政策的历史进程，分析了中国未来实行利率调控的必然性，并对主观臆造的相关货币政策"阴谋论"进行了批判。

二、规范与实证相结合的方法

规范研究方面，本书以马克思内生货币供给和外生利率决定理论为总的指导，并且吸收后凯恩斯主义货币理论有益的方面，对货币政策调控框架进行规范分析，认为中国利率走廊调控的目标模式应该实现价格稳定和金融稳定相统一，运用马克思主义阶级分析方法，认为要实现金融稳定，中央银行应该控制商业银行的利息收入和非息收入，使银行业取得社会平均利润率，因此货币政策调控手段应该是利率走廊调控与宏观审慎政策相结合的操作模式。实证研究方面，本书从英美两国经济和金融条件出发，通过对英美两国货币政策历史发展脉络进行梳理，运用

Poole 经典模型进行分析，认为货币政策框架选择策略的规律是，当数量不稳定时调控数量，当价格不稳定时调控价格，要根据各个国家本国发展阶段和现实国情来确定货币政策调控模式。根据英美两国货币史总结的规律，结合当前我国经济和金融条件，分析我国数量型调控框架效果和特征，提出构建我国价格型调控框架的目标模式，并提出对策建议。根据我国经济金融发展趋势，判断未来我国价格型调控趋势具有长期性和不可逆性。

三、定性与定量分析相结合的方法

定性分析方面，本书通过梳理货币政策发展史，论证了价格型调控的必然性、长期性与不可逆性；借鉴发达国家价格型调控的先进经验，结合我国存在的优势和障碍，总结了利率走廊调控需要具备的基础条件，并提出相关的对策建议。定量分析方面，采用附加预期和利率平滑的泰勒规则检验我国各品种利率的灵敏度和中央银行的调控能力，确定最佳的基准利率；构建开放经济模型，采用动态数值模拟，分析利率走廊下最优的准备金制度。

第五节　创新之处

一、从货币内生性角度出发进行利率走廊调控理论基础的构建

国内外文献鲜有从货币内生性理论角度对利率走廊作用机制进行的分析，对于货币内生性的提及只是作为一种现象用于解释货币政策框架转型的原因。在后凯恩斯主义的观点中，基准利率是中央银行能够直接控制并决定其他市场利率的基础。因此，本书创新性地从货币内生性角度出发探讨利率走廊调控的理论基础，并在此基础上分析了利率走廊调控的必要性、必然性和可能性。结合英美两国货币政策历史发展脉络，根据 Poole 经典模型，对两国经济和金融条件的差异作了对比分析，得

出数量型调控和价格型调控没有绝对的优劣之分，货币政策框架选择的标准应当是：当数量不稳定时要调控数量，当价格不稳定时要调控价格。根据这一结论，结合我国当前及未来货币内生性趋势，笔者认为我国价格型调控具有长期性和不可逆性。已有的研究绝大部分没有从货币内生性角度进行分析，因而也缺乏对价格型调控趋势的基本判断。另外，重要的是从货币内生性角度出发进行研究，可以避免货币政策与实践存在的古德哈特"二分法断裂"，对于学术研究如何更好指导货币政策实践是一个有益的尝试。

二、以马克思主义货币理论为指导对价格型调控下如何实现金融稳定进行分析并提出可量化的操作模式

本书从马克思内生货币供给理论与西方内生货币供给理论的异同为切入点，尝试用马克思主义货币理论对利率走廊机制进行分析，发现利率走廊机制体现了马克思主义的货币思想，说明马克思主义理论适合用于指导我国利率走廊建设。从马克思一般利息率与市场利息率的性质与决定框架出发，分析利率走廊调控下银行业取得社会平均利润率的基础是中央银行要同时控制商业银行的利息收入和非息收入，因此得出的结论是必须将利率走廊调控与宏观审慎政策相结合才能实现货币政策的价格稳定和金融稳定双目标。国际上以金融自由化为背景的价格型调控没有对银行业非息收入进行有效控制，是导致2008年国际金融危机的重要原因。虽然2008年国际金融危机后，国外研究对单纯的价格型调控进行了反思，也提出实施宏观审慎政策来维护金融稳定，但缺乏对金融不稳定的实质进行深刻分析。这种调控思路难以有效为金融业扩张设定清晰边界，容易忽视金融自由化带来的系统性风险，长期以来金融和经济危机始终伴随西方经济社会发展是很好的例证。从马克思主义货币理论来考察，让银行业取得社会平均利润率可以为中央银行实现金融稳定目标提供可量化的参照基准，使中央银行调控目的更明确，更有针对性，更具有合理性。

三、针对转轨经济特征构建我国利率走廊调控目标模式

对利率走廊调控框架下的基准利率选择问题，在泰勒的利率规则中引入预期和利率平滑，将利率反应模型一般化为货币政策反应模型。考虑到我国经济处于转轨时期，货币政策除了价格稳定和经济增长目标，还具有货币供应量目标和汇率目标，将货币供应量目标和汇率目标引入模型，建立我国包含预期与利率平滑的货币政策反应模型。在此基础上，评估不同品种利率在对价格和产出敏感度上的差异，评价中央银行引导市场利率的能力，最终确定 Shibor 07 作为我国的基准利率。

对利率走廊调控框架下的准备金制度选择问题，建立一个名义价格黏性、金融摩擦和有准备金要求的小型开放经济模型，在动态一般均衡分析框架下，采用动态数值模拟，进行脉冲响应分析，计算最优的利率和准备金规则，对准备金要求的有效性研究集中在货币政策操作框架、经济金融结构和货币政策目标三个方面，发现在没有摩擦的经济体中，准备金对价格稳定的作用小，如果存在金融摩擦，准备金政策有助于稳定经济，而如果同时存在价格稳定和金融稳定双目标，准备金政策对经济稳定可以带来实质性改善，因此利率走廊调控还需余额准备金制度配合才能实现双重目标。

国外研究主要以完备市场为前提假设，国内研究较少涉及转轨经济特征进行规范研究，上述研究起到了很好的补充作用。

第一章　利率走廊调控概念与理论

　　利率走廊调控与传统的数量型调控相比，其所代表的不仅仅是货币调控方式上的转变，更代表了货币调控理论的转变。传统数量型调控建立在西方货币供给决定理论基础上，而利率走廊调控则建立在西方货币需求决定理论基础上。与货币供给决定理论对应的是外生货币供给决定理论，与货币需求决定理论对应的是内生货币供给决定理论。在内生货币供给理论产生与发展的过程中，是马克思首先系统地提出货币的内生性。我国是社会主义国家，马克思主义理论是进行经济理论研究和指导社会经济实践的基础。通过对马克思内生货币理论与西方理论进行比对分析，笔者发现两者既有区别，也存在内在一致性，而这种一致性在利率走廊调控上可以得到充分的反映。本章最后分析了各国中央银行从数量型调控向价格型调控转型的原因，说明在新的经济和金融背景下，利率走廊调控应该成为中央银行货币政策调控框架的主导范式。

第一节　相关概念界定

一、货币政策与货币政策操作框架

　　货币政策是宏观调控最重要的政策手段之一。广义的货币政策是指经济中的管理部门所有关于货币的制度和规定以及一切影响货币及其价格的措施，不仅包括影响金融体系运行、发展与效率的体制、机制和措施，也包括政府支出中影响货币及其价格的政策，比如政府税收、债务等。从这个角度说，货币政策不仅指中央银行实施的货币政策，也与财政政策存在一定的交集。本书要研究的货币政策仅指由中央银行实施的狭义的货币政策，即中央银行综合运用货币政策各种手段和工具调控货币总量和利率的措施总和[①]。

货币政策操作框架（monetary policy implementation）是包含货币政策工具（monetary policy instrument）、政策手段、中介指标（intermediate target）、最终目标（final target）和货币政策传导机制的一套制度安排。"它描述了中央银行的宏观调控目标、实现目标所需要的治理架构、所使用的工具以及工具产生效果所依赖的途径等几方面内容。"[②] 中央银行通过货币政策三大工具，即法定准备金率、再贴现率、公开市场业务，直接控制与调节准备金和短期利率，通过货币政策传导机制影响产出、就业、通胀，以实现既定经济目标。准备金总量和短期利率是政策手段，也称作操作目标（operational target）。准备金可分为借入准备金、非借入准备金、基础货币、非借入基础货币，短期利率包括存贷款基准利率、隔夜拆借利率、逆回购利率等。在货币政策实施过程中，中介指标先行变动，再引起最终目标的变动，因而中介指标也称为先行指标。中介指标按不同对象可分为货币总量和利率两类。这两类指标具有不同的层次，例如货币总量按不同流动性可分为 M1、M2、M3 等层次，利率按不同风险与期限可分为中期利率和长期利率。中介指标随中央银行的货币政策工具变动而变动，反映了货币政策的松紧状态，从而能向市场传达中央银行的货币政策立场。中央银行能够通过中介指标变化情况判断所实施的货币政策的效果与经济运行效率。如果中介指标偏离预设范围，货币当局将调整货币政策的实施以确保最终目标的实现。图 1-1 反映了货币政策操作框架中上述几个概念的联系。在这几个概念中，货币政策目标是首位的，它决定中央银行应该采取什么框架来实现其目标。不同国家

---

① 黄达. 金融学 [M]. 北京：中国人民大学出版社，2015：461.

② 李波. 构建货币政策和宏观审慎政策双支柱调控框架 [M]. 北京：中国金融出版社，2018.

因为经济金融状况和发展阶段不同会采取不同的目标，同一个国家在不同经济发展阶段也会制定不同的目标。20 世纪 30 年代前，金本位制下保持币值和汇率稳定是主要货币政策目标，40 年代后，在凯恩斯的国家干预经济主张下，货币政策调整为币值稳定与充分就业的双重目标；50 年代后，随着经济增长理论的发展，各国都把经济增长作为主要政策目标；70 年代滞胀时期，货币政策目标又回到价格稳定上；80 年代中后期，由于出现严重的通胀，很多国家把通货膨胀目标制作为货币政策目标；21 世纪初期，受负面经济事件影响，各国把货币政策目标转向经济增长；当前价格稳定重回货币政策重要目标。从货币政策目标的演变可见单一目标和多目标交替出现。

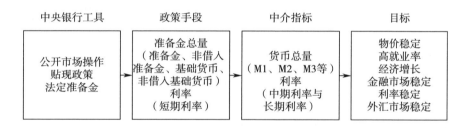

图 1 - 1　货币政策工具、手段、中介指标和最终目标的联系

二、数量型调控框架与价格型调控框架

不同国家中央银行采用的货币政策框架之所以不同，是因为采用了货币政策工具、手段、中介指标的不同组合方式。货币政策最终目标不同决定了实现货币政策的路径不同，所采用的工具、手段和中介指标自然也不同。如果中央银行追求经济增长和充分就业目标，在一定历史时期的一定经济条件下，这些目标与数量型中介指标（如 M1、M2）的增长率联系较密切；如果中央银行追求价格稳定目标或实行通货膨胀目标制，在数量型指标效力弱化情况下，与这一目标联系较为密切的就是利率指标。货币政策目标不同，各国中央银行关注的货币政策变量也不同。

货币政策框架，按照中央银行主要关注的操作手段和中介指标的不同，可分为数量型货币政策框架和价格型货币政策框架。在数量型货币政策框架中，中央银行主要关注货币政策实施对货币总量的影响。当中央银行运用货币政策工具调节准备金总量，内在货币①在货币乘数的影响下会转化为数倍于其自身的货币供应总量，货币供应总量是内在货币和外在货币的加总。中央银行能够直接控制与调节内在货币，但中央银行更加关注货币总量这一中介指标。根据国际经验，由于政策重点、统计口径与最终目标相关性的差异，不同国家中央银行会采取不同的中介指标。例如，美联储的中介指标分别采用过 M1 和 M2；英格兰银行原来关注 M3，由于相关性降低，后来改为关注 M0；德国中央银行一直稳定使用 M3。与数量型调控框架下，中央银行主要关注中介指标；在价格型调控框架下，中央银行主要关注操作手段，也就是短期市场利率。这一差异很好理解，因为随着内在货币向外在货币的转化，货币的性质已经发生了变化，而短期利率向中期和长期利率的传导无非就是加上期限和风险溢价。在价格型货币政策框架下，中央银行一般使用政策利率和利率走廊相结合的机制，综合运用公开市场业务、存贷款便利工具和进行预期管理调控短期利率，通过利率传导机制影响不同风险与期限的利率，以实现一定的利率中间目标，最终影响价格水平。利率走廊机制能够将市场利率控制在较窄的区间，从而实现政策利率所传递的货币政策意图。

三、利率走廊调控

追求价格稳定或实行通货膨胀目标制的西方发达国家采取的价格型货币政策框架正是利率走廊调控框架。利率走廊调控是中央银行通过存贷款便利机制，在设定的利率区间内对银行间市场利率进行调控的机制。

（一）利率走廊系统的构成要素

利率走廊系统构成要素包括中央银行的政策利率、目标利率、市场利率、贷款便利工具、存款便利工具、清算余额供给六大要素。在利率走廊操作系统中，中央银行提供短期贷款和存款便利，贷款和存款利率

---

① 内在货币是格利和肖（1960）在《金融理论中的货币》中提出的，指不增加社会净资产的货币供给。

由中央银行设定。如图 1-2 所示，图中横轴为时间序列，纵轴为利率。
时刻 t_1 将图像分为两部分，t_1 前面部分代表中央银行将目标利率设定为 i_1
的货币政策立场 1，t_1 后面部分代表中央银行将目标利率由 i_1 降低到 i_2，
改变为货币政策立场 2。以后面部分为例，上下两条水平虚线为中央银
行设定的短期存贷款利率，两条水平线中间的实线为目标利率，中央银
行一般将银行同业拆借利率设定为目标利率。银行同业拆借利率为市场
充分竞争的短期无风险利率，能够充分反映市场供求状况，因此适宜作
为中央银行的基准利率。当中央银行将政策利率锚定为银行间同业拆借
利率后，可根据政策意图，按一定利差水平，分别设定作为走廊上限的
中央银行贷款利率和作为走廊下限的中央银行存款利率。市场实际拆借
利率随时间在利率走廊的通道内波动，而不会超出利率走廊的上下限，
中央银行从而能将市场拆借利率控制在货币政策意图上。需要说明的是，
政策利率既可以是目标利率，也可以不是目标利率，这由中央银行的货
币政策意图决定。

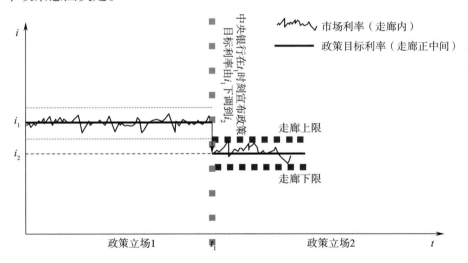

图 1-2　利率走廊调控机制

（二）利率走廊模型

在利率走廊框架下，根据实行的准备金制度的不同，有零准备和余
额准备两种利率走廊框架。两者在操作细节上存在差异，余额准备金制

度的利率走廊框架增加了作为外生变量的法定准备金，而零准备金制度下的利率走廊框架则没有这一外生变量，因此，对于中央银行来说，零准备金制度下的利率走廊调控更简单。操作细节上的差异并未改变利率走廊作用机制的总体结论，即银行在利润最大化条件下保持超额准备金余额为零是利率走廊下利率实现均衡的条件。为了简化说明，采用在加拿大、澳大利亚和新西兰中央银行实行并获得成功的零准备金制度下的利率走廊框架来说明利率走廊的作用机制。Woodford（2001）运用了一个简单的清算余额供求模型对利率走廊作用机制进行分析，利率走廊下的银行清算余额供求关系如图 1-3 所示。在利率走廊系统中，中央银行选择银行间隔夜利率作为目标利率，就是图中的 i^*。中央银行可以通过公开市场操作为银行提供一定数量的清算余额，同时中央银行还提供贷款便利工具，为商业银行提供任意数额的隔夜清算资金，并按固定利率（图 1-3 中的 i^l）收取利息。这一固定利率一般稍微高于目标利率，作为商业银行不通过市场获取资金的罚息。商业银行也可以在中央银行的清算账户上持有超额隔夜清算资金，并以中央银行设定的存款利率（图1-3 中的 i^d）获得利息。同样，存款利率稍微低于目标利率，作为商业

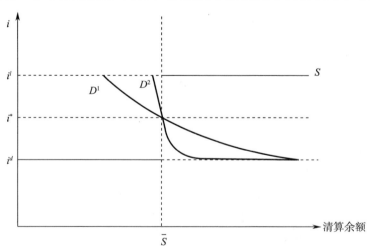

图 1-3 利率走廊下的银行清算余额供求

银行不通过市场拆出资金的罚息。通常情况下，目标利率位于走廊的正中间，走廊的上限和下限分别由贷款利率和存款利率设定。清算资金的有效供给是图中的 S 曲线，其垂直部分代表了中央银行通过公开市场操作所供给的非借入清算资金，水平部分则是由存贷款便利工具决定的借入清算资金的供给。一个简单的清算余额供求决定模型假定银行间市场处于完全竞争状态，在一个交易日结束时，银行将面临清算余额富余与短缺的概率。z^i 代表银行在一个交易日内清算余额的净支付，z^i 可能正也可能负，但银行在交易日结束前并不知道其确切数值。$\varepsilon^i \equiv z^i - E(z^i)$，代表商业银行交易日末面临的不可测的随机冲击，其中 $E(z^i)$ 是商业银行交易日内根据市场情况预期的所需清算余额。ε^i/σ^i 为具有 F 形式的连续累积分布函数，参数 $1 > \sigma^i > 0$，代表银行 i 面临的不确定性的程度。银行 i 预期的清算余额供给为 s^i，在不确定性的影响下，银行 i 会持续交易直到其交易日末的清算余额等于 $s^i + \varepsilon^i$ 为止。一个风险中性的商业银行 i 将会选择 s^i 以最大化其期望利润 $E(R)$。商业银行隔夜清算余额的净利润为

$$R(s^i + \varepsilon^i) = i^d \max(s^i + \varepsilon^i, 0) + i^l \min(s^i + \varepsilon^i, 0) - i(s^i + \varepsilon^i)$$

$$(1.1)$$

其一阶最大化条件为

$$(i^d - i)[1 - F(-s^i/\sigma^i)] + (i^l - i)F(-s^i/\sigma^i) = 0 \quad (1.2)$$

通过整理式（1.2）得到银行 i 隔夜清算资金需求函数：

$$s^i = -\sigma^i F^{-1}[(i - i^d)/(i^l - i^d)] \quad (1.3)$$

将隔夜清算资金需求函数的图像 D_1 和 D_2 绘制在图 1-3 中，可以看出，资金需求函数是市场利率的减函数。当市场利率 i 越来越逼近 i^d，累积分布函数 F 的值越逼近 0，商业银行 i 的隔夜资金需求 s^i 趋于无穷大。其经济学含义为，若商业银行预期在交易日末将面临一个小概率的大额净支付，只要由中央银行设定的持有超额清算余额的机会成本 $i - i^d$ 足够小，商业银行对超额隔夜资金的需求就具有完全弹性，以应对不可测的流动性冲击。

隔夜清算市场上隔夜资金的总需求就是对单个商业银行隔夜资金需求的加总：

$$\sum_i s^i = \bar{S} + u \tag{1.4}$$

这表明，在一个交易日内，银行间市场上，商业银行期望的清算余额净供给等于中央银行的目标供给量再加上一个随机项。随机项代表交易日内中央银行最后一次通过公开市场操作调节隔夜资金供给未被准确预测到的市场需求变化，这一信息已经被商业银行在市场交易中捕捉到。

将式（1.3）代入式（1.4）得到利率函数

$$i = i^d + F\left[-(\bar{S} + u) / \sum_i \sigma^i \right](i^l - i^d) \tag{1.5}$$

（三）利率走廊作用机制

模型分析使对利率走廊作用机制的说明变得容易。利率走廊首要的目的是通过利益诱导机制实现对短期利率的调控。从式（1.5）可知，市场利率必定位于利率走廊内，即 $i^d \leqslant i \leqslant i^l$ 并且利率将随中央银行货币供给 $\bar{S} + u$ 的增加而降低。因此，利率走廊中的贷款便利工具和存款便利工具十分重要，它们不仅决定了有效的清算资金供给曲线位置，也决定了有效的清算资金需求曲线位置。换句话说，存贷款便利工具之所以重要，是因为商业银行使用便利工具的概率为正。当中央银行提高向商业银行提供的短期贷款利率和降低商业银行在中央银行的存款利率的时候，走廊宽度变大；当中央银行降低商业银行的贷款利率和提高存款利率的时候，走廊宽度变小。走廊宽度的大小，决定了商业银行在拆借市场上进行拆借的机会成本。当市场利率高于中央银行贷款利率时，资金拆入银行将向中央银行拆入贷款，而不会在市场上拆入。同样，当市场利率低于中央银行存款利率时，资金拆出银行会将多余资金以准备金的形式向中央银行拆出，而不会在市场上拆出。当中央银行能够准确预测市场的变化使其面临的随机项 u 等于 0，中央银行就能精确提供市场需要的隔夜资金，此时隔夜资金的供给为

$$\bar{S} = -F(1/2) \sum_i \sigma^i \tag{1.6}$$

此时，隔夜市场利率 i 就等于被中央银行设定在走廊 1/2 处的目标利率 i^*，即 $i = i^* = (i^l + i^d)/2$。货币政策操作实践中，中央银行不可能完全精确，但是只要中央银行可以足够精确，市场利率就能够围绕目标利率小幅度波动。

利率走廊的第二个作用机制是预期引导机制。如果商业银行面临的不可测的随机冲击 ε^i 具有对称分布的形式，即零既是概率分布的中位数又是均值，则清算余额的目标供给量应为零。实践中，当隔夜利率位于利率走廊中间，商业银行仍然对清算余额有小额正的需求，说明在估计的风险中存在不对称性。通过模型得到的一个更重要的认识是，对清算余额的需求是隔夜利率相对于存贷款利率相对位置的函数，而不是它们绝对值的函数，商业银行在每个交易日的行动是使其清算余额需求尽量与中央银行的清算余额供给 $(\bar{S} + u)/\sum_i \sigma^i$ 相匹配，它的需求既与目标利率水平无关，又与市场利率水平无关。这表明只要保持相对位置不变，对隔夜市场利率的调整无须通过变动清算余额的供给水平。因此，在利率走廊系统中，对市场隔夜利率的调整，只需中央银行宣告目标利率变动，这决定了存贷款利率相应的变动，有利于形成公众预期，市场利率在预期作用下将自动逼近目标利率，中央银行只需通过预期管理来稳定隔夜市场利率波动，而无须改变清算余额的目标供应水平。在货币政策实践中，利用利率走廊进行货币政策操作的中央银行仍然进行公开市场操作，但目的并不是释放目标利率变化的信号，仅是因为预测到了隔夜清算余额的外部扰动而进行的纯技术操作。

利率走廊的第三个作用机制是货币政策传导机制。利率走廊调控的是短期银行间利率，而中央银行的最终目标是调控经济中的实际变量。短期银行间利率需要通过其他金融市场向更长期限的利率传导，并通过货币政策传导机制影响经济中的实际变量。利率走廊对短期利率调控的效果再好，如果不能向实体经济传导，就不能实现货币政策意图，利率走廊也会失去其作用。

最后需要说明的是，利率走廊作用机制只是在常规经济状态下对利率实现微调，在非常规经济状态下，政策利差空间缩小，特别是在金融危机状态下，目标利率等于存款利率。在利率走廊利益诱导和预期引导机制缺失的情况下，中央银行仍需要通过公开市场业务等数量型工具实现货币政策意图。如果打一个比方，利率走廊调控是经济常规状态下的中医养生或西医"微创"手术，当经济处于非常规状态时则需要进行外科手术式的数量型调控。本书并不排斥也不否认非常规状态下的调控方式，只是重点在于常规状态下如何实现利率微调，部分章节也会涉及部分非常规状态下调控的内容。

第二节　西方利率走廊调控相关理论基础

数量型调控向价格型调控的转型代表了货币调控理论由货币供给决定理论向货币需求决定理论的转变。数量型调控依靠中央银行对货币供应量的控制与调整实施货币政策。在外生货币下，中央银行能够调控流通中的货币存量，因此流通中的货币量是由中央银行的货币供给所决定的，该理论被称为货币供给决定理论。而利率走廊调控依靠的是货币供给的内生性，即中央银行无法控制流动中的货币量，而只能依靠利率的调整来实施，通过利率变动影响微观经济主体行为以调整流通中的货币量。而微观主体行为的变化影响货币需求，进而决定流通中的货币存量，因此，内生货币供给也称为货币需求决定理论。由于内生货币供给理论是从外生货币供给理论演变与发展起来的，可以说没有货币数量上的关系，很难说明与反映货币的内生属性，因此，为了更好地探讨利率走廊的理论基础，本部分先介绍外生货币理论，再介绍西方和马克思内生货币理论，最后对两种内生货币理论进行对比分析。

一、早期价格型调控下的真实票据理论与银行贴现率理论

利率走廊系统中将常备融资便利作为货币政策工具的理论就是来源于真实票据理论。真实票据理论产生于 18 世纪中期，资本主义社会已经

产生但并未取得完全胜利，属于资本主义初期阶段。西方经济理论由重商主义转向古典经济学，自由贸易开始盛行，但是重视金银财富和贸易的传统仍根植于经济理论与实践中。这一时期中央银行体系还没有完全建立起来，许多银行可以发行自己的银行券。在英国，直到 1844 年银行法案才规定英格兰银行是唯一具有发行货币权力的银行。在此之前，中央银行和商业银行以及它们发行的银行券没有太大的区别。真实票据理论最早由苏格兰经济学家 John Law 提出，亚当·斯密在《国富论》中进行了权威性的解释，此后该理论就流行于英国的货币政策实践中。在货币政策实践上，商业银行只以贴现购买真实商业票据的形式向工商业提供短期贷款。根据真实票据理论，由真实商业票据所代表的经济产出自动生成购买力，货币只是迎合真实交易的需求，这一形式既不会使商业银行无限扩张，也不会在经济中造成通货膨胀。源于真实的商品与服务的短期商业票据，可以使货币存量在给定价格水平条件下自动满足实际产出需求，并根据产出变化而调整，不会造成货币的超额供给。用简单的等式可以说明这一过程。假设 T 是生产商品所耗费的资本与中间品的一系列清单总值 G，因此

$$T = G \tag{1.7}$$

清单上每一货币单位的资本品产生等值的商业票据 B。厂商用 B 申请贷款，产生贷款需求量 L_d，得到

$$G = B \tag{1.8}$$

$$B = L_d \tag{1.9}$$

厂商的贷款需求 L_d 通过银行的审核，并全额获得银行的贷款供给 L_s，则

$$L_d = L_s \tag{1.10}$$

由于商业银行以银行券和银行存款的形式提供贷款 L_d，银行券和银行存款的和构成货币存量，因此贷款供给 L_d 必定等于货币存量 M_s，即

$$L_d = M_s \tag{1.11}$$

将式（1.7）～式（1.10）代入式（1.11），并解出货币存量，得到

$$M_s = T \qquad (1.12)$$

式（1.12）表明商业银行只要根据有真实商品和服务交易产生的商业票据提供贷款，货币存量就将等于交易所需的货币量。由于 $G = T$，因此式（1.12）也可以写成

$$M_s = G \qquad (1.13)$$

式（1.13）强调了货币供给最终与商品生产过程相适应。只要生产出的商品进入市场，在既定的价格水平下就有等额的货币来购买它们。资本品清单 G 可以由价格水平 P 和数量 Q 来定义，因此

$$G = PQ \qquad (1.14)$$

将式（1.14）代入式（1.13）得到

$$M_s = PQ \qquad (1.15)$$

式（1.15）表明，只要价格 P 给定，货币存量 M_s 的变化由产量 Q 决定，就是货币供给由实际产出决定。在真实票据理论指导下的货币政策，实质上是以货币价格为目标，使货币供给适应实际经济活动需求。银行贴现率学派对真实票据理论内在缺陷批判的同时也继承了货币政策目标应以实际变量为锚的传统。银行贴现率学派认为真实票据理论错误地将市场价格设定为外生，导致以名义变量（货币价格）来调控另一个名义变量（货币存量），存在动态不稳定性。Thornton（1802）认为需要根据资本的实际利率来设定银行贴现率，这样可以允许货币在一定范围内变动以控制通货膨胀，并且可以克服动态不稳定的缺陷。Knut Wicksell（1898）认为银行贴现率是一个中性贷款利率，而这一中性贷款利率就是向资本支付的自然利率的现值。那么问题就是中央银行能否控制市场利率使其等于自然利率，又应该以怎样的方式来控制市场利率。Bagehot（1873）认为中央银行是货币市场的垄断者，能以边际价格实现市场出清，使之成为市场价格，虽然在金本位制下中央银行并不能长期控制货币的永久价值，但是在短期内可以控制利率以保持系统稳定，从而避免黄金、利率、经济增长和价格的动态失衡。银行贴现率学派认为使贴现政策更有效的方式就是控制市场利率使其接近银行贴现率。

真实票据理论与银行贴现率理论不断丰富着英格兰银行及其他各国中央银行调控市场利率与货币供给的经验与能力。各国中央银行在货币政策实践中，一方面运用贴现利率进行价格型调控，另一方面通过数量工具进行数量管制。之所以无法进行纯粹的价格型调控，原因是英国的银行法对贴现率规定了最高限价，实际上压低了银行的利率，使数量不能仅仅通过价格进行调控，必须运用数量型工具来管制货币存量，以稳定通胀。在贴现利率的基础上，中央银行还创立了伦巴德便利，也称为抵押贷款便利，不仅将贷款的到期日标准化，而且催生了不同期限和风险特征的合格票据。20 世纪 90 年代，在意识到流动性吸收特性的操作工具在货币政策中的优势后，中央银行还创设了存款便利工具，当目标利率不同于贷款便利利率时，能够将短期利率控制在利率区间内。

因此，尽管真实票据理论错误地将市场价格设定为外生，导致以一个名义变量来调控另一个名义变量，存在动态不稳定性，招致了包括 Henry Thornton、Wichsell、Bagehot 等银行贴现率学派的批判而日趋式微，但不应忽视其是价格型货币政策工具的奠基。该理论至今仍影响中央银行日常的货币政策操作，是利率走廊调控的理论雏形。

二、数量型调控下的货币数量论与外生货币供给理论

（一）早期货币数量论与准备金头寸学说

价格型调控在英国兴起并延续至今，美国早期价格型调控在 20 世纪初货币数量论兴起后便迅速被美联储摒弃，美国古典的货币数量论成为早期数量型调控的理论基础。该理论在美国早期货币政策实践中形成准备金头寸学说。货币数量论的起源可以追溯至 17 世纪的约翰·洛克，但广为人知却主要是通过美国货币数量论者 Irving Fisher 的交易方程式[1]为

$$MV_T \equiv P_T T \tag{1.16}$$

---

[1]　宾得赛尔. 货币政策实施：理论、沿革与现状［M］. 大连：东北财经大学出版社，2013.

其中，M 表示货币量，V_T 表示货币的流通速度，P_T 是交易的价格水平，T 表示交易量。V_T 是交易后根据等式计算得出的，因此方程恒成立。交易量 T 不仅是当期商品的交易量，还包括以前生产的商品的交易。如果仅考虑当期的收入交易，等式变为

$$MV \equiv PY \tag{1.17}$$

此时，M 仍是货币量，V 表示货币流通。P 为价格指数，Y 为产出水平。货币数量论者认为交易方程式中除了价格水平 P 外的均衡值都是由其他因素决定的，货币数量 M 由货币当局外生控制，产出水平 Y 是真实经济活动指标，古典经济学认为是供给决定了产出，货币流通速度由支付习惯和支付技术等制度因素决定，在短期视为固定不变，因此交易方程式唯一确定了价格水平 P。此时交易方程式就表示为外生的货币供给与价格水平之间的比例关系：

$$M\bar{V} = P\bar{Y} \tag{1.18}$$

加横线表示变量是给定的，经整理可得

$$P = \frac{\bar{V}}{\bar{Y}}M \tag{1.19}$$

式（1.19）就是货币数量论的基本结论：价格水平由货币供给量决定。

在 Irving Fisher 提出交易方程式不久，Chester A. Phillips（1931）对货币供给决定机制进行了分析[1]，提出了货币乘数理论，为后续货币主义经济学家形成完整的货币供给决定理论奠定了基础。C. A. Phillips 假设银行不持有超额储备，公众只持有活期存款而不持有通货和定期存款，当中央银行降低法定准备金率，银行的准备金增加并扩大贷款，银行的存款也随之增加，其增量为增加的准备金与活期存款法定准备金率倒数的乘积，货币乘数 m 唯一决定于法定准备金率。货币供给过程可以简单地表示为

---

① Chester A. Phillips. Bank Credit: A Study of the Principles and Factors Underlying Advances Made by Banks To Borrowers [M]. NY: MacMillan Company, 1931.

$$M = mB \qquad (1.20)$$

其中，货币供给 M 为货币乘数 m 与基础货币 B 的乘积。从货币供给过程来看，法定准备金率和准备金供给两大因素决定了货币供给，后期的货币数量论者批判这一简单关系忽视了商业银行和公众两个微观主体行为在货币供给决定过程中的重要作用，没有体现经济活动对货币供给的影响，货币供给成为独立于经济运行的外生变量，是货币供给外生论的典型代表。

尽管存在上述缺陷，C. A. Phillips 创立的简单货币乘数及当时其他经济学家的研究，对 Irving Fisher 的交易方程式作了重要补充，为广义货币总量和中央银行资产负债表建立了联系，使货币政策工具中的公开市场操作可以通过交易方程式来实施。假设 C 为流通中的货币，D 为公众在银行的存款，货币总量 $M = C + D$，R 为银行实际准备金，r 为法定准备金率，银行的法定准备为 rD，c 为公众持有现金的比率，则 $C = cM$，$D = (1 - c)M$。则货币总量 M 与基础货币 $C + R$ 的关系如下：

$$M = \frac{1}{c + (1 - c)r}(C + R) \qquad (1.21)$$

在期初，$R = rD$，银行没有超额准备金。中央银行通过公开市场业务向银行提供准备金，此时 $R > rD$，即实际准备金大于法定准备金，存在超额准备金。银行将用超额准备金进行放贷，公众获得贷款后将其中 $(1 - c)$ 部分存入银行，银行又可以继续放贷，这一过程一直持续到超额准备至零为止。可见，中央银行可以通过公开市场业务影响银行的准备金量，最终控制货币总量、价格水平和实际经济活动。

在早期货币数量论的影响下，准备金头寸学说随之产生，由于基础货币本身并不适合作为货币政策的操作目标，当时的中央银行家们运用公开市场操作这一货币政策工具，对被细分成不同门类的准备金，诸如法定准备金和超额准备金、借入和非借入准备金、自由准备金等进行调控，基于准备金头寸学说的数量型调控成为美联储从 20 世纪 20 年代到 90 年代货币政策的主导范式。

（二）外生货币供给理论与现代货币数量论

准备金头寸学说的兴起，一方面与 20 世纪 20 年代美联储初创时期面临第一次世界大战融资的政治压力和其自身调控利率经验不足，导致盯住利率政策的失败，急需寻找替代性的货币政策调控框架有关，另一方面也与准备金头寸学说迎合了凯恩斯经济思想中货币供给外生性而得到凯恩斯的极力推崇有关。外生货币供给理论起源于凯恩斯经济学。外生货币供给理论是承认货币供给是外生变量的理论，其含义是货币供给由中央银行的货币政策决定，即中央银行能够有效地控制货币。如果货币供给是内生的，就意味着中央银行不能有效地控制货币，那么把货币供给量作为货币政策操作目标就难以实现货币政策意图。如果肯定地认为货币供给是外生变量，就是承认货币当局能有效地通过对货币供给的调节影响实际经济活动。凯恩斯经济学思想是在 1929—1933 年大萧条的背景下发展起来的，《就业、利息和货币通论》（以下简称《通论》）一出版，其理论与政策主张便被西方各国政府接纳和采用，并对第一次世界大战后西方各国政府的经济政策乃至经济和社会体制运行产生了重大影响。凯恩斯理论体系以解决就业问题为核心，认为有效需求决定社会就业量。有效需求由消费、投资等实际经济变量构成。有效需求的大小主要取决于货币数量和消费倾向、资本边际效率和流动性偏好三大基本心理因素。他全盘否认了古典经济学的利率自动调节功能，并认为利率不取决于投资和储蓄，而取决于货币需求和货币供给。凯恩斯把重点放在货币需求的分析上，因为他认为货币供给是中央银行完全能够控制的外生变量。国家可以通过公开市场购买改变外生货币供给，其机制是随着基础货币供应量提高，在货币乘数作用下，货币总量扩张压低均衡利率，增加消费和投资，短期价格黏性下增加实际经济产出。这是扩张性货币政策的影响，紧缩性货币政策具有相反的效应。在凯恩斯巨大影响力下，第一次世界大战后西方各主流经济学派都把货币供给作为给定的变量，并认为国家能够有效地对经济进行干预。因此，凯恩斯经济理论从货币供给角度看就是外生货币供给理论，开创了国家运用货币政策干预经济的先河，具有里程碑意义。凯恩斯对货币供给外生性的坚持，体现在对英格兰银行传统利率调控的批判和对准备金头寸学说投以极大热情的拥护上。

早期货币数量论为准备金头寸学说奠定了理论基础，准备金头寸学说在凯恩斯的支持下得到了传播并成为美联储货币政策的主导范式，美联储根据经济状况相机抉择准备金头寸目标。20 世纪 70 年代末到 80 年代初，货币主义者的基础货币—货币乘数分析使货币数量论具备现代数量分析框架，并使准备金头寸学说在货币政策中的应用达到顶峰。可以说，以 Milton Friedman 为代表的货币主义是外生货币供给理论的典型代表①。Friedman – Schwartz 在关于货币供给决定因素的分析中，将货币供给定义为流通中的通货和银行存款之和：

$$M = C + D \tag{1.22}$$

将高能货币定义为通货与银行准备金之和：

$$H = C + R \tag{1.23}$$

由式（1.22）和式（1.23）可以得到

$$\frac{M}{H} = \frac{C + D}{C + R} = H \times \frac{\left(1 + \dfrac{D}{C}\right)\dfrac{D}{R}}{\dfrac{D}{R} + \dfrac{D}{C}} \tag{1.24}$$

式（1.24）整理得

$$M = H \times \frac{\left(1 + \dfrac{D}{C}\right)\dfrac{D}{R}}{\dfrac{D}{R} + \dfrac{D}{C}} \tag{1.25}$$

由于货币存量等于高能货币与货币乘数的积，因此货币乘数为式（1.25）右式的分数项 $\dfrac{\left(1 + \dfrac{D}{C}\right)\dfrac{D}{R}}{\dfrac{D}{R} + \dfrac{D}{C}}$。可见，在 Friedman – Schwartz 分析中，

---

① 黄达. 金融学 ［M］. 北京：中国人民大学出版社，2015：382.

高能货币 H、储备存款比 $\dfrac{D}{R}$、通货存款比 $\dfrac{D}{C}$ 决定货币存量，储备存款比和通货存款比决定货币乘数。高能货币的变化在乘数的作用下将导致货币存量数倍变化。储备存款比和通货存款比的变化会导致货币存量同方向变化。由 Friedman – Schwartz 分析可知，货币存量由货币当局、银行、公众的行为决定。其中，高能货币取决于货币当局行为，储备存款比和通货存款比分别取决于银行和公众的行为。按照 Friedman – Schwartz 的现代数量分析理论，银行和公众的行为受高能货币供给和货币当局其他政策限制，只能决定货币在通货与准备金之间的比例关系，不能影响它们的绝对量。因此，货币当局能够直接决定 H，而 H 对 $\dfrac{D}{R}$ 和 $\dfrac{D}{C}$ 有决定性影响，中央银行可以控制货币存量。在货币供给外生性上，货币主义者和凯恩斯主义者是一致和连贯的，但凯恩斯主义者认为货币需求不稳定，而货币主义者认为货币需求稳定，货币量的变化是名义收入变化的主要影响因素，在短期内也是真实收入变化的影响因素，结论是货币供给的稳定性要经过较长一段时间才会使收入达到稳定。Friedman – Schwartz 通过对美国货币史的分析认为，以往大多数收入增长的不稳定性均源于货币增长的不稳定，因此他主张货币政策应该采取固定货币总量下的固定增长率规则来实施，而避免使用相机抉择的操作导致经济波动。可见，货币主义时期的准备金头寸学说比凯恩斯时期的准备金头寸学说更加彻底地坚持了货币供给的外生性。

Friedman 的货币政策规则性也体现在了美联储的货币政策实践中。在 20 世纪 70 年代末的美国，由于公众对宽松货币政策的预期上升，失业率和通货膨胀率都在加速上升，引发了滞胀。根据卢卡斯对时间不一致问题的批判，滞胀反映不执行可信的货币政策规则而执行相机抉择货币政策的成本。为了让通货膨胀回落，1979 年 10 月，美联储在新任主席 Paul Volcker 的领导下决定采纳 Friedman 的政策建议，公开承诺对货币供应量的目标，并允许利率飙升至高水平。虽然这项政策在短期内导致了严重的经济紧缩，但从长期来看，这项政策显示了美联储即使是在短期内要付出高昂的代价，也要维持物价稳定的强有力承诺，使通货膨胀预期下降。到 20 世纪 80 年代初，美联储在追求货币供应增长目标的过程中遇到了一个技术问题：流动性供给增长目标与名义收入增长之间的关系变得非常不稳定，因此不可能准确地实现流动性供给增长。由于通货膨胀预期已经被紧缩的货币政策压制，货币供应量增长与名义收入增长之间的关系破裂，促使美联储在 1982 年底开始弱化货币供应增长目标。到 1993 年 7 月，美联储已经完全取消货币供应量作为货币政策目标，转而采取平衡利率政策（风险管理方法）。从货币数量论的交易方程式中可以看出数量型调控面临困境的机理。在货币数量论的货币方程式中，$M \times V = P \times Q$ 方程中的变量 V 变得不稳定，使得中央银行难以设定 M 变量的增长以适应 $P \times Q$ 的增长（或名义 GDP 的增长）。V 的不稳定性可能归因于货币持有成本改变（包括通货膨胀预期和实际利率的变化），金融创新（如引入货币市场账户）和信用卡等电子支付方式的普及。随着流通速度（V）不稳定，中央银行发现越来越难以按照与名义国内生产总值相一致的方式校准货币供应增长目标。这种货币与名义收入之间关系的破裂也常常部分归因于古德哈特定律。该定律与卢卡斯批判密切相关。古德哈特定律的内容是：任何观察到的统计规律一旦出于控制目的而施加压力就会趋于崩溃。随着货币供应增长率成为控制目标，这导致了名义利率、实际利率以及通货膨胀的更大变化，从而导致中央银行放松管制和市场主体竞争的压力增大。最终，竞争和放松管制的压力，加上信息技术快速发展和金融创新加快，引起货币流通速度的不稳定，破坏了已观察到的货币与名义收入之间的稳定关系。

三、现代价格型调控的理论基础

（一）后凯恩斯主义内生货币供给理论

货币流通速度的不稳定及货币总量与名义收入之间稳定关系的破裂实质是 20 世纪后期经济中货币内生属性增强，但内生货币供给理论却早已有之。货币内生性理论的先驱者为 Knut Wicksell（1936）和 Schumpeter Joseph A.（1934），后经过后凯恩斯主义者的不断丰富和完善形成了相对完整的理论体系。其中，Kaldor（1970，1982）在批判货币主义的货币理论和货币政策过程中，将内生货币供给理论往前推进了一大步，作出重要贡献。与货币主义者认为货币供给能够由货币当局外生控制的观点不同，内生主义者认为，经济中的货币总量由银行的贷款量决定，而贷款量则由影响经济产出的实际变量，诸如消费、投资、就业等实际因素决定。货币当局不能完全控制经济中的货币量，只能在适应微观主体行为和实际经济变量的基础上被动地供给货币。内生货币供给理论分为适应性内生和结构性内生两派。适应主义认为中央银行对流动性供给没有控制力，为稳定经济和金融被动提供流动性，中央银行可以制定利率，利率由中央银行外生控制。Palley（1996）通过对信贷市场建模，将适应主义和结构主义放在了同一个框架内进行对比分析。在其模型中，准备金市场的出清条件为准备金供给等于准备金需求：$H^s = H^d$，信贷市场出清条件为信贷供给等于信贷需求：$L^s = L^d$，活期存款决定方程为

$$D = L((1 + m)i_F, L)/(1 + t - k_1 - k_2 t - e) \tag{1.26}$$

其中，D 为活期存款，L 为银行贷款，i_F 为联邦基金利率，t 为货币存款/银行存款比率，$k_1(k_2)$ 为活（定）期存款法定准备金率，e 为超额准备金率，m 为流动性或风险溢价的利率加成。准备金供给和需求决定方程为

$$H^d = H^s = (c + k_1 + k_2 t + e)L((1 + m)i_F, L)/(1 + t - k_1 - k_2 t - e) \tag{1.27}$$

货币供给决定方程为

$$M = (1 + c)L((1 + m)i_F, L)/(1 + t - k_1 - k_2 t - e) \tag{1.28}$$

图 1-4 对模型进行了解释。第二象限是中央银行在利率为 i_F 具有完全弹性的准备金供给。第一象限是银行在基准利率基础上加成流动性或风险溢价，以 L^s 的利率进行贷款。第四象限是在获得银行贷款后，公众根据流动性偏好确定的存款量。第三象限是根据存款量中央银行确定的

准备金供给量。当贷款的需求由 L_0^d 增加到 L_1^d，均衡的贷款量由 L_0^* 增加到 L_1^*，均衡的存款量由 D_0^* 增加到 D_1^*，在固定利率下中央银行的准备金供给均衡量由 H_0^* 增加到 H_1^*。图 1-4 解释了适应主义内生货币供给的过程。

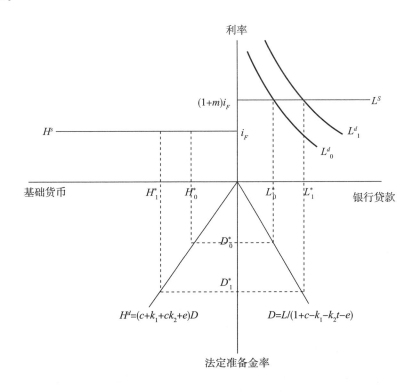

图 1-4 适应主义内生货币供给

结构主义在货币内生属性上与适应主义是一致的，但结构主义认为中央银行只是部分适应而不是完全适应对准备金的需求，因此结构主义的货币供给曲线具有正斜率，而不是水平的。图 1-5 解释了结构主义内生货币供给过程。

在结构主义情况下，当贷款需求增加，部分适应变化的中央银行将抬高目标利率，银行对资金成本上升的反应是减少从隔夜市场借款，并更积极地进行资产负债管理，改变其资产负债的比例。这一结果反映在第四象限和第三象限的直线发生转动（见图 1-6）。

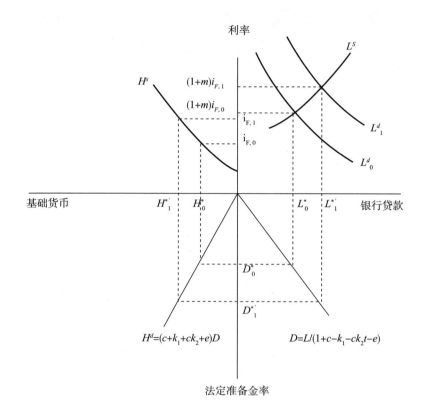

图1-5　结构主义内生货币供给（Ⅰ）

　　从上述分析可知，虽然都承认货币供给的内生性，但适应主义和结构主义两派争论的焦点是中央银行（商业银行）能否以固定利率提供准备金（贷款）。Fontana（2003）提出了一种可以使适应主义和结构主义内生货币理论都能够兼容的时间分析框架，并利用这一时间分析框架，建立了内生货币的一般模型。中央银行的货币供给曲线形状如图1-7所示。

　　图1-7第二象限显示了中央银行的货币供给曲线形状。Fontana在水平的货币供给曲线和向上倾斜的货币供给曲线之间采取了折中的方式——阶梯形的货币供给曲线。货币供给曲线之所以采用分段的形式，是因为不同的区间代表了中央银行不同的货币政策立场。随着信贷市场上货币需求的增加，银行对准备金的需求也增加，这时如果中央银行预

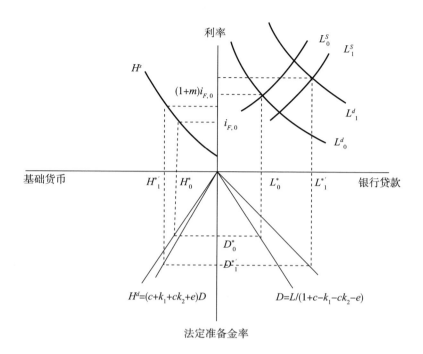

图 1-6 结构主义内生货币供给（Ⅱ）

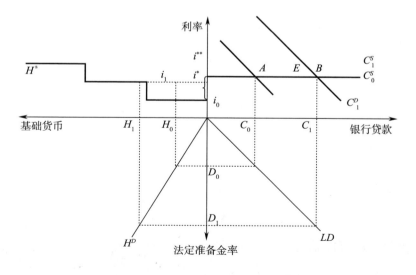

图 1-7 中央银行的货币供给曲线

测到货币市场条件发生变化，将会采取紧缩的货币政策提高目标利率。由于内生货币供给假设了贷款是在中央银行政策立场改变前发放的，因此均衡的贷款量是由 C_0^S 与 C_1^D 的交点 B 点决定，而不是由 C_1^S 与 C_1^D 的交点 E 点决定。现在适应主义和结构主义两派都认可货币供给并不是完全适应货币需求的变化，而 Fontana 则将两派的观点结合进了同一个分析框架。

银行信贷供给曲线则要分为两种情况考虑。第一种情况见图 1－8。当信贷需求增加，银行贷款利率有上行的压力，如果银行的判断是经济情况良好，它将对信贷需求增加的规模有一定的容忍度，体现在图 1－8中就是第一象限较低利率水平的信贷供给曲线区间长度比较长。在这一经济形势下借款方对银行议价的能力也比较强，会给银行造成保持低利率的压力。因此，在经济状况好的情况下，信贷资金的供给是水平的。

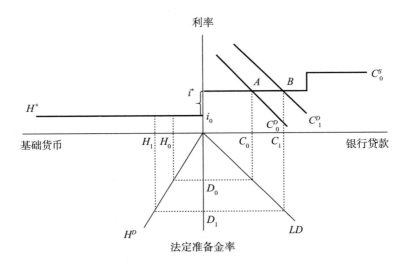

图 1－8　信贷供给曲线形状 1

第二种情况见图 1－9。当信贷需求增加时，银行的判断是经济情况将恶化，它对信贷需求规模增加的容忍度就低，体现在低水平信贷供给曲线的区间较窄，并且借款方没有议价的条件，信贷需求曲线将与高利率水平信贷供给曲线相交。在这一情况下，信贷供给曲线既不是水平的也不是向上倾斜的，而是呈现出阶梯形状。

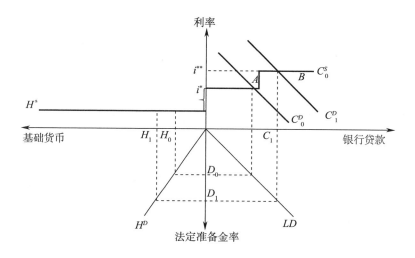

图 1 - 9 信贷供给曲线形状 2

从上述分析可知，内生性货币的两种分析方法主要区别是在不同的时间框架下，各市场参与者的预期状态不同。适应主义的分析方法依赖单期的时间框架，在这个框架下，中央银行和商业银行的期望值在经济过程之前就给定，并且在单一时期内保持不变；而结构主义的分析方法依赖跨期的时间框架，在各个不同时期中央银行和商业银行具有不断变化的期望。从这个角度来看，适应主义分析方法是结构主义分析方法在某一个具体时期的特例，在这个具体时期中，各市场参与主体的预期是固定的，不发生变化。正如 Fontana 所认为的，"结构主义者讨论货币当局的总体竞争目标，而适应主义者倾向于区别货币政策的不同立场，并只关注自由管理的短期利率立场"[1]。

货币内生性理论的分析也得到了货币政策实践中经验证据的支持。1957 年著名的《拉德克利夫报告》对英国金融和信贷系统进行了深入调查和研究，涉及货币理论和货币政策的方方面面，对当代西方货币理论

① Giuseppe Fontana. Post Keynesian Approaches to Endogenous Money: A Time Framework Explanation [J]. Review of Political Economy, 2003, 15 (3): 291 - 314.

与政策产生持久和深远的影响。报告的结论是，不仅货币供给，而且包括货币供给过程在内的整个社会的流动性对经济产生重要的影响；整个金融体系，包括银行和非银行金融部门决定了货币供给。中央银行要控制整个社会的流动性，如果仅控制货币，市场主体会通过资产替代逃避监管，导致货币政策无效。美国经济学家格利和肖对信用创造过程进行分析，结论是货币与其他金融资产替代作用非常强，中央银行不应该只控制货币和商业银行，应该同时控制其他不同类型的金融机构和金融资产。在这些新情况下，外生货币供给存在严重缺陷，内生货币供给理论不断丰富和完善并被广泛接受。除了货币供给内生性，内生货币供给理论另一个与其他主流经济理论的重大区别就是不承认自然利率的存在，这一点对于利率走廊调控也具有很重要的指导意义。如果自然利率不存在，就没有必要紧盯经济中的均衡目标，而应该把中央银行的目标重点放在通货膨胀目标制上。

（二）泰勒规则与利率走廊主导地位的确立

货币内生性增强导致货币量与名义收入关系破裂后，美联储逐渐由数量型调控过渡到价格型调控。在转型过程中，中间目标和最终目标的确定都是在货币政策实践中逐步形成的。20 世纪 80 年代中期到 2008 年国际金融危机爆发前，美联储采用所谓"风险管理方法"的货币政策框架。在这一框架中，美联储没有公布货币供应量增长率和通货膨胀率的具体目标。美联储密切监测各种经济数据，采取前瞻性行动，在保持价格稳定的同时最大限度地降低就业和经济增长的风险。例如，当时的美联储主席格林斯潘在 1996 年收紧货币条件，显著改善美国股票市场形成的"非理性繁荣"。当有经济学家基于美联储的风险管理方法，对美联储的货币政策操作规则进行研究时发现，货币政策制定的规则是风险最小化的产出增长和价格稳定。这个经济学家就是约翰·B. 泰勒（John B. Taylor）。他从美联储的货币政策行动中统计推断出，美联储有意无意将通货膨胀保持在一定的均衡水平，并将 GDP 增长率稳定在潜在增长率水平上。泰勒提出的假设受到了人们的广泛关注，因为它与美联储的货

币政策行动相当一致。这个假设被称为泰勒规则，可以表示为

$$i_t = r_t^* + \pi_t + \alpha_\pi(\pi_t - \pi_t^*) + \alpha_y(y_t - y_t^*) \qquad (1.29)$$

其中，π_t 是通货膨胀率，π_t^* 是预期通货膨胀率，r_t^* 是假设的均衡实际利率，y_t 是实际 GDP 增长率，y_t^* 是潜在 GDP 增长率，a_π 和 a_y 是中央银行设定的将实际通货膨胀率保持在预期值及将实际 GDP 增长率保持在潜在增长率的相对权重，泰勒（1993）提出 $a_\pi = a_y = 0.5$。根据式（1.29），当通货膨胀率高于预期通胀率或当 GDP 增长率超过潜在增长率时，美联储将提高政策利率；当通货膨胀率低于预期通胀率或当 GDP 增长率低于潜在增长率时，美联储将降低政策利率。如果通货膨胀和产出目标发生冲突，例如，当石油冲击导致通货膨胀上涨超过预期水平，同时导致 GDP 增长低于潜在水平时，中央银行将根据判断调整相对权重。若中央银行想要降低通胀预期，那么它可能会将通胀保持在目标水平。

在格林斯潘的领导下，美联储实施积极货币政策，防止各种外生冲击影响经济和金融体系的稳定。为减轻 1987 年股市暴跌和 2001 年恐怖袭击的影响，防止经济减速，美联储向金融体系注入大量流动性，有效降低利率。美联储还通过提高利率来收紧货币政策。面对 1994 年债券市场崩盘，1996 年股票市场"非理性繁荣"，2001 年互联网经济泡沫，及随之而来的油价上涨和通货高企，美联储都收紧市场流动性。尽管没有名义上的货币政策目标，但从 20 世纪 80 年代初至 21 世纪头十年实施的货币政策都与泰勒规则相当接近。这表明，美联储同时关心通胀和失业问题。尽管美联储没有明确对外公布货币政策操作框架，但它在实践上取得良好的调控效果，并且因为泰勒的统计推断得到验证与总结，所以之后便纷纷被其他西方国家中央银行效仿。英国、加拿大、欧盟、澳大利亚、新西兰、日本等主要西方工业化经济体及一些新兴市场国家先后采用泰勒的利率规则实施货币政策。为稳定目标利率，部分西方国家中央银行在利率规则基础上，设置常备存贷便利工具，构建利率走廊调控模式。这一模式能更有效地将目标利率锚定在利率走廊区间内，受到普遍欢迎与接纳。

第三节 马克思主义货币理论对
中国构建利率走廊调控体系的指导意义

马克思通过分析货币的起源与本质，阐明货币内生于实际经济过程。利率决定的外生性则是通过阶级分析方法取得。马克思认为利率由社会平均利润率在不同资本家间的分割决定，中央银行决定了分割的比例，因此利率由中央银行外生决定。通过将西方内生货币供给理论与马克思内生货币供给理论进行对比分析，发现两者有联系也有区别。两者的联系，说明马克思主义理论适合用于指导我国利率走廊建设。两者的差异反映了阶级立场的不同，其中马克思对社会平均利润率的论述具有重要意义。在利率走廊建设和调控中坚持银行业取得社会平均利润率的马克思主义观点有助于解决经济虚拟化和产业空心化，让金融更好服务实体经济。

一、构建利率走廊调控体系必须坚持马克思货币理论的指导地位

利率走廊调控作为现代化金融体系建设的关键环节，也应以马克思主义理论为指导，这是我国社会主义制度的内在要求。从认识论的角度看，科学理论对实践的指导作用体现在两方面。第一，科学理论是客观规律的总结，能够预见实践的发展过程；第二，科学理论源于实践，又在具体实践中指导实践的发展，促进实践的科学性。第一点是科学理论的本质特征。要树立马克思主义理论对构建利率走廊调控体系的指导地位，就必须证明马克思主义理论能够完全清晰、准确地解释利率走廊调控最本质的作用机理：货币内生性和利率外生性。如果这两个关键特征与马克思主义理论相悖，就说明马克思主义理论不适合用来指导利率走廊构建。第二点是科学理论的最终归宿。不能用于指导实践的理论，就算其形式再精致、内容再深刻，也只能成为脱离实际的、抽象的、空洞

的理论，没有任何实际意义。从对西方价格型调控实践经验的借鉴可以看出，马克思主义理论具有重要的指导意义。西方主要国家在经历了 20 世纪七八十年代经济滞胀后，在 90 年代走上价格型调控的道路，经济也进入高增长、低通胀的"大缓和"时期。2008 年的国际金融危机宣告了"大缓和"时期的结束，也说明在西方新自由主义思潮背景下的价格型调控虽然能够平抑利率波动实现价格稳定，但不能抑制资产价格泡沫实现金融稳定。新自由主义引致的金融自由化恶化收入分配不公平，造成空前的阶层对立，严重撕裂西方社会并引发社会动荡。我国进行利率市场化改革不能重走西方金融自由化老路，而要以马克思主义理论为指导，运用阶级分析的方法，综合利率走廊调控和宏观审慎政策，构建双支柱货币政策框架，引导银行业利息收入和非息收入取得社会平均利润率，从而让金融回归本源，更好地服务实体经济。

二、马克思主义货币理论及其对利率走廊作用机制的分析

（一）马克思内生货币供给理论

作为利率走廊调控基础的西方内生货币供给理论经历了漫长的发展和完善过程，其理论得到了不断的丰富和拓展，然而是马克思首先系统地提出内生货币供给理论，为内生货币供给理论作出了重大贡献。在货币起源的论述中，马克思认为商品货币在商品交换过程中自发产生，内生于经济体系。之后作为价值符号的代用货币以纸币的形式出现，取代了商品货币。马克思认为代用货币与商品货币可兑换，代替商品货币执行流通与支付手段的职能，是国家发行的商品货币的代表，因此代用货币也具有内生性。随着资本主义信用体系的发展，信用货币从商品货币中独立出来。马克思认为信用货币取决于商品生产的实际积累，信用货币的创造只能内生于实际积累过程。从马克思内生货币供给理论的分析可以看出，商品货币、代用货币和信用货币都内生于实际经济活动，受经济活动各方面因素制约与影响。从马克思内生货币供给理论和后凯恩斯主义内生货币供给理论的比较来看，两者都认为货币是内生于经济活

动的。西方内生货币供给理论将货币视为一种债务关系，注重研究货币数量的关系，无法揭示货币的本质。马克思以劳动价值论为基础，认为货币的本质是特殊的生产关系，债务关系是这种生产关系中的一种。马克思对货币本质的理解比西方内生货币学派来得更透彻。

（二）马克思外生利率决定理论

马克思内生货币供给理论认为货币是内生于社会经济发展的，而其利率决定理论则不仅分析了利率决定的外生性，也通过阶级分析法说明了在阶级社会最终由中央银行决定利息在社会平均利润率中的分割，即利息率的决定。马克思认为利息的来源和实质是由工人阶级创造的，由产业资本家无偿占有的剩余价值被部分让渡给借贷资本家，是剩余价值的特殊转化形式，体现了他们共同瓜分剩余价值的关系。从长期来看，利率由社会平均利润率调节和决定，短期利率由借贷资金的供求决定。可见，在马克思主义理论中利率被分为两种，一种是一般利息率，另一种是市场利息率。马克思在此基础上对利率的结构与决定进行了更详尽的分析。市场利息率随市场供求状况波动，是任一时点上货币的价格，由货币市场上借贷资本的供给和需求之间的关系来决定。一般利息率，又可称为平均利息率，是各种市场利息率总和的平均数。① 一般利息率由平均利润率决定，是由不同类别资本家在斗争中分割平均利润率决定的。利息率并不内生于货币市场的供求，是由产业资本家和借贷资本家在竞争和斗争中的力量对比关系决定的。根据马克思阶级分析理论，在资本主义社会中国家由资产阶级支配。两大资本家阶级斗争与竞争的结果表现在中央银行对利率的控制上，利率是由中央银行决定的外生变量。马克思主义的利率外生性能够与后凯恩斯主义的利率决定理论相融合。后凯恩斯主义认为利率决定于中央银行、商业银行和企业的力量对比关系。适应主义认为中央银行力量占绝对性优势，可以完全控制利率；结构主义认为中央银行力量还受到市场主体一定程度的制约，虽然可以控

---

① 马克思. 资本论（第3卷）［M］. 北京：人民出版社，1975：414.

制利率，但还需要部分适应市场状况。因此，后凯恩斯主义与马克思主义都认为利率外生于实际经济过程。

（三）用马克思主义货币理论分析利率走廊作用机制

马克思主义与后凯恩斯主义内生货币供给理论具有内在一致性，利率走廊调控的作用机制可以反映出两者的一致性。为了说明方便，笔者将适应主义和结构主义在跨期时间框架内的货币市场供求与利率决定简化为图 1−10。将货币市场供给曲线 R^S 分为 $H_{i^l}^S$、C^S 和 $H_{i^d}^S$ 三段。其中，$H_{i^l}^S$、$H_{i^d}^S$ 为适应主义的水平供给曲线，代表中央银行能容忍的最高贷款利率和最低存款利率，超出 i^l 和 i^d 之间范围的利率都会引发经济和金融不稳定，是中央银行不能容忍的。C^S 是结构主义供给曲线，具有正斜率代表中央银行不同的货币政策立场，不同决策期的政策立场是不连续的，如果用图形来表示，货币供给曲线应该是分段函数。为了简化说明，用连续的线性关系替代分段函数，因此 C^S 是一条向上倾斜的直线。$H_{i^l}^S$、$H_{i^d}^S$ 构成了一个跨期时间框架的利率走廊区间。在跨期时间框架中将时间分为常态和非常态两类，以下从利率在走廊区间内波动的不同时间状态进行分析。市场利率在上下限区间内的波动是常态，反映了结构主义关于市场参与

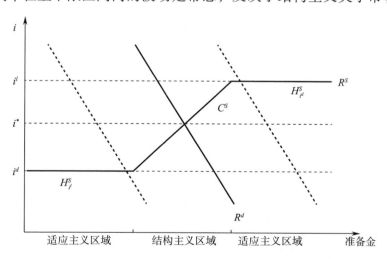

图 1−10　利率走廊中的货币供给曲线

主体跨期决策预期的不确定性及导致的经济结果的不确定性。市场利率不是自由波动的，由中央银行在单期决策中确定的政策目标利率决定。中央银行外生决定市场利率就表现为市场利率围绕政策目标利率小幅波动。按照马克思主义理论，中央银行的政策利率由借贷资本家和产业资本家的力量对比决定，反映了社会财富在两类资本家之间的分配关系。从这个角度看，中央银行本质上发挥了社会财富的分配职能。市场利率跟随政策利率变动充分说明了阶级力量对利率的决定作用。在利率将要超出走廊上下限的非连续时间节点，按照适应主义的观点，中央银行作为最后贷款人的职责必须完全适应市场需求，无限制地供给或吸收流动性，表现为货币供给的完全弹性。按照马克思主义阶级分析的观点，市场利率超出利率走廊区间会危及金融稳定和国家安全，当出现这一情况时中央银行稳定金融与经济的国家意志上升为超越阶级力量的主导因素，中央银行将无限制地供给或吸收流动性以保障国家机器的安全。因此，这就证明了马克思主义理论可以对利率走廊调控在常态和非常态下的跨期决策准确地进行分析，分析的基础就是马克思内生货币供给和外生利率决定理论。

三、银行业利润率与社会平均利润率

根据马克思对利率本质与决定的科学分析，中央银行可以通过利率走廊调控利率，实现价格稳定目标。但是 2008 年的国际金融危机表明，中央银行的利率调控无法抑制资产价格泡沫，会引发金融不稳定。原因是由新自由主义引致的金融自由化，大大扩展了银行业的盈利渠道和能力。银行业不仅仅局限于取得利息收入，还通过金融创新和产业融合取得大量非息收入。利息收入是银行业发挥金融中介职能创造的，可以由中央银行调控利率得到控制。根据金融中介理论，金融中介职能通过克服金融市场的信息不对称提供金融服务，其本身创造社会价值。非息收入很大一部分源于逃避中央银行监管的金融创新，无法通过利率调控加以有效控制。非息收入并非源于银行的金融中介职能，主要通过产业融

合的方式实现金融资本对实体经济的渗透，扩大金融部门在原有社会财富中所占的份额，没有创造新的社会财富。这种趋势长期发展下去，必然导致金融部门对实体经济的剥夺，金融部门日趋壮大，实体经济日趋式微，会引发经济和社会动荡。马克思利率决定理论中关于社会平均利润率的论述已经为解决这一问题提供了方向。因此，进行利率走廊调控必须坚持马克思主义理论指导地位，反对新自由主义倾向。在利率走廊调控中坚持马克思主义，一方面可以充分发挥利率走廊稳定价格的功能，另一方面可以让金融回归实体经济，实现经济与金融的稳定。

（一）马克思主义货币理论的新发展与货币政策目标利率

近年来随着我国经济金融化的发展，金融部门非息收入稳步提升，因此金融部门的利润可分为利息收入和非息收入两块。在马克思生活的年代，商业资本和金融资本还不发达，金融资本主要以银行资本的形式通过存贷利差获得收入。因此，在马克思的社会平均利润率公式中，社会平均利润率等于总剩余价值与全部预付资本的比率：$r = s/(c + v)$，即假定只有产业资本参与社会利润的平均化，而银行资本（或生息资本）只满足于取得利息，不参与社会利润平均化过程。要准确计算社会平均利润率必须将商业资本和金融资本纳入社会利润平均化过程。在这方面不少马克思主义经济学家作了有益的尝试。先是英国学者本·法因将商业预付资本纳入马克思的社会平均利润率公式，后来诺菲尔德和弗里德曼对公式进行修正，将金融资本纳入公式。按照马克思主义理论，银行业取得社会平均利润，既有可能通过经济的大起大落实现，也有可能通过中央银行的货币政策以温和的方式实现。显然以温和方式实现与中央银行货币政策目标一致，也隐含了中央银行货币政策首先是实现经济稳定，其次对银行业利润最大化过程相关决定因素具有控制力。经济要实现稳定，价值规律必须发挥作用，价格信号不能失真。中央银行只能以短期无风险利率为基准设定政策目标利率，为市场定价提供参考，充分发挥市场在资源配置中的基础作用。银行业利润由银行的利息收入和非息收入组成。非息收入因参与资本大循环，只受货币政策间接影响。银行的利息收入由存贷利差和存贷款规模决定。存贷款利率根据马克思利率决定理论是由中央银行的政策目标利率最终决定的。因此，中央银行设定的目标利率作为可控外生变量对银行业利息收入具有决定性作用。

（二）银行业利润最大化与马克思主义理论的指导地位

在合理设定政策目标利率后，中央银行必须设定利率走廊宽度，以确定商业银行的盈利空间。因此，合理设定商业银行存贷款利差作为利率走廊的上下限成为利率调控的关键。王云中（2007）根据马克思的借贷资本利率理论在银行非息收入为零的假设下，构造银行存款供给函数 $S(r_1)$ 和企业贷款需求函数 $I(r_2)$，联立两方程得到银行利润函数：$P(r_1,$ $r_2) = (r_2 - r_1)I(r_2)$。通过约束条件 $I(r_2) = S(r_1)$，求解一阶条件极值可求出使银行利润 P 最大时的 r_1、r_2 的均衡值 r_1^*、r_2^*。根据存贷款利率均衡值，可以求出银行利润最大化的均衡值 P^* 和 I、S 的均衡值 $S^* = I^*$。根据马克思关于银行取得社会平均利润率的论述，在银行追求利润最大化过程中，银行的最大利润 P^* 同时也是银行的社会平均利润，这使得 $S^* = I^*$。[①] 图 1−11 中的阴影部分表示了银行的最大化利润或其通过竞争所取得的社会平均利润，由银行存贷款利差和规模共同决定。近年来，随着我国经济金融化的发展，银行业非息收入稳步提升，非息收入约占银行业利润30%，因此在构建利率走廊上下限时，需要调整银行业非息利润的零假设以合理确定银行业存贷款利差范围（即 $r_2 - r_1$），从银行业的存贷款利差反推准备金市场的存贷款利差，可以根据基准利率确定加入银行非息利润后的走廊上下限确切位置。那么，现在为了调控利率使银行业取得社会平均利润率的关键问题是中央银行怎么控制银行业的非息收入以调整银行业非息利润零假设。利率走廊只是价格稳定工具，银行业非息收入的控制属于金融稳定范畴。根据"丁伯根法则"，实现多个目标需要多个货币政策工具，因此中央银行需要运用宏观审慎工具设定银行资本充足率，限制商业银行的货币创造，以有效控制商业银行

---

① 王云中. 马克思利率理论视角下的银行信贷资金和利率及其政策含义 [J]. 当代经济研究，2007（1）.

的非息收入。微观审慎政策也设定资本充足率，但只针对个别银行设定，无法实现对整体经济中银行业利润率的控制。因此，同时使用利率走廊调控和宏观审慎政策，中央银行可以通过设定政策利率使银行业取得社会平均利润率。虽然 2008 年国际金融危机后，国外研究对单纯的价格型调控进行了反思，也提出实施宏观审慎政策来维护金融稳定，但缺乏对金融不稳定的实质进行深刻分析。这种调控思路难以有效为金融业扩张设定清晰边界，容易忽视金融自由化带来的系统性风险，长期以来金融和经济危机始终伴随西方经济社会发展过程就是很好的例证。从马克思主义货币理论来考察，让银行业取得社会平均利润率可以为中央银行实现金融稳定目标提供可量化的参照基准，使中央银行调控目的更明确，更有针对性，更具有合理性。我国货币政策框架采用"利率走廊调控 + 宏观审慎政策"模式将有利于改变当前我国经济中出现的金融"脱实向虚"和"产业空心化"现象。这说明马克思主义理论不仅没有过时，而且对我国社会经济发展的指导地位更加凸显。当然，更进一步的研究有赖于对马克思主义理论数理与量化研究的深入，可喜的是国内有越来越多的科研机构和科研工作者投入这一领域。

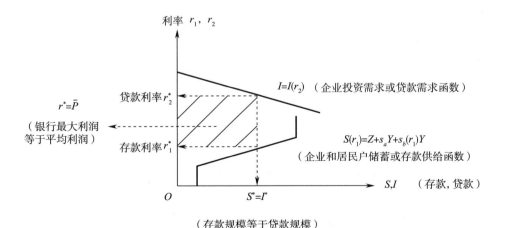

图 1-11 取得社会平均利润率下的银行最大化利润

[资料来源：王云中. 马克思利率理论视角下的银行信贷资金和

利率及其政策含义 [J]. 当代经济研究，2007（1）]

第二章　中国货币政策的演变、发展与转型

　　西方主要国家从数量型调控向价格型调控转型的根本原因是货币内生属性增强，货币总量指标的可测性、可控性和稳定性发生变化，已经不能适应货币政策的新要求。价格型调控并不是新事物，西方早期价格型调控已经蕴含了现代价格型调控的基本范式与理论雏形，经过不断丰富与完善，最终形成现代价格型调控框架。因此，在西方货币政策理论与实践共同作用下，利率走廊调控兴起是西方社会经济发展的内在要求。

　　马克思主义理论与后凯恩斯主义理论在货币理论上具有内在一致性，说明用马克思货币理论指导利率走廊调控是适用的，也说明在马克思主义货币理论指导下的利率走廊调控与中国社会主义制度的要求是适应的。理论上的适用并不意味着实践上的可行。毕竟经济金融领域发生了翻天覆地的变化，马克思主义货币理论是否适应当代经济金融的新发展、新趋势？我国货币金融领域是否存在同样的内生货币创造机制？这一机制是如何在我国的货币领域发挥作用的？如果这一机制存在，是否有必要将我国目前的数量型调控转向价格型调控，建立利率走廊调控机制？本章简要回顾我国20多年来间接数量型调控和直接数量型调控框架，分析当前数量型调控存在的问题和我国内生货币供给新情况，总体结论是必须进一步深化利率市场化改革，构建利率走廊调控机制，实现数量型调控向价格型调控的转型，以适应新形势的要求。

第一节　早期货币政策实践：信贷规模控制

一、中国货币政策的产生

从新中国成立初期到改革开放前，由于实行高度集中的财政信贷管理体制，我国按照苏联模式建立起"大一统"的金融体制，中国人民银行作为唯一的银行，金融运行的模式是通过其各级分支机构下达指令和计划，监督和保证中央高度集中的计划任务的执行和完成。高度集中的"大一统"模式，在部分时期体现了其效率和优点，但缺点也十分明显，统得过多过死，忽视了商品和市场的经济规律。单纯依靠行政手段，不使用经济手段，使金融系统无法发挥积极性和主动性，缺乏活力。金融在国民经济中的作用无非就是一个"大出纳"，货币仅仅是计量标准、中介交易和支付手段，自然也就没有货币政策这个概念。改革开放后，与苏联的"休克式"疗法不同，我国采取了渐进式的分权改革：通过政府向私人部门经济性分权，明晰产权，激发微观主体活力，高度集中的计划经济转向以企业为主导的市场经济；通过中央政府向地方政府行政性分权，重新配置中央和地方政府事权和支付责任，激发地方政府发展地方经济的积极性。渐进式分权使我国经济沿着帕累托效率改进的路径来发展。市场化改革为金融发展带来了两个最重要的变化，一是微观主体多元化，二是资源配置媒介化。微观主体多元化使市场主体对价格信号变化更敏感，资源配置媒介化凸显了货币作为价格标准和交易媒介的作用，为货币政策的实施奠定了市场基础。1983 年，国务院决定中国人民银行专司中央银行职能，建立中央银行制度，我国才有了现代意义上的货币政策。1995 年《中华人民共和国中国人民银行法》颁布，在法律上确认了中国人民银行制定和执行货币政策的权威性，规定中国人民银行在国务院领导下，制定和实施货币政策，货币政策目标是价格稳定和经济增长。

二、信贷规模控制

(一) 再贷款操作成为基础货币供给主渠道

1984 年以前，人民银行通过差额管理的信贷资金实施再贷款业务，虽然还没有建立起中央银行制度，但当时的再贷款业务实质是对基础货币的调控。1985 年，人民银行实行即时的信贷资金管理体制，正式运用再贷款业务调控基础货币。这一时期，人民银行实行严格的贷款规模管理，再贷款成为人民银行吞吐货币主渠道，主要表现为采用核定、额度管理和期限管理的办法向"四大行"注入流动性。流动性注入的方式主要有年度铺底贷款、季节性和临时性贷款，直接的分配额度管理可以看作直接信贷调控的标志。除了流动性注入，再贷款在经济结构调整方面也扮演重要作用，一方面以专项贷款方式支持"老少边穷"地区发展，另一方面为金融机构退市提供再贷款融资。1994 年，随着出口规模提升，外汇占款逐渐成为我国基础货币供给的主渠道，人民银行通过回笼商业银行的再贷款，吸收被动投放的基础货币，一方面有效控制了基础货币的快速增长，另一方面再贷款作为基础货币投放的作用也逐步减弱。这一时期随着政策性银行建立，再贷款转变成为政策性金融手段。因此，再贷款政策由流动性注入为主，转变为以经济结构调整为主。从货币吞吐功能的角度看，再贷款政策主要发挥了流动性注入的功能，流动性吸收的功能完全没有发挥。同时，与西方国家的伦巴德便利相比较，再贷款政策不需要合格资产作为抵押。

(二) 再贴现业务发挥货币政策工具作用

1986 年颁布的《中国人民银行再贴现试行办法》，标志着人民银行再贴现业务开始实施。但其创设之初并未真正发挥货币政策工具的作用，而是为了解决企业间严重的贷款拖欠问题。1994 年，人民银行安排 100 亿元再贴现限额，支持农副产品等重点行业销售和企业贷款拖欠，推动这些行业商业汇票的发展。再贴现业务也真正发挥了选择性货币政策工具的作用。1995 年，人民银行把再贴现业务作为货币政策工具组成部分，一方面规范再贴现业务操作，另一方面通过再贴现业务传递货币政策立场。1997 年的《商业汇票承兑、贴现与再贴现管理暂行办法》和《中国人民银行对国有独资商业银行总行开办再贴现业务暂行办法》，规定了再贴现业务体系中总行和地方分行操作方式，明确商业银行和政策性银行是再贴现业务的操作对象。由人民银行规定并公布重点支持行业，各分行选择合格票据并决定资金使用。整个再贴现体系得以较完整地建立起来，再贴现业务作为数量型货币政策工具开始真正发挥作用。

（三）法定存款准备金制度成为货币政策的重要手段

人民银行于 1984 年建立存款准备金制度，初衷是将银行提留的存款准备金用于重点项目建设并支持信贷结构调整，对准备金支付较高的利率。因此，存款准备金制度创立之初并不是作为一般性的货币政策工具使用。人民银行对不同存款类别规定的准备金率不同，其中农村存款为 25%、企业存款为 20%、储蓄存款为 40%。与西方国家存款准备金率相比，我国银行的准备金率明显偏高，造成银行流动性不足。为了缓解这一情况，人民银行在 1985 年不分类别将存款准备金率统一调整为 10%。1987 年和 1988 年，为抑制通货膨胀，人民银行两次上调法定存款准备金率，最终将法定存款准备金率提高到 13%，并一直保持到 1998 年。这一时期，各银行在人民银行的法定存款准备金账户上的存款不能用于支付和清算，还需要开设一般存款账户（备付金存款账户）以满足日常资金营运需求，并保持一定的备付金率，相当于第二法定准备金制度。

三、直接调控为间接调控创造条件

1984 年到 1997 年，人民银行采用直接信贷规模管理框架，综合运用法定存款准备金率、再贴现、再贷款和利率的货币政策工具，直接控制信贷和现金规模，调节金融与经济运行，以稳定通胀并促进经济增长。直接信贷规模控制的货币政策框架与渐进性的分权改革相适应，市场微观主体多元化和交易媒介化使货币政策作用更突出，金融机构主动性和积极性能更有效发挥，"大一统"的银行体系转变为包含各类银行和非银行金融机构的复杂金融体系，从资本到货币的各类金融市场在经济生活中地位日益重要，为直接数量型调控向间接数量型调控转变奠定了基础。

第二节　当前货币政策实践：间接数量型调控

1998 年，人民银行取消对商业银行的信贷限额管理，货币政策调控框架也由直接信贷管理框架转变为间接货币总量管理框架。法定的货币政策目标也由原先的"稳定货币、发展经济"转变为"保持货币的稳定，并以此促进经济增长"，并在 1995 年以《中华人民共和国中国人民银行法》中予以确认。调控方式上形成了以公开市场操作、再贴现、再贷款、法定存款准备金率为主的货币政策工具组合。

一、1998 年至今的间接货币总量调控

（一）再贷款政策转型充当最后贷款人角色

1998 年，人民银行宣布取消对商业银行的贷款规模指令性计划，恢复公开市场操作，标志着我国金融宏观调控方式由直接信贷调控转变为间接货币总量调控。间接调控以公开市场操作为主，再贷款政策配合公开市场操作使用，服从于货币供应量目标。除了传统的流动性供给功能，再贷款政策还在引导信贷流向促进经济结构调整和防范化解金融风险方面发挥重要作用。1997 年亚洲金融危机爆发，我国在出口受冲击、资本外流和外汇储备流入趋缓的形势下，企业效益下降，银行部门"惜贷"，经济面临较大的通缩压力。因存在"流动性陷阱"，人民银行向金融体系注入流动性失效，希望寻求流动性注入的新渠道。首先，扩大农村金融机构的支农再贷款，促进信贷结构的调整；其次，向人民银行的分支机构提供为期 20 天的金融机构法人再贷款，作为宏观调控的补充操作；最后，向发生支付困难的金融机构提供紧急援助贷款，避免发生挤兑现象，维护金融稳定。除了传统再贷款业务，人民银行还为资管公司提供再贷款解决"四大行"的不良资产，并为地方政府提供承诺还款的再贷

款。2003 年到 2007 年我国宏观经济出现过热的现象，人民银行又执行流动性回收的再贷款政策，逐步收回再贷款。2013 年，人民银行的再贷款业务共分为流动性再贷款、信贷政策支持再贷款、专项政策再贷款和金融稳定再贷款四类，分别发挥流动性供给功能、结构调整功能和金融稳定功能，而人民银行作为最后贷款人的职责也越发重要。2013 年，人民银行创设常备借贷便利工具，为符合合格抵押品要求的金融机构提供流动性支持。2014 年，人民银行还创设了中期借贷便利工具，通过质押方式发放，起到了主动补充流动性的作用，引导金融机构降低贷款利率，降低社会融资成本，支持实体经济发展。

（二）公开市场操作成为货币政策主要工具

1996 年，人民银行首次开展人民币公开市场操作，通过逆回购向市场投放流动性。由于直接调控方式还没有取消，公开市场操作的效果有限，人民银行于 1997 年停止了公开市场操作。公开市场业务只是暂时停止，人民银行培育有效的银行间债券市场和货币市场，为直接调控向间接调控转变的准备工作一直在进行。1998 年，人民银行取消对信贷规模的直接控制，转向以货币总量为指标的间接数量型调控，并在当年恢复公开市场业务，采取逆回购操作为市场提供流动性，以应对亚洲金融危机。1999—2001 年，人民银行根据经济形势变化首次使用正回购和灵活买断卖断现券的方式调控市场流动性。2002 年为应对流动性过剩，并且为了摆脱资产规模束缚，人民银行通过中央银行票据回收流动性。2003 年以来，在国际收支双顺差影响下，流动性过剩加剧，人民银行通过公开市场操作并辅以法定存款准备金率调节流动性，还灵活应用中央银行票据（以下简称央票）、正回购操作稳定市场流动性。2010 年以来，随着外汇占款增速趋缓，大规模运用央票进行公开市场操作对冲流动性的必要性下降，央票规模萎缩。同时，除了央票，银行间债券市场的发展也为公开市场业务提供更多的可选择工具，比如国债和政策性金融债。因此，从交易品种上看，公开市场的债券交易包括正逆回购交易、现券买断卖断交易、央票、国债和政策性金融债。2013 年，人民银行还创设了短期流动性调节工具（SLO），以应对突发性流动性波动，作为公开市场操作的必要补充。为控制交易的风险，人民银行为对手方建立一级交易商制度，并选择承担大额债券交易的银行作为对手方。一级交易商数量达 50 多家，除了银行还包括证券、保险等非银行金融机构。从操作机制上看，人民银行一般于每周二和周四进行公开市场操作，2016 年为提高针对性和有效性，公开市场操作改为每日操作，以固定利率招标方式进行。王森和张燕兰（2014）指出，2010—2013 年公开市场操作达到 453 次，而同期的再贴现率和存款准备金率分别仅调整 3 次和 15 次，公开市场操作已成为货币政策的主要工具。

（三）再贴现政策兼具总量调控和结构调整功能

1998 年，人民银行改革再贴现利率生成机制，使其围绕再贷款利率上下浮动 5%，为再贴现利率传递货币政策意图创造条件，再贴现利率也成为基准利率体系的重要一环。再贴现利率主要依靠市场机制形成，因而受到市场利率的影响。除了改革再贴现利率的生成机制，人民银行还对再贴现的使用范围和对象进行调整，并延长了再贴现的期限。在这一改革下，再贴现于 2000 年达到了 1256 亿元。2003 年，由于经济过热，再贴现业务规模下降。到了 2008 年，为应对国际金融危机，人民银行实施适度宽松的货币政策，再贴现政策也进一步完善，一些非银行金融机构也可以申请再贴现业务，优化了信贷结构，支持"三农"和中小微企业融资。由于我国经济结构矛盾突出，再贴现政策在结构性调整上继续发挥重要作用。

（四）法定存款准备金成为常规手段

为配合货币政策框架转变，人民银行于 1998 年对存款准备金制度进行改革，将商业银行在中央银行的法定存款准备金账户和备付金账户合并为一个账户，下调了法定存款准备金率，并规定按法人统一进行准备金考核。2003 年到 2011 年，人民银行通过存款准备金率调整市场的流动性，通过流动性供给和吸收，调控信贷总量：当市场流动性过多，人民银行就提高法定存款准备金率，降低市场的流动性；当市场流动性不足，人民银行就降低法定存款准备金率，提高市场流动性。2011 年，人民银行还建立差别准备金动态调整机制。为了健全调控功能，人民银行不断扩充准备金缴纳的一般性存款范围，包括表内理财、定期存款、金控公司存款和保证金存款。2015 年，为优化货币政策传导机制，给金融机构提供流动性缓冲，人民银行将准备金考核由时点法调整为平均考核法，采取小步审慎推进的做法，并辅以日终透支上限管理。

二、为应对 2008 年国际金融危机的货币政策

从 2007 年美国贝尔斯登公司因次级抵押贷款宣布倒闭，到 2008 年美林证券、雷曼兄弟的破产，次贷危机引发美国股票市场下跌，金融机构连锁倒闭或变相倒闭：2008 年 9 月美国政府宣布接管美国两大住房抵押贷款公司房地美（Freddie Mac）和房利美（Fannie Mae）；美联储向美国国际集团（AIG）提供 850 亿美元紧急援助贷款；美国最大的储蓄银行华盛顿互惠银行倒闭；富国银行收购美联银行。次贷危机迅速演变为金融风暴，并席卷全球。2008 年是中国加入世界贸易组织的第 7 个年头，中国经济在抓住机遇快速发展成为世界经济增长引擎的同时，也深受世界经济形势变化的影响，如果中国不能及时有效应对金融危机造成的不利局面，将使加入世界贸易组织后形成的良好经济发展势头遭到破坏。因此，中国政府面对外部环境变化，审时度势转变宏观调控政策，以应对危机。

（一）货币政策基调全面转向

中国货币政策的产生有赖于改革开放进程中有效市场基础的建立，货币政策实践则是顺应改革开放中经济发展的要求不断丰富与完善，体现了形式与内容相辅相成的关系。早期货币政策实践主要解决国内问题，较少对国际形势的变化作出反应。改革开放初期，从对外开放的角度看，中国正是抓住了技术革命的有利时机，发挥自身资源与制度优势，通过艰苦奋斗取得了难得的发展成就。但是在 2001 年加入世界贸易组织前，从经济规模看中国经济占世界经济的比重还比较小，进出口依存度还比

较低，世界经济波动对中国经济的影响也相对较小。因此，不论是1997年的亚洲金融危机还是2000年的互联网经济泡沫破裂，对我国经济总需求的影响较小，宏观调控的货币政策总基调还是保持了连续性，主要以解决国内问题为主，比如通货膨胀、投资过热等。随着中国加入世界贸易组织，中国经济与世界经济的联系更紧密，中国的经济规模占世界的比例逐年提高，进出口依存度不断增强，受世界经济冲击的影响也越来越大。到2008年国际金融危机时，中国经济不论是在经济规模总量还是在融入世界经济的程度方面都已经发生了巨大的变化。当时中国经济还面临一定的特殊性，存在结构性失衡与矛盾，表现为经济增速降低，通货膨胀压力增大。面对外部环境的变化，特别是受国际金融危机影响，外贸增速下降又使我国经济面临通货紧缩风险。面对日益严峻的国内外环境，中央推出一揽子计划积极应对危机。宏观调控由应对经济过热采取的紧缩型货币政策转变为积极的财政政策和适度宽松的货币政策，淡化总量和结构，明确调控的目标是重视总量、保证增长。

（二）综合运用工具灵活应对

人民银行综合运用各种工具应对危机，采取灵活有力的措施，为市场注入充裕的流动性，释放了稳定经济增长和维护市场信心的信号，取得了实际成效。人民银行通过公开市场业务对流动性进行预调、微调，增加短期正回购品种并缩短操作期限，创设短期招标工具为金融机构提供紧急资金援助，使公开市场操作利率稳步下降。减少央票操作，增加市场货币供给。到2008年底，共五次下调银行存贷款基准利率，其中累计下调1年期贷款利率2.16个百分点、1年期存款利率1.89个百分点。四次下调存款准备金率，大型存款金融机构下调2个百分点，中小型机构下调4个百分点，累计共释放8000亿元流动性。增加信贷规模投放，2008年末，M2余额为47.5万亿元，到2010年末，M2余额达到了72.58万亿元，较2008年末增长52.8%。2008年取消对商业银行信贷规模硬约束，加强货币政策与财政政策相互配合，并与"家电下乡"和"汽车下乡"等产业政策配套，加大了对"三农"和民生等领域国民经济薄弱环节的信贷支持。完善人民币汇率形成机制，在主要国家汇率大幅贬值的形势下，保持人民币的窄幅波动，同时还参与金融危机应对的国际合作，为稳定汇率和世界经济担负起责任。

在合理适度的宏观经济调控下，我国经济保持了较快增长，成为最早走出危机的国家。不过也有人对我国 2008 年应对国际金融危机的货币政策也存在一定的争议，有意见认为人民银行的措施是非常规的。这一观点有悖我国当时货币政策的操作实际，并与我国实际经济情况不符。2008 年国际金融危机后，一方面，西方主要发达国家采取向金融系统直接注入流动性的传统货币政策操作；另一方面，由于零名义利率下限的约束，金融体系面临"流动性陷阱"，西方货币当局以购买长期资产的"量化宽松"方式向市场注入流动性。之所以将"量化宽松"称为非常规的货币政策，是因为其有效性并没有得到理论和经验证据上的支持，因此货币当局在常规状态下一般不使用这种操作方式。理论上，货币政策有效的"李嘉图等价"不成立的条件之一是市场的不完全竞争。传统货币政策之所以有效，是因为中央银行从事了私人部门所不能从事的活动。例如，中央银行以发行外在货币的方式购买短期债券，其实质是把短期债券转换成准备金和通货，这是私人部门所不能从事的。而在零利率和"流动性陷阱"中，准备金、通货和短期债券都是一样的，中央银行将短期债券转换成长期债券，如果能拉低长期利率的话，私人部门将减少长期债券的购买，货币政策效果将会被抵消，长期利率目标也无法实现。而我国经济在国际金融危机之前是过热的，并不存在名义利率为零的条件，没有必要采取非常规的货币政策。我国当时应对危机的货币政策仍然属于传统和常规货币政策范畴。

（三）危机时期宽松货币政策的代价

以弗里德曼为代表的货币主义学者认为，货币政策短期有效，长期中性，货币供给增加在长期会带来价格水平的上升。2010 年我国走出国际金融危机阴影后经济形势上的变化很好地印证了这一点。一是货币供给增加短期能够缓解有效需求不足，长期将使投资和消费结构恶化，通货膨胀在预期作用下会自我实现。因此，危机时期的货币政策平滑了危机带来的冲击，稳定了就业和经济增长，但深层次的矛盾也逐渐显现出来，主要表现为投资和消费的进一步失衡。2000 年，我国固定资产投资约占社会消费品零售总额的八成，到 2008 年增长为社会消费品零售总额的 1.7 倍。二是为应对危机，采取鼓励购买商品房的政策，2009 年我国商品房销售面积同比增长 45.39%，销售均价同比增长 24.69%，均达到了历史高位。从现在来看，房价的快速上涨对企业经营、居民消费和政府决策均产生了巨大而深远的影响。在宏观经济企稳后，人民银行适时退出了刺激性的货币政策。

三、间接数量型调控的特点

（一）多元化目标

虽然我国在法律层面明确了人民银行货币政策的首要目标是维护货币币值稳定，但考虑到社会主义初级阶段的基本国情，我国宏观经济领域存在结构性失衡，经济体制处于转轨的发展阶段，金融市场和商品市场还有待完善，因此和许多发展中国家一样，在货币政策实践中，人民银行在维护价格稳定的同时，仍须充分考虑经济发展和就业增长，需要坚持多元化的货币政策目标。货币政策既要考虑体制转轨的特殊性，实现价格并轨和促进利率市场化，又要重视处理经济结构失衡和充分就业以实现经济发展，还要兼顾金融和汇率的稳定性。这些目标都是相互联系、相辅相成的。没有价格的稳定，经济结构性失衡就会加剧，实现充分就业和经济发展的难度就加大，金融稳定和汇率稳定的目标也难以实现；没有充分就业和经济发展，结构性失衡的问题就更容易暴露出来，影响价格稳定和金融稳定；金融和汇率的稳定又为价格稳定和经济发展创造更有利的环境。当然这些目标的达成必须通过财政政策和货币政策的相互配合才能实现。财政政策侧重经济发展和结构性问题，货币政策侧重价格、金融和汇率的稳定。这不意味着货币政策完全不需要考虑其他目标的实现。财政政策首先需要通过货币的供给才能传导到实体经济，没有货币政策的配合财政政策的效应就无法显现出来；如果两者不协调，财政政策被抵消的可能性加大。根据货币政策效应的特殊性，价格应该作为货币政策的首要目标，因为货币政策对价格的影响最显著、最突出，效果也最好。但因中国所处的特殊发展阶段，中央银行需要在各种货币政策目标中做好权衡。

（二）相机抉择，非规则性

多元化的货币政策目标表现在中央银行实施货币政策的战略上必然是相机抉择的，因为各目标变量在经济复杂系统中的运动并不是完全一致的，货币政策只能根据实际经济情况相机行事。考察 20 世纪 90 年代以来不同经济周期下的宏观调控政策，相机抉择的货币政策战略十分明显（见图 2 - 1）。1992 年经济过热，人民银行采取适度从紧的货币政策，到 1996 年实现"软着陆"；1998 年爆发亚洲金融危机，我国经济增长放缓，人民银行实施稳健的货币政策，到 2000 年遏制了经济下滑的势头；2003 年转轨阶段部分行业投资过热，国际收支双顺差，通胀压力剧增，人民银行实施稳健从紧的货币政策，到 2008 年遏制了通货膨胀上升的势头；2008 年为应对国际金融危机，人民银行实施适度宽松的货币政策，

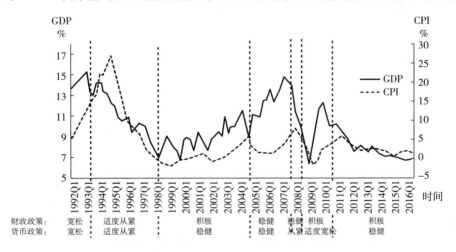

图 2 - 1　20 世纪 90 年代以来相机抉择的宏观调控政策

（资料来源：根据中国人民银行网站数据整理而得）

到 2010 年我国成功走出金融危机阴影；2012 年宏观经济进入新常态后，人民银行实施兼顾稳增长、防风险和调结构的稳健货币政策，经济进入高质量发展阶段。相机抉择的货币政策体现了凯恩斯主义"逆经济风向"行事的调控策略，通过逆周期调控熨平经济波动，实现就业和产出的稳定。在货币政策操作中，中央银行对目标变量赋予的权重不同，中央银行总是为最为逼近的风险赋予更大的权重。这就为货币政策制定的科学性、前瞻性提出了很高的要求。比如，货币政策的实施应该采取多大的规模，以避免对经济产生不必要的冲击；应该在什么合适的时机采取货币政策，以解决货币政策时滞问题。货币政策的规则性可以更好地解决上述问题。

（三）始终关注量价平衡

我国货币政策以数量型调控为主，同时也兼顾价格型调控，采取多种措施持续不断地进行利率市场化改革，以稳健的数量型调控为价格型调控创造条件，不断完善价格型调控以更好地配合数量型调控。为配合数量型调控，人民银行根据货币政策目标，相机调整存贷款基准利率，放宽存贷款基准利率及其浮动范围，不断优化存贷款利率期限结构，为数量型调控创造适合的价格空间；开展公开市场业务，引导市场利率走向。当前利率市场化改革的初级阶段目标，即取消存贷款基准利率管制，已经基本实现，利率市场化进入深化改革阶段，目标是过渡到市场化利率调控机制，运用货币政策工具间接引导市场利率。

第三节　数量型调控向价格型调控转型

一、数量型调控的局限性——转型必要性分析

（一）被动"扩表"和"缩表"，影响调控主动性

1994 年以来，外汇占款逐渐取代再贷款业务，成为我国基础货币供

给主渠道。特别是 2000 年加入世界贸易组织以后，我国对外贸易和外商直接投资持续增长，在强制结售汇制度下，外汇占款大幅增加。随着融入经济全球化过程，我国与世界经济联系更为紧密的同时，国际游资在人民币升值预期下通过各种渠道进入我国外汇市场。由于我国实行盯住美元的有管理的浮动汇率制度，中央银行必须购买超额外汇头寸以保持汇率稳定，外汇占款也随之增加。外汇占款增加直接增加了基础货币供应量，通过乘数效应使流动中的货币总量迅速增加，加剧通货膨胀压力。为了保持价格稳定，人民银行必须通过公开市场操作，比如回购操作、发行央票等工具，或提高法定存款准备金率进行对冲，回收流动性，人民银行资产负债表也随之扩张。2002 年以后人民银行资产负债表的扩张大致经历了两个阶段。第一阶段资产负债表的扩张以外汇占款为主，第二阶段是 2014 年以后，在外汇占款趋势性逆转以后，以逆回购、中期借贷便利（MLF）、抵押补充贷款（PSL）和再贷款等对存款机构的债权为主。除了外汇占款和对其他存款机构债权，人民银行的扩表还体现在对中央政府债权的增加。与中央银行资产负债表扩张相对应的是资产负债表的收缩。人民银行资产负债表的收缩，在外汇占款上升时期是偶发的，但在外汇占款趋势性逆转后频率明显上升，而且主要发生在降低法定存款准备金的时期，而降准操作大部分是为应对资本外逃导致的外汇储备和货币供应量被动减少所进行的对冲操作。可见资产负债表的扩张和收缩，主要是由资产方的外汇占款、政府债权和对存款机构的债权变动引起的，其中政府债权和对存款机构债权属于中央银行货币政策操作，中央银行具有较强的控制权，主动性高；而对外汇占款变动的对冲操作是被动的，主动权较弱。人民银行数量型调控框架中，货币总量这一中间目标中有一部分是由受对外贸易和国际形势影响的外汇占款所决定的，因此货币总量目标不具有完全的可控性。被动应对外汇占款的扩表和缩表操作，弱化了货币政策的有效性。

（二）无法平抑利率波动，产生"量宽价高"悖论

2013 年 6 月，银行间货币市场利率剧烈波动，并向其他市场传导，

出现了在市场流动性充裕的情况下利率提高、资金紧张的"量宽价高"现象。而且利率大幅波动在 2013—2015 年比 2002—2013 年更加频繁。货币市场利率是金融市场利率的定价基准，发挥核心价格作用，引导市场经济主体预期，对配置市场资源起到决定性作用。货币市场利率波动剧烈，不利于市场预期形成，有可能向市场传递错误的信号，使市场配置资源无效，不利于金融和经济的稳定。在传统的凯恩斯主义模型中，在有效需求不足的情况下，货币需求的意外增加在价格黏性作用下，会使就业增加，推动产出实现均衡。从凯恩斯主义的观点看，这是好的均衡。而在弗里德曼—卢卡斯的货币意外模型中，虽然价格具有灵活性，但货币需求的意外增加在"货币幻觉"的作用下，也会导致就业和产出的增加，但这是不好的均衡。不好的均衡出现的原因就是扭曲的价格向市场传递了错误的信号。中国经济进入新常态，面临的不是有效需求不足的问题，而是有效供给不足的问题，有效价格对资源配置具有极其重要的意义。因此，十分有必要在错综复杂的经济关系中厘清"钱荒"发生的根本原因，并采取行之有效的措施进行纠正。陆磊（2013）认为"钱荒"不是缺钱，而是信贷资金供给小于信贷资金需求，并且认为货币超发是这一现象的根源。伍戈和李斌（2016）认为流动性充裕是广义货币充裕，而"钱荒"是"拆借资金荒"，并分析了金融创新加大和金融领域杠杆率提高是广义货币充裕的原因，也是信贷资金紧张的原因。可以理解为中央银行提供了充裕的流动性，但由于中国经济固有的结构性矛盾，资金在金融体系内循环、空转套利，没有进入实体经济，造成"融资难融资贵"问题。因此，解决利率常态化的大幅波动问题有利于维护经济和金融稳定。数量型调控解决不了这一问题。Bagehot（1873）认为，货币供给的利率弹性为零，而货币需求的利率弹性极小，少量的货币供给变动会造成市场利率的大幅波动。这就解释了市场利率波动的机理，并明确了数量型调控无法解决利率的波动问题。2015 年后，人民银行尝试构建银行的利率走廊调控，我国货币市场利率也进入一段相对稳定的时期。"利率走廊工具则主要在应对意外冲击和稳定市场预期方面发挥作用，多数情况下'备而不用'。"①

二、数量型调控下货币供给的内生性——转型必然性分析

中国经济中的结构性矛盾是由中国所处的特殊发展阶段和经济体制转轨的特殊国情决定的，对数量型调控货币政策向实体经济传导造成了"中梗阻"，因此需要改变数量型调控模式，构建价格型调控机制。西方发达国家金融体系完善，市场经济发达，尽管它们实施数量型调控时期并不存在结构性矛盾，但也同样面临货币政策的转型，因此结构性矛盾是我国货币政策转型的充分条件，而不是必要条件。从我国货币政策转型的必然性来看，货币供给的内生性决定了我国货币政策转型的迫切性。从马克思内生货币供给理论可知，信用货币创造是现代货币内生的重要机制。要讨论信用货币的创造机制，并且判断其内生性，就必须了解在信用货币创造过程中基础货币所发挥的作用。数量型调控的"麦卡勒姆规则"要求中央银行能够通过对基础货币数量的控制来间接控制信用货币，因为在数量型调控下基础货币是信用货币创造的基础。如果我国信用货币具有较强的内生性，在信用货币创造过程中基础货币调控难以较好发挥作用或所发挥的作用有逐步减弱的趋势，那么中央银行就很难通过基础货币来控制信用货币创造，逐步失去对广义货币的控制，数量型调控的货币手段就失去了操作根基，价格型调控也就顺理成章地成为中央银行新的货币政策调控手段。

在新的经济金融环境下，从商业银行角度来看，信用货币创造主要以贷款创造存款这一机制得以实现。这一机制可以通过我国商业银行发放住房抵押贷款的一个具体案例得到观察。当商业银行为通过抵押贷款购买房子的购房者发放贷款时，通常并不是直接给购房者提供现金。商业银行通常是将与抵押规模相当的贷款直接借记在购房者在该行开立的存款账户中，从而新的信用货币被创造出来了。图 2－2 显示了新贷款如

---

① 李波. 构建货币政策和宏观审慎政策双支柱调控框架［M］. 北京：中国金融出版社，2018：57.

何影响消费者的资产负债表。新存款方格代表新的银行存款，从而增加了消费者（代表家庭和公司）的资产，新贷款方格代表新的贷款，从而增加了消费者的负债。在这一过程中新的信用货币被创造出来了。同样，新增存款和贷款也使商业银行资产负债表中的资产方和负债方等额增加（见图2-3）。虽然在购房者的资产负债表上创造了新的广义货币，但图2-4显示了人民银行的货币或基础货币的数量没有任何变化。这是因为，一方面，中央银行只能根据需求向商业银行提供准备金，以换取商业银行资产负债表上的其他资产，中央银行不能强制商业银行进行再贴现；另一方面，虽然更高的存款额意味着商业银行将持有更多准备金，以满足公众提现或银行间资金结算的需求，但是在商业银行满足了法定存款准备金要求后，其发放贷款的规模就不再受法定存款准备金制度的约束了，而我国商业银行的准备金需求可绕开人民银行在同业市场上得到部分满足。同时，除了法定存款准备金率，存贷比理论上对我国商业银行发放贷款也具有制约作用，但我国加入世界贸易组织后外汇占款长期增长对存贷比有稀释作用，虽然近年来有逆转的趋势，但其存量在银行资产方的占比较高的基本面并未改变，所以相比存贷比，法定存款准备金率在我国更具有约束性。因此，在我国金融"脱媒"程度不断加剧，存贷利差显著缩小的背景下，我国商业银行基于这一贷款创造存款

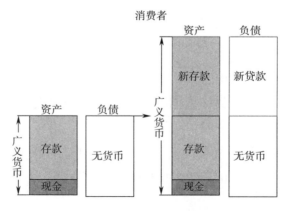

图2-2　消费者资产负债表变化

机制，通过负债管理实现新的利润增长点，主要表现为同业负债扩大，高收益资产配置提高，而在此背景下中央银行的基础货币投放量却基本保持稳定。当前我国正处于经济发展与货币政策转型时期，在这一特殊时期，中央银行传统的数量型调控需要逐步让位于价格型调控的货币政策。

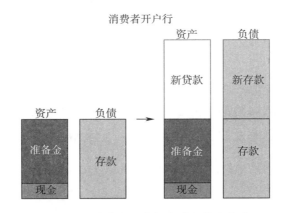

图 2-3　消费者开户行资产负债表变化

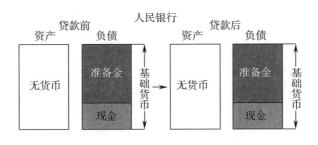

图 2-4　人民银行资产负债表变化

三、数量型调控下利率决定的外生性——价格型调控可能性分析

利率是外生给定的还是内生决定的是进行数量型调控还是价格型调控一个争论的焦点。仅讨论了货币供给的内生性，如果货币当局无法有效地控制利率，那么价格型调控也就失去操作基础。作为数量型调控坚定支持者，货币主义的代表 Friedman（1968）曾明确提出中央银行无法

控制短期利率。而内生货币主义者则认为，利率是由货币当局决定的，货币当局可以有效控制利率来实施货币政策。

讨论货币内生理论提到的贷款创造存款机制似乎意味着商业银行能够通过不断发放贷款而无限制创造存款，使利率内生于经济活动而不由中央银行外生控制。本部分将继续从我国微观货币创造实践出发厘清这一认识，对利率外生性进行实践上的探讨。在我国微观货币创造实践上，商业银行对盈利的追求使贷款创造存款机制受到市场竞争约束与成本限制而不能无限制创造存款，这在商业银行的存贷款主营业务上表现得尤为明显。商业银行需要通过由资产和负债间的利差决定的预期回报来抵销其运营成本并赚取利润。为了吸引更多贷款，商业银行通常会比其竞争对手以更低的利率发放贷款。而贷款一旦发放，这些贷款有可能被转移到与该银行有竞争关系的银行的存款账户上，后者并没有用自己发放的贷款给自己创造存款。这两种因素都影响了银行发放贷款的盈利能力和贷款规模。例如，假设一家银行依靠降低贷款利率，吸引购房者向其申请抵押贷款。抵押贷款发放的那一刻，就被借记在购房者在放款行开立的储蓄账户上。一旦购房者签订购房合同购买到房子，购房者就把新贷到的款项转账到卖房者的银行存款账户上。图 2-5 显示了购房者与卖房者资产负债表的变化。购房者资产方新增房产资产，负债方新增贷款负债；卖房者资产方新增银行存款替代原来的房产资产。卖方银行账户很可能与买方不在同一家银行。因此，购房者开户行提供融资，准备金很快就会耗尽，银行新创造的存款将被转移到卖房者开户行（见图 2-6）。这样，购房者开户行的存款就比资产少。购房者开户行可动用准备金与卖房者开户行结算以解决这一问题。但这将使与贷款发放前相比，购房者开户行的准备金与存款的比率比其贷款与存款的比率要低得多，从而使银行面临流动性风险。并且如果银行总是依靠动用准备金来新增贷款，那么它需要依靠吸收新存款，在不降低准备金的情况下配合新贷款的发放（见图 2-7）。在市场的激烈竞争中，商业银行通过不断提高存款利率吸引新的存款，这一成本需要与银行通过放贷取得的利息进行权衡。例如，如果一家银行继续通过降低抵押贷款利率吸引新借款人，并通过提高存款利率吸引新的存款，那么它可能很快就会发现，继续扩大放贷是无利可图的。贷款和存款的竞争，以及想要盈利的动机限制了银行的货币创造，也使人民银行的货币政策，即政策利率成为银行货币创造的最终限制因素。商业银行从人民银行获得的利率，影响了它们愿意以类似的方式在拆借市场上提供贷款的利率。银行间利率的变化通过不同市场与不同期限的利率在货币市场中传导，其中包括商业银行向市场提供的存贷款利率，而存贷款利率决定了市场的存贷款规模。因此，人民银行以影响信贷价格的方式最终影响广义货币的创造，利率是由人民银行外生决定的。

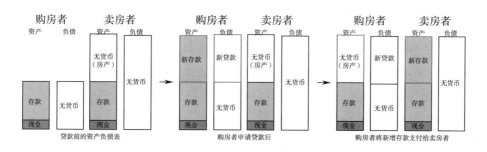

图 2 - 5　购房者与卖房者资产负债表的变化

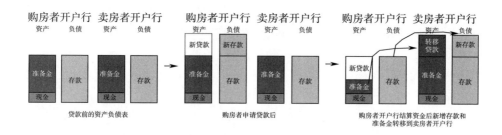

图 2 - 6　购房者与卖房者开户行资产负债表的变化

上一章与本章对内生货币供给与利率外生决定从马克思主义货币理论框架与我国微观货币创造实践两方面进行了探讨，可以确定我国具备货币政策由数量型调控向价格型调控转型的理论和实践基础。然而具备这一基础，并不代表我国构建价格型货币政策调控模式的条件与时机就

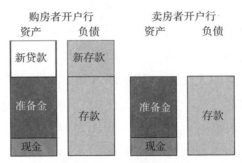

购房者开户行吸引或保留新的存款
以与它们的新贷款相匹配

图 2 - 7　购房者开户行吸收新存款后资产负债表的变化

完全成熟了。通过对利率可由中央银行外生决定的分析，我国可构建以利率走廊调控为主并辅以公开市场操作的调控体系。在经济转型时期，我国可以价格型调控为主，同时借助公开市场操作等数量型工具进行辅助调控，这是当前我国货币政策调控的最优选择。当然，在未来时机成熟后，我国就有必要采取单一的价格型货币政策调控模式。

利率走廊调控的完全确立必须具备两个核心条件，即利率走廊调控必须影响市场微观主体预期以实现未来短端利率的形成路径，同时所调控的短端利率必须能够顺畅地向中长端利率及其他金融市场传导。因此，我国货币与资本市场上市场微观主体预期的形成与利率传导机制的完善应该成为我国下一步利率走廊构建的重点。

第三章　中国构建利率走廊调控体系的现实条件与障碍因素

1978 年党中央作出改革开放的重大决定，此后我国金融体系经历了由计划经济向社会主义市场经济体制的深刻转轨。货币政策也由直接数量型调控转变为间接数量型调控，再到目前数量型调控向价格型调控转型。在转型的过程中，利率和汇率市场化改革稳步推进，利率形成和传导机制逐步健全，中央银行调控利率的能力不断增强。正是始终坚持市场化取向，建立起现代金融制度，我国的金融生态才持续得到优化，为向价格型调控转型奠定基础。金融制度对金融生态具有重要影响，制度可分为一般性制度和基础性制度，基础性制度对金融生态具有决定性影响。从基础性制度的内涵来看，金融基础性制度是一个公平交易平台，也是有效的资产定价机制，更是投资的保护与补偿机制。货币政策向价格型调控框架转型面临的主要障碍就是我国金融基础性制度的不完善，这种不完善在金融市场化改革中部分得到纠正，而根源于我国经济结构性失衡的那部分，则伴随结构性失衡的扩大而加剧。

第一节　利率与汇率市场化改革为实施利率走廊调控奠定基础条件

金融生态是金融内外部各因素相互联系、相互制约的动态过程，包括金融主体及与其相联系的金融生态环境。不同金融主体通过金融制度相互联系，金融制度对金融主体具有根本性影响。一般性制度是金融主体根据自身发展要求而可以主动选择的制度。基础性制度是由政府或货币当局制定的，金融主体不能主动选择的制度。基础性金融制度对金融生态具有根本性影响，有效的资产定价机制反映了市场交易的本质特征，是基础性金融制度的核心。市场交易过程是市场主体分散化的决策过程，市场主体根据自身具有的知识和信息进行分散化决策，市场主体之间由于具备的知识和信息的差异，沟通效率低、成本高。价格机制将差异化的知识和信息以统一的形式表现出来，可以提高市场主体沟通的效率，降低决策的成本。利率和汇率作为资金的价格，其形成和传导机制决定了金融市场分配资源的效率。1992 年 10 月，党的十四大提出要建立社会主义市场经济体制目标，要提高市场配置资源的效率，让市场在资源配置中起决定性作用。要提高市场配置资源的效率，首要的就是要建立价格的形成和传导机制，必须进行利率和汇率市场化改革。

一、利率市场化改革取得重大进展

（一）放开银行间市场利率管制

1993 年，党的十四届三中全会提出了金融体制改革的总体思路，开启了中国利率市场化改革的进程（见表 3 - 1）。到 2002 年，基本上放开了银行间货币市场和债券市场的利率管制，外币贷款和大额外币存款也先后放开，并针对不同的贷款主体设置了不同的利率浮动区间。在早期的利率市场化改革中，与经济的市场化改革相适应，我国采取的是渐进式的利率市场化改革路线，使完全的利率管制向存贷款管制利率和银行间市场利率并存的"利率双轨制"转变。逐步放松金融市场的行政干预，让资金供求决定利率，发挥金融市场对利率形成与定价的作用。价格机制充分考虑了资金的流动性和风险溢价，满足不同市场主体不同层次的资金需求，增加了市场竞争，有利于发挥市场在资源配置中的基础作用。市场竞争加剧不断激励金融机构进行金融创新，金融"脱媒"趋势显现，理财产品等替代性金融产品涌现，在不断优化利率市场化定价环境的同时也弱化了货币政策的调控效果。由于经济结构的深层次矛盾，我国金融服务实体经济的能力有待加强，特别是中小企业、"三农"等薄弱环节亟待加强。因此，推进利率市场化改革是顺应市场化的改革方向，也是实现我国经济结构调整和可持续发展的要求。

表 3 – 1　　　　　　　　　　中国利率市场化改革进程

阶段	年份	改革内容
银行间市场利率市场化	1996	放开同业拆借利率
	1997	放开银行间债券回购利率
存贷款利率市场化	1999	放开大额定期存款利率
	2003	放开部分外币小额存款利率
	2004	放开贷款利率上限和存款利率下限
	2005	放开同业存款利率
	2013	放开贷款利率管制
	2015	放开存款利率上限

（二）逐步放松存贷款利率管制

2003 年，党的十六届三中全会明确了进一步深入推进利率市场化改革的目标，实现存贷款利率管制和市场化利率双轨利率的"并轨"。人民银行借鉴韩国利率市场化改革的经验，确立了"先外后本，先贷后存，先长后短"的总体思路，在进一步放开银行间利率市场的同时，逐步放松存贷款利率管制。

在放松贷款利率管制方面，早在 1983 年，《国务院批转中国人民银行关于国营企业流动资金改由人民银行统一管理的报告的通知》就允许商业银行以流动资金贷款利率为基准上浮 20% 向企业提供贷款，1996 年为降低企业支出成本，上浮幅度降至 10%。1998 年，为应对亚洲金融危机，激励银行向企业放款，规定银行对中小企业贷款利率上浮幅度又重新调整为 20%，对大中型企业贷款上浮幅度则保持不变，而农村金融机构的贷款上浮幅度由 40% 提高到 50%。1999 年，县以下存款机构贷款利率由 20% 上调为 30%。在贷款利率上浮放松的条件下，各商业银行加强了贷款的利率管理，提高贷款利率的定价能力，逐步建立起根据流动性和风险因素进行差别化定价的利率管理制度。在这一有利形势下，人民银行从 2003 年开始加快了贷款利率的市场化改革进度。2003 年 8 月将试点地区农信社贷款利率上限由 50% 上调为 200%；2004 年 1 月将商业银行和城信社贷款利率上限扩大为基准利率的 170%，下限则保持不变；2004 年 10 月取消了除农信社外金融机构贷款利率上限，下限仍保持不变。经过这一轮改革，贷款利率市场化程度大幅提高。除了放松贷款利率管制，各金融机构还需要根据贷款利率浮动报备制度定期向人民银行报备贷款利率上浮幅度，便于人民银行进行数据收集、分析和监督。

在放松存款利率管制方面，由于其关乎社会资金成本，影响面大，风险系数高，人民银行采取了比贷款利率改革更为审慎的策略。1999 年 10 月，人民银行在风险更为可控的金融机构资金批发市场进行存款利率市场化改革，批准中资商业银行与中资保险公司开办长期大额协议存款，由双方协商决定利率水平。2002—2005 年，人民银行扩大了长期大额协议存款的适用范围，将社保资金、养老保险和邮政储蓄存款及外资保险资金纳入存款利率改革。在零售市场方面，由于可控性相对较低，人民银行对金融机构采取放开存款利率下限、进行上限管理的策略，允许金融机构存款利率向下浮动，促进了金融机构主动进行负债管理，优化了融资结构，增强了存款利率自主定价的能力。2005 年，人民银行进一步放开了同业存款利率管制，允许存款利率由交易双方协商确定，有利于同业市场流动性调剂，疏导了货币政策由同业市场向零售市场传导的渠道，为利率市场化改革创造了更为有利的条件。

（三）全面放开存贷款利率管制

通过不断的利率市场化改革，全面放开存贷款利率管制的条件已经具备。2013 年 7 月，贷款利率管制取消，银行可以根据市场供求情况决定利率水平；银行还可以自主确定贴现利率，贴现利率不再需要根据再贴现利率水平来确定；对农信社利率也取消上限管制。人民币贷款利率全面实现了市场化改革。在存款利率方面，2012 年 6 月，人民银行在下调存款基准利率的同时改变了存款利率上限的管制，允许金融机构存款利率向上浮动，为完全放开利率管制创造条件。2015 年 10 月，人民银行全面取消了金融机构存款利率上限管制，利率市场化改革迈出关键一步，标志着利率管制全面放开。管制的全面放开，可形成金融机构差异化的竞争格局，加快金融机构经营模式转型，提高融资效率，降低实体经济的融资成本，更好促进金融体系服务实体经济，加快实现经济结构的转型升级。

二、汇率市场化改革稳步推进

汇率形成与传导机制是建立金融基础性制度的另一项重要内容。坚持汇率改革的市场化方向，使汇率反映市场供求关系，是实现我国经济内外均衡和经济均衡增长，适应开放型市场经济的必然要求。汇率市场化改革之前，我国人民币总体上盯住美元，汇率浮动的弹性较小。随着我国对外经贸交往增强，逐步融入世界经济，特别是 2001 年加入世界贸易组织之后，跨境资本加速流入境内，形成了国际收支双顺差格局。人民银行为实现市场出清，维护外汇市场稳定，以强制结售汇的形式，通过外汇占款渠道被动向市场投入巨额的基础货币。为吸收过量流动性，人民银行一方面提高存款准备金率回笼基础货币投放，另一方面发行央票对冲过剩的流动性。国际收支失衡使汇率政策被动成为货币政策的主导工具，利率政策只是为了配合汇率政策进行适应性调整，对货币政策的独立性形成挑战，并使我国的货币政策更多地体现出数量型特征。汇率市场化改革，不仅有利于我国货币政策保持独立性，也有利于为货币政策从数量型调控框架向价格型调控框架转型创造必要条件。

（一）早期的汇率市场化改革

中国汇率市场化改革开始于 1994 年。在 1994 年之前我国的汇率制度大体经过三个阶段的变化。第一阶段是在新中国成立初期，我国实行单一浮动的汇率制度，到 20 世纪五六十年代，我国实行固定汇率制度。第二阶段是 1978 年到 1985 年，汇率制度实行人民币盯住一揽子的货币，汇率开始作为价格的信号，根据市场供求有较大幅度的变化，促进了我国改革开放早期对外贸易的恢复与发展。这期间汇率在单轨与双轨间切换，最终固定在单轨上。第三阶段是 1986 年到 1993 年，我国实行盯住美元的固定汇率制度，但人民银行不定期会对汇率进行大幅度调整，实质上是恢复了汇率的双轨特征。1994 年，人民银行根据党的十四届三中全会精神要求，发布《关于进一步改革外汇管理体制的公告》，决定实行浮动汇率制度，实现了官方汇率与外汇调剂汇率的"并轨"。为应对1997 年的亚洲金融危机，防止周边国家货币的轮番贬值，我国政府承诺人民币不贬值，重新盯住美元，当时人民币兑美元汇率长期固定在 8.27元的水平。早期汇率市场化改革，汇率实现并轨，汇率开始作为反映市场供求的价格信号，有利于发挥市场在资源配置中的基础性作用，但也应看到当时市场供求在汇率价格形成过程中的作用还很小，人民币汇率弹性空间有限。

（二）中期的汇率市场化改革

在早期的汇率市场化改革中，我国经济加速融入世界经济，跨境资本流入增强，在强制结售汇制度下，人民银行被动向市场投放流动性，减弱了我国货币政策的独立性，不利于金融与经济的稳定，也不利于经济发展方式的转型。但早期汇改也为进一步深化汇率改革创造了条件。从宏观上看，2002 年我国成功走出了多年的通缩阴影，经济进入新一轮的景气循环。从微观上看，金融机构改革取得重大进展有利于微观主体汇率形成和定价，金融产品和服务创新拓宽了金融市场深度；国有企业改革成功也有利于市场微观主体更好地管理汇率风险；外汇管制的放松，经常项目的可兑换，让汇率更真实地反映市场供求。在宏微观条件改善的情况下，人民银行在 2015 年 7 月公布《中国人民银行关于完善人民币汇率形成机制改革的公告》，决定实行有管理的浮动汇率制度。此后，人民币主要参考一篮子货币，而不再盯住美元，形成能够根据外汇市场供求决定汇率的价格形成机制，汇率更具有弹性。公告确定了汇率的中间价和浮动区间，人民币当日的中间价以上一交易日的收盘价为基准，对于美元可以在千分之三范围内浮动，对于非美元则在一定的范围内浮动。在宣布完善汇率形成机制后，人民银行还通过一系列的配套措施保证汇率改革顺利进行。2006 年 1 月在银行间市场引入双边询价和做市商制度，满足微观主体管理汇率风险的要求；2006 年初参考国际金融市场定价，改进了汇率中间价的形成方式；2007 年考虑到货币政策的独立性，取消了强制结售汇制度；2009 年 7 月正式开启人民币跨境结算业务；2010 年在成功摆脱国际金融危机后，进一步深化汇率市场化改革，多次动态调整人民币汇率浮动空间，提高人民币汇率弹性。

（三）"8·11"汇改以来的汇率市场化改革

中期近 10 年的汇率市场化改革，强化了汇率由市场供求决定并参考一篮子货币，增强双向浮动弹性，但由于外生冲击与扰动，人民币相对于一篮子货币，实际上对美元更加稳定，弹性加强。此外，人民币软盯住美元，虽然有助于保持汇率稳定，防止资本外流，但由于中间价完全由人民银行控制，价格发现机制不完善，导致中间价对即期汇率的偏离。结果是当美联储开始推出量化宽松政策的时候，人民币相对于非美元货币被动贬值，不利于汇率市场的稳定。因此，人民币中间价形成机制成为这一时期汇改的短板。2015 年 8 月 11 日，人民银行宣布完善人民币兑换美元的中间价报价机制，规定做市商要以上一交易日收盘汇率作为主要参考，并将当日中间价贬值 2% 以缩小在岸和离岸价差。2016 年 2 月，因参考上日收盘价存在缺陷，人民银行明确将"上日收盘汇率 + 一篮子货币汇率变化"作为新的中间价形成机制。做市商在进行人民币兑美元中间报价时需要参考上日收盘汇率和一篮子货币汇率变化两个重要指标，中间报价不仅要反映市场供求，还要保证人民币对一篮子货币的稳定。在新的定价机制下，做市商报价价差缩小，说明新报价机制的市场化程度和透明度提高了。"8·11"汇改也解决了国际货币基金组织

（IMF）提出的关于将人民币纳入 SDR 货币篮子存在的两个技术问题：第一是人民币在岸中间价与市场价的偏离，第二是人民币在岸价与离岸价的偏离。2015 年 11 月 30 日，IMF 宣布人民币正式纳入 SDR，人民币国际化迈出重要一步，"8·11"汇改功不可没。

三、利率传导机制日益顺畅

利率调控要有效果，由中央银行调控的货币市场短期利率必须向其他金融市场的各类型各期限利率有效传导。经过长期持续不断的金融市场化改革，我国利率传导机制日益顺畅。我国金融市场不论在广度还是深度上都具备了利率有效传导的条件，固定收益业务规模在美国和日本之后，排名世界第三，企业债券和金融机构债券都排名世界第二。张莉（2010）通过货币市场时间序列长期均衡关系分析，实证了货币供应量、货币市场利率与信贷市场利率（股价指数）存在长期均衡关系，结论为货币市场利率在金融市场的利率传导渠道存在，但解释变量不显著说明传导渠道受阻。[①] 马俊（2016）分析了我国短期利率的传导效率，认为我国短期利率能够通过银行信贷渠道和债券市场渠道传导至贷款利率和债券利率。[②] 这说明我国经过多年利率市场化改革成效明显，货币市场利率传导效率有了一定的提升。随着利率市场化改革的推进，市场微观主体利率敏感性日益增强，为利率调控创造了有利的微观条件。作为金融市场的产品和服务的提供方，商业银行的资金定价能力增强，其贷款定价市场化程度在逐步提高，负债业务的市场化定价范围不断扩大，表现为同业存款和存单业务与 Shibor 同向变动。作为金融市场产品和服务的消费方，企业和居民的利率敏感程度不断增强。随着直接融资市场的发展，企业拓宽融资渠道，减轻对银行信贷的依赖。在此趋势下，通过银行体系的间接融资由 21 世纪初占绝对量到近年下降到三分之二，而表

---

① 张莉. 我国货币政策的利率传导机制及效率研究［D］. 苏州：苏州大学博士学位论文，2010.

② 马俊，纪敏. 新货币政策框架下的利率传导机制［M］. 北京：中国金融出版社，2016.

外和直接融资则占到三分之一。居民持有的资产结构由早期的单一存款，发展到目前的股票、基金和银行理财产品，资产结构多元化，居民对利率的敏感性也相对提高。

第二节　中央银行利率调控体系 向有利于价格型调控框架转变

价格形成与传导机制是金融基础性制度的核心，因此进行市场化改革，有利于优化我国金融生态，也为价格型调控奠定基础。由于金融市场不完善，存在交易成本、金融摩擦和信息不对称，价格机制存在失灵风险。中央银行调控能力的提高与调控体系的健全，能够为市场提供公平交易的平台和投资与保护的机制，也是金融基础性制度的重要方面，能够保证货币政策的顺利转型。从我国中央银行货币政策的历史、演变与发展的进程来看，我国中央银行的流动性调节与预期管理能力不断提高，在货币政策工具上不断创造再贷款和公开市场操作工具，建立健全合格担保品框架，向有利于价格型调控框架转型。

一、中央银行流动性调节与预期管理能力提高

中央银行货币政策的重要功能就是进行流动性管理。中央银行主要通过公开市场操作调节市场流动性，保持货币市场资金供求平衡。金融机构进行负债管理会产生不同期限的流动性需求，在金融市场化条件下，金融体系的流动性主要通过金融市场来满足。在市场波动加剧和供求不平衡情况下，中央银行的公开市场操作可以调剂资金余缺，熨平市场波动。

银行体系的流动性需求主要体现在对超额准备金的需求上。主要有四种因素会影响银行体系的超额准备金需求，包括财政收支变化、库存现金增减、外汇占款波动和法定存款准备金变化。财政收支在银行账户的变化一般规模大，是影响银行流动性的主要因素，其受市场供求变化

影响不大，具有比较大的刚性；库存现金受季节性和临时性因素影响比较大，特别在节假日银行体系会因公众提款产生较大的缺口；外汇占款一度成为我国被动进行货币投放与回笼的主要因素，随着我国国际收支趋于平衡，其影响相对减弱；法定存款准备金在我国的变动，一般也与外汇流入流出相关，是流动性投放与回笼的蓄水池。人民银行主要通过正逆回购操作调节银行体系短期流动性余缺，对冲季节性、临时性因素对短期流动性的扰动。在短期流动性存在较大缺口时，人民银行会加大流动性投放，在流动性过剩时会回笼流动性，实现市场的均衡。人民银行通过建立一级交易商制度，向资质好的金融机构进行回购操作，熨平短期流动性波动，并向一级交易商中符合宏观审慎要求的机构提供中长期资金，以解决中长期流动性问题。逆回购操作也由以 7 天期为主，扩充到了 14 天、28 天和 2 个月品种，充分满足金融机构不同期限的流动性需求。2017 年 1 月，人民银行还通过创设短期流动性调节工具满足临时性的流动性需求。人民银行通过不同期限品种的搭配使用，保持市场流动性的稳定，降低了期限错配的风险，维护了货币市场的平稳运行。在流动性管理的过程中，人民银行十分注重与市场沟通，强化对市场预期的管理。从 2001 年开始，每季度发布《中国货币政策执行报告》，为公众解读货币政策执行状况，传达货币政策意图。及时公布货币政策操作相关信息，特别是 2013 年结构性货币政策工具开展以来，人民银行发布操作的频率和时效性提高，及时向市场传达流动性信息，以稳定市场预期。

二、创新货币政策操作工具

货币政策操作工具中，再贴现、再贷款、央票、正逆回购操作都是传统的流动性调节工具。为了应对复杂多变的金融和经济发展形势，人民银行不断创新货币政策操作工具，创设短期流动性调节工具（SLO）、常备借贷便利（SLF）和中期借贷便利（MLF）、抵押补充贷款（PSL）（见表 3 - 2），为货币政策由数量型向价格型转型创造有利条件。

表 3 - 2　　　　　　　　　　结构性货币政策工具概览

概览要素	短期流动性调节工具（SLO）	常备借贷便利（SLF）	中期借贷便利（MLF）	抵押补充贷款（PSL）
创设时间	2013 年	2013 年	2014 年 9 月	2014 年 4 月
期限	7 天	1~3 个月	3 个月至 1 年	3~5 年
发行对象	公开市场一级交易商	全国性商业银行、政策性银行	符合宏观审慎管理要求的商业银行、政策性银行	政策性银行
申请方式	质押	抵押	质押	质押
合格抵押品	国债、央票、政策性金融债、政府支持机构债券、商业银行券	高等级信用债、优质信贷资产	国债、央票、政策性金融债、高等级信用债	高等级信用债和优质信贷资产
用途限定			小微、"三农"	重点项目

（一）短期流动性调节工具

为应对 2008 年国际金融危机，我国采取了财政和货币"双松"政策，成功走出金融危机阴影。在宽松政策的刺激下，国内资产价格快速上涨，表现为房价大幅上涨。宽松的货币政策压低了名义利率，加快了金融领域创新的步伐，也弱化了调控的有效性。货币政策由松转紧，对金融体系的流动性加强监管，同时国际收支趋势性减少，在内外部压力下，银行间流动性趋紧，短期波动明显加大。为稳定银行体系流动性，提高货币政策效果，2013 年人民银行推出短期流动性调节工具（SLO），作为公开市场操作政策工具的必要补充，在银行体系面临流动性波动时相机使用。SLO 的创设有助于调节短期流动性供给，熨平流动性波动，可以有效地稳定市场预期、防范金融风险。SLO 主要以 7 天期内的正逆回购交易为主，其中最短期限是隔夜品种，如果遇节假日可以适当延长操作期限。人民银行在推出 SLO 后采取招标利率的方式，多次进行了 1 天、2 天、3 天、4 天、5 天的正逆回购操作，目的是投放和回笼短期流动性资金。SLO 的推出有效缓解了市场流动性不足，稳定了市场预期，维护了金融系统的稳定和货币市场的有序运行。

（二）常备借贷便利

与 SLO 具有相同的背景，2013 年初人民银行还创设了常备借贷便利（SLF）工具，交易对象为商业银行和政策性银行，期限 1 个月，主要目的也是调节金融市场的短期流动性，向市场主动供给基础货币。SLF 的利率水平由货币政策调控和对市场利率的引导需要综合确定。SLF 作为结构性的货币政策工具，与公开市场工具 SLO 存在区别。SLF 由金融机构主动发起，金融机构根据自身流动性状况提出申请，金融机构与中央银行一对一进行交易，具有更高的针对性，并且覆盖一般存款类机构，覆盖面更广。SLF 的申请需要金融机构提供合格的抵押品，一般包括高等级信用债和优质信贷资产。2013 年，人民银行在春节期间通过 SLF 向出现资金缺口的商业银行提供流动性援助，缓解了资金紧张的状况，6 月通过 SLF 向符合国家产业政策支持的金融机构提供贷款，促进经济结构转型，9 月根据外汇形势变化对金融机构开展 SLF 操作，缓解流动性紧缺和期限错配问题；2014 年人民银行部分分支机构开展 SLF 操作，并于 2015 年将该政策在全国推广，有效满足了中小金融机构流动性需求；2015 年 11 月，为探索将 SLF 打造成利率走廊上限，人民银行适当下调了 SLF 利率；2016 年，为有效发挥 SLF 作为利率走廊上限的功能，当市场利率高于 SLF 利率时，人民银行在货币市场投放流动性调剂资金余缺。SLF 操作自开展以来，有效地满足了货币市场短期流动性需求，稳定了市场预期。作为利率走廊调控的关键政策工具，SLF 的创设与不断实践，为构建利率走廊调控框架奠定了坚实的基础。

（三）中长期结构性工具

SLO 主要满足货币市场金融机构短期的流动性需求，比如资金清算、央行考核以及市场的临时性需求。金融机构服务实体经济，需要向实体经济提供中长期贷款。我国金融机构一般"借短贷长"，存在权益错配和期限错配，不利于金融稳定与防范金融风险，成为金融服务实体经济的一大难点。为促进经济结构转型升级，支持金融服务实体经济，为不同的主体提供不同期限、用途的流动性，人民银行于 2014 年 9 月创设中期借贷便利（MLF）工具，为市场提供中期贷款，操作对象主要为符合宏观审慎要求的商业银行。MLF 主要以招标方式，采取质押形式发放，设立时的期限有 3 个月、6 个月和 1 年期，合格的抵押品包括国债、央票、政策性金融债和高等级信用债。MLF 利率根据货币政策与市场条件要求确定，其主要发挥中期政策利率的作用，能够调节市场中期借贷成本引导市场预期，对于利率走廊调控所需要的收益率曲线起到了重要的完善和补充作用。2014 年 9 月，人民银行首次开展 MLF 操作向市场提供 5000 亿元中期流动性；2015 年，MLF 操作共向市场投放了 2 万亿元基础货币，有效满足了市场对中长期流动性的需求；2016 年，人民银行通过 MLF 投放的流动性达到了 5 万亿元，MLF 成为流动性供给的重要渠道，也成为常态化的货币政策操作工具。2017 年，在外汇占款放缓明显的趋势下，MLF 操作成为人民银行主动补充基础货币的重要渠道，有利于维护适度中性的货币政策取向，降低社会融资成本，促进经济结构转型升级。2014 年，人民银行还创设抵押补充贷款（PSL）工具，期限为 3 ~ 5 年，是长期流动性投放工具，其与 MLF 配合作为中长期结构性政策工具起到了较好的货币政策效果，当年共向市场投放了 3 万亿元的中长期资金。

三、建立健全合格担保品框架

要保证中央银行货币政策的有效性，保障中央银行资产的安全，必须建立与完善合格担保品框架。完善的合格担保品框架，能够提高各类金融机构的融资可得性，为金融市场搭建公平交易的平台。另外，中央银行的重要职能就是为金融市场投资提供保护性制度，其最后贷款人职责是金融市场稳定的最后一道防线，这要求中央银行资金的使用必须绝对安全。健全的合格担保品框架可以强化中央银行最后贷款人的职责，树立市场信心，有效维护金融市场稳定。从国际经验看，2008 年国际金融危机下各国针对合格担保品框架进行了优化，为应对危机发挥了积极作用，也反映了合格担保品框架的重要性。借鉴国际经验，人民银行于

2012 年初步建立起合格担保品框架，规定了合格担保品的范围、抵押品的评估方式、风险控制方法和担保方式。合格担保品范围包括国债、央票、政策性金融债和高等级信用债；评估方式依据担保品的市场化程度有所区别，对于市场化程度高的担保品主要采取外部评估方式，对于非市场化的担保品则采取外部评估和内部评估相结合的方式；风险控制上主要采取按照面值的方式设置抵押折扣，有效降低了抵押品的顺周期性；担保方式上依托中央国债登记结算有限责任公司和上海清算所对高等级债券进行委托管理，依托借款金融机构对优质信贷资产进行委托管理。2014 年 5 月，人民银行在分支机构开展 SLF 操作试点，并配套了《中国人民银行再贷款与常备借贷便利抵押品管理指引》进行中央银行内部评级试点，标志着人民银行开始系统性地建立合格担保品框架。到 2016 年已经建立起相对成熟的操作规范，中央银行内部评级分层次开展，人民银行征信中心对非金融机构开展评级，人民银行分支机构对地方金融机构开展评级，并以资产抵押方式对评级对象进行再贷款和 SLF 操作。

第三节　实施利率走廊调控面临的困境与挑战

　　价格形成和传导机制的完善与优化、中央银行利率调控体系的不断健全、金融基础性制度的持续改善，为下一步货币政策向价格型调控转型、构建利率走廊调控框架创造了有利的制度生态环境。虽然我国当前利率走廊调控雏形初现，但与发达国家成熟的利率走廊调控框架相比还有差距，需要持续不断地进行金融基础性制度的建设。价格机制中政策利率操作频率低、货币市场利率结构不合理、基准利率不清晰、缺乏完整的收益率曲线，中央银行独立性有限、调控能力还需进一步提高，仍是我国金融基础性制度中存在的问题，阻碍了货币政策的顺利转型。金融生态环境不仅包括制度环境，还包括经济环境、法制环境等。经济环境是经济基础，决定了金融生态环境中的制度环境和法律环境等上层建筑。金融主体之间通过制度相互联系，也通过制度与金融生态环境中的其他因素相互联系，通过主观能动性改造生态环境。反过来，经济环境也会通过决定上层建筑塑造金融主体行为，更为深刻地影响金融生态。我国当前处于经济转轨时期，金融体系中竞争不完全、信息不对称、金融摩擦大，对货币政策顺利转型构成挑战。

一、构建面向价格型调控的框架还不完善

（一）货币政策目标过多，尚未建立通胀目标制

当前我国货币政策采取多目标制，追求价格稳定、经济增长、充分就业和稳定汇率之间的平衡。货币政策目标的多元化与我国当前所处的特殊转轨经济阶段有关。根据丁伯根法则，实现多元化目标需要多元化的货币政策工具，不仅增加了中央银行货币政策调控的难度，而且目标之间不会始终朝同一个方向变动。在目标之间相互背离的时候，货币政策就会产生冲突，造成货币政策信号的混乱，并且不同的货币政策工具会形成不同的市场预期与货币政策效果，造成市场的不稳定。随着我国经济进入新常态，迈向高质量发展阶段，经济增速与高速发展阶段相比会相对慢下来，最终进入稳态增长阶段。当经济进入稳态增长阶段，来自经济增长的压力将降低，因为经济增长速度已经不依赖资本和要素的投入，而是主要依靠技术进步，而技术进步在一定时间内是相对稳定的。来自价格稳定的压力会提高，因为随着我国经济发展方式的转变，内部不均衡成为主要矛盾，外部不均衡则降低为次要矛盾。要实现内部均衡必须依靠价格手段进行调控，就有必要保持价格的相对稳定，以实现经济的稳定增长。因此，我国货币政策在向价格型转型的过程中必须未雨绸缪，为最终建立通胀目标制创造条件。建立通胀目标制必须具备一定的条件。比如，货币政策必须具备一定的独立性；中央银行需要有与通胀目标制高度相关的货币政策工具；中央银行还要保持与公众的沟通，以引导通胀预期；中央银行对通胀要有准确的预测，在货币政策存在时滞的情况下要有前瞻性。这些条件的具备不仅需要制度层面的完善，还需要中央银行在货币政策实践中不断积累经验，需要一个过程。

（二）价格形成机制未实现最优化

在政策利率方面，目前我国货币政策利率工具品种丰富，但与实行利率走廊调控的国家相比，我国短期利率工具的使用频率较低。与其他发展中国家相比，"截至 2015 年末，我国正逆回购总操作频率为 1205次，分别为印度的 26.6%、土耳其的 16.4%"①。这与我国货币政策独立性不高相关，流动性供给主要依靠外汇流入，导致中央银行主动提供流动性频率低。短期市场利率是金融市场定价的基础，低频率操作不利于发现市场价格使资金充分反映市场供求状况，会导致市场价格对均衡价格的偏离。在货币市场利率方面，货币市场利率结构不合理，有多种同质化利率。比如，回购利率存在银行间回购利率和交易所回购利率，会给市场交易主体留下套利空间，不利于货币政策的有效传导。而发达国家一般将中央银行的回购利率和市场的回购利率统一起来，杜绝了套利的发生。2015 年，我国初步尝试建设利率走廊调控机制。从政策利率和货币市场利率在利率走廊机制中的相互关系看，政策利率构成利率走廊的上下限，目标是将市场利率控制在上下限区间内。但由于我国政策利率区间设置不合理，走廊上限经常被突破，下限托底作用弱。2016 年下半年，货币市场利率上行，人民银行在利率走廊调控中相应提高了 SLF利率，希望发挥利率走廊上限功能。同一时期，为支持"去杠杆"，各项监管政策叠加，中央银行同时采取紧缩性的货币政策，银行间流动性趋紧，货币市场利率飙升，不断突破利率走廊上限，没有发挥利率走廊自动稳定器的作用。这也进一步证明了多元化政策目标下价格稳定目标经常会与其他目标发生冲突。同时，作为利率走廊下限的存款利率设置较低，虽然市场利率不容易突破走廊下限，货币政策利率区间目标也容易实现，但太宽的利率走廊区间加大了利率波动的幅度，无法实现利率稳定的目标，增加了经济波动的风险。根据我国利率走廊实施路线，当前我国的利率走廊仍处于初期，下一步我国将逐步收窄事实上的利率

---

① 盛松成. 中央银行与货币供给［M］. 北京：中国金融出版社，2017：362.

走廊。

（三）利率传导机制存在"中梗阻"

基准利率体系作为利率传导机制的首要环节，其建设与完善对于利率传导具有关键作用。虽然我国目前形成短端以银行间市场利率、中长端以国债收益率为参考的完整的无风险收益率曲线，无风险利率价格的形成与定价机制渐次清晰，利率品种多样，但与发达市场完整的具有定价基准的收益率曲线相比，仍有较大差距。我国货币市场目前仍没有形成一个真正的利率锚，银行间货币市场利率品种多、变化大，信号不够清晰，不利于形成稳定的市场预期，向中长端市场的传导也不顺畅。国债期限单一，缺乏流动性，国债收益率曲线波动也较大，要作为市场的定价基准还需要不断培育。虽然金融市场的规模做大了，但金融市场中存在货币市场和债券市场的分割，利率在债券市场传导的效率提高了，但在信贷市场传导效率较低。虽然存贷款利率管制已经全面放开，但金融机构的定价能力和风险管理能力不足，利率市场化改革不充分，影响利率传导的效率。

二、中央银行调控能力仍有进一步提升的空间

（一）货币政策行政化手段弱化了利率调控的效果

利率走廊调控建立与顺利实施的基础是中央银行实行利率调控的市场化，如果中央银行利率调控市场化手段不足，难免会使用行政化手段来替代本应由市场化手段实施的货币政策。用非市场化的手段实施货币政策，不仅无法保证利率走廊调控的有效实施，市场利率不断突破利率走廊上下限，也会使市场丧失对利率走廊调控的信心，降低中央银行调控的可信度，加剧产出波动的风险。如 2016 年下半年，为支持"去杠杆"，人民银行采取紧缩性的货币政策，货币市场利率飙升，不断突破利率走廊上限，弱化了利率走廊自动稳定器的功能。这也说明了中央银行市场化调控手段还不足，货币政策意图传导缺位，削弱货币政策的效果。这一问题的实质是财政政策与货币政策边界不清晰，导致货币政策

财政化。货币政策短期有效，长期中性，决定了货币政策主要是以价格稳定作为最终目标，"去杠杆"等调结构的任务应主要落在财政政策上。但这并不意味着财政政策和货币政策完全各行其是，货币政策有义务配合财政政策，但需要视市场情况并以自身的最终目标为限。宏观调控的主要任务是逆经济周期，熨平短期经济波动，货币政策相较财政政策而言更应慎重考虑逆多大"风向"的问题。而货币政策财政化，指的是货币政策承担了本应由财政政策承担的任务，通过货币投放与回笼取代了财政税收与财政支出的作用。货币政策财政化之所以会弱化货币政策效果，无法实现利率调控的目标，原因是中央银行通过货币投放（回笼）将财政的赤字（盈余）转嫁为全社会的通胀（通缩），扭曲了市场价格，造成了社会福利的损失。并且伴随中央银行独立性与信誉度的降低，货币政策效果弱化。即使是结构性的货币政策，也无法从根本上解决经济结构失衡的问题。

（二）中央银行独立性不足

货币政策财政化本质上反映了中央银行的独立性还不足。中央银行独立性是指中央银行能够不受政治因素干扰，独立确定货币政策目标，自由运用货币政策工具实现最终目标。中央银行独立性范畴包括政治独立、经济独立、目标独立和工具独立。其中目标独立和工具独立已经包含在中央银行独立性的定义当中。政治独立是指国家以法律的形式确立中央银行目标、工具、经济和人事任免的独立。经济独立是指中央银行的运行不依赖政府进行筹资，政府也不通过中央银行为财政赤字融资。中央银行独立性问题形成于 20 世纪 70 年代西方国家的货币政策实践中，在 90 年代以价格稳定为目标的框架下，中央银行独立性受到广泛关注。总体而言，中央银行拥有较高独立性的国家能够实现较低的平均通胀率，缓冲政治周期对经济周期的影响，实现金融稳定，增强财政纪律，使经济免受产出波动或经济增长放缓带来的影响。

人民银行的独立性要从我国中央银行体系建立与发展的视角去认识。人民银行经历了完全不独立到渐次独立的动态过程。改革开放前，中国实行计划经济，经济管理采用"统收统支"模式，财政部在宏观调控中处于主导地位，中央银行独立性较弱。1978年五届全国人大一次会议将人民银行从财政部独立出来，1983年国务院授权人民银行专门行使中央银行职能。在决策制度上，成立理事会作为决策机构，由人民银行行长担任理事长，各相关部委、专业银行、人保公司相关负责人和专家顾问作为理事会成员，对货币政策议题采取协商一致的决策方式，理事长拥有最终决策权。若遇重大事项，还需上报国务院进行审定。至此，我国的中央银行制度正式确立，人民银行也向独立的中央银行迈出关键一步。1986年《中华人民共和国中国人民银行管理条例》规定了人民银行在行使中央银行职能时要"独立于财政、独立于经济计划和主管部门、独立于当地政府"，为人民银行的独立性赋予明确的法律地位。

虽然在随后的市场化改革中，人民银行的中央银行职能不断得到强化，独立性进一步增强，但是其独立性与发达国家相比还有一定差距。2003年修正的《中华人民共和国中国人民银行法》第二条规定人民银行必须在国务院领导下制定和执行货币政策，但在实践中政府的目标与中央银行的目标不一定完全一致。在目标独立性上，2003年修正的《中国人民银行法》明确了人民银行的目标。但在货币政策实践中，受经济发展阶段和经济金融形势客观限制，人民银行实际上实行的是多元化的货币政策目标。在工具独立性上，《中国人民银行法》第五条规定人民银行对年度货币供应量、利率、汇率和其他重要事项作出决策后，应当提交国务院批准，其他货币政策事项的决策需要报送国务院备案。因此，实际上国务院最终决定人民银行货币政策工具的使用。经济独立性方面，《中国人民银行法》第三十八条规定人民银行实行独立的预算管理制度，但在实际操作中对支出的控制是有限的。人民银行的预算经国务院财政部门审核后纳入中央预算，预算的执行也受财政部门的监督。《中国人民银行法》第二十六条、第二十九条和第三十条规定人民银行不得向银行、政府财政透支，不得向地方政府贷款。因此，中央银行的独立性问题亟待解决。

三、经济金融领域存在深层次结构性矛盾对转型构成挑战

在金融生态系统中，经济生态环境对金融生态环境其他因素具有决定性影响，经济生态环境持续向好会改善制度生态环境，通过制度生态环境的改善优化金融主体行为，金融主体行为又会对经济生态环境产生正向反馈，最终形成良性循环。反之则反是。宏观经济结构性失衡会引发金融领域的结构性失衡，对金融主体行为产生负面影响，影响利率传导效率，最终影响货币政策调控效果，对构建顺畅的利率走廊调控体系构成挑战。

（一）经济结构性失衡

目前，我国经济总量规模位居世界第二，对外贸易规模和制造业规模跃居世界第一，经济建设取得举世瞩目的成就。李扬（2018）总结我国改革开放以来取得成就的原因，认为"三化"是经济长期保持高速增长的关键。[①] 持续的工业化进程，使我国的产业结构由低效率的第一产业向效率更高的二三产业转变；持续的市场化改革，使市场主体成为资源配置的基础；在工业化的带动下，劳动要素持续从农村向城市转移，使我国在资本、劳动力和技术进步的要素结构上始终处于结构性增速阶段。在工业化加速进程中，我国抓住有利的国际环境适时推出有利于外向型经济发展的产业政策，使国内巨大的投资需求得到满足，我国在具有比较优势的劳动密集型产业发展下成为全球制造业中心。由于老龄化、人口红利消失、资源环境约束增强，我国经济进入提质增效新常态，促进我国经济迅速发展的传统发展模式已成为经济结构转型、效率提高、新旧动能转换的掣肘。国民经济产业结构的失衡还引发了投资与消费、区域与城乡发展、国民经济收入分配的结构性失衡。在外向型发展模式下，国家加大对具有比较优势地区的投资，同时区域自身资源禀赋存在差异，形成了东部"隆起"、西部"塌陷"的区域结构和城乡二元经济

---

① 李扬，刘世锦，等. 改革开放 40 年与中国金融发展 [J]. 经济学动态，2018（11）：4 – 18.

结构。区域发展不协调及二元结构导致就业结构和消费结构失衡。国家统计局 2021 年公布我国第一产业比重为 7.1%，但是就业比重为22.9%，城市化进程落后于工业化进程。同时国家统计局 2021 年公布的城乡居民恩格尔系数为 29.8%，也就是城乡居民中有 29.8% 的收入用于与农产品相关的食品支出，而我国第一产业的增加值在总产出中的比重仅为 7.1%。农产品产出与居民消费支出格局可以解释我国农产品相对紧缺而非农产品相对过剩的原因，也解释了通货膨胀的上涨为什么主要与农产品价格大幅上涨有关。在外向型经济发展下，从投资与消费的格局看，我国经济中出口和投资长期增速高于 GDP 增速，消费增速低于GDP 增速；从国民收入格局看，政府、企业收入分配比重大，居民收入分配比重小。政府和企业倾向于将资金投入能带来直接投资回报的领域，居民劳动力价格和收入低于企业和政府收入，消费需求不足。

（二）金融结构性失衡

金融结构性失衡的表现，其一是货币市场与民间借贷市场利率的失衡。近年来，我国金融领域出现了中国特有的货币现象，社会融资规模逐年攀升，银行间流动性充裕，贷款利率也不高，说明金融市场流动性宽裕，并没有资金缺乏的迹象，但是民营企业，特别是中小民营企业融资难、融资贵，民间借贷利率高昂。反映在货币市场就是"钱荒"现象，货币市场出现"量宽价高"悖论。可以肯定的一点是，金融市场的流动性是充裕的，但是这些钱流向哪里而无法被中小企业获得呢？首先是国有企业获得了银行大量低息贷款，国有企业存在预算软约束，对资金成本不敏感，存在过度投资现象。其次是流动性在银行体系内自我循环，进行空转套利，利率传导到实体经济必定表现为民间借贷成本的高昂。这一现象的实质是实体经济项目投资回报率低、风险高。银行贷出资金一方面是为了获得稳定的回报，另一方面要保障资金的安全。实体经济原有外向型模式以满足国际市场需求为主，发展大量劳动密集型、低附加值的产业，对国内市场开拓不足，难以满足国内消费升级的需求，因此出现在金融规模持续扩张的情况下，银行体系对民营企业"惜贷"，大量资金流入国有企业的利率失衡现象。其二是在我国成功走出国际金融危机阴影后，中央为控制通货膨胀和房地产市场价格快速上涨，加强对银行业的监管，收紧流动性，但是地方融资平台却得到持续性的扩张。从中央的角度看，采取紧缩的宏观调控政策是为了稳定宏观经济运行，抑制快速上涨的房价和通胀，目标是最大化社会福利。中央为保持经济的增长，又向地方提供资金用于长期可持续发展。而地方政府在渐进式行政性分权改革下，在地区性经济事务中具有更大的自主权，也承担更多的事权。分税制改革，导致地方事权和税权的不匹配。地方政府调控目标未必与中央完全一致，地方政府存在政绩考核，在"政治锦标赛"动力下，有过度投资的冲动。土地是地方政府拥有的最重要的资源，除了出让土地获取收益，地方政府还可以通过抵押从银行体系获取资金。地方融资平台一般与房地产相关，在这一背景下地方融资平台快速扩张，地方政府以土地财政获取巨大收益，但这不可持续。中央与地方的博弈，弱化了房地产调控的效力，房地产业不断膨胀，而实体经济日益"空心化"。结构性货币政策在中央与地方的博弈中得不到有效贯彻，反映的是地方政府在进入经济新常态下仍固守原有传统追求总量扩张的发展思路，没有真正领会中央提质增效的要求。货币政策决策与执行的失衡，也进一步加剧了经济结构的失衡。其三是间接融资市场和直接融资市场的失衡。虽然通过不断的市场化改革，我国直接融资市场规模扩大，活跃度提高，但是与发达国家相比差距仍十分明显。间接融资是通过银行体系的中介服务进行融资，直接融资是通过股票、债券等资本市场进行融资。根据金融中介理论，金融中介服务存在的理由之一是金融市场信息不对称，存在逆向选择和道德风险，银行体系可以解决信息不对称问题，提供完备的金融中介服务。如果信息不对称问题减弱，直接融资市场就会扩大，可以更有效地降低交易成本。当前我国金融之所以以银行为主导，就是因为存在政府的隐性担保、刚性兑付，国有企业的预算软约束和地方融资平台的持续扩张，加剧了金融市场信息不对称和金融市场摩擦，需要通过金融中介提供流动性服务。我国金融市场摩擦大的表现就是存贷款利差大，居民在存款机构的存款利率很低，在民间借贷市场的贷款利率则很高。一方面，信贷市场摩擦大，存贷款利差大，会减少信誉好的借方的当期消费，从而降低社会的一般福利，减少有效需求；另一方面，摩擦大造成金融市场分割，导致利率无法在直接融资市场有效传导，弱化货币政策的传导效率，对构建利率走廊调控机制构成挑战。

第四章　利率走廊调控模式的
国际经验借鉴

　　我国当前处于转轨阶段的现实国情，决定了我国实施利率走廊调控不能够一蹴而就，不能完全照搬照抄西方国家的一整套做法，而必须从西方国家历史上从数量型调控转向价格型调控过程中总结经验并结合我国的具体国情来构建利率走廊调控。各国采取不同的利率走廊操作模式，既与各国利率走廊调控模式的不断探索及完善程度有关，也与各国货币政策实施的具体条件，例如货币政策目标、货币政策制度、金融基础设施差异等具体国情相关。因此，从各国利率走廊不同操作模式中总结出实施利率走廊一般性的经验做法，可以为我国利率走廊调控模式的探索提供借鉴。

第一节　英国和美国货币政策框架的对比分析

一、英国与美国货币政策框架的历史路径

（一）英国

　　英国早在 12 世纪就产生了类似汇票的金融工具，由于受宗教观念束缚，其发展遇到重重障碍。中世纪之后的司法改革，促进了英国商业票据的流动。1694 年，为筹措战费，英国政府批准成立英格兰银行，并通过国会法案为英格兰银行垄断货币发行权提供保护，限制其他商业银行发行货币的规模。其他商业银行之间只能通过票据相互调剂资金余缺，

使商业票据到 18 世纪中期迅速发展成为英国主要的金融工具。受真实票据理论和银行贴现率理论影响，从 19 世纪初开始，英格兰银行将商业票据作为货币政策操作工具，并同时将价格和数量作为操作目标，实施货币政策，即英格兰银行在早期实行的是混合型的货币政策框架。在 19 世纪初到 1844 年的这一段时期，英格兰银行进行价格型调控，实施宽松的利率政策，并且之前的高利贷法案对贴现率规定了 5% 的上限，市场经济逐步活跃的同时，信贷的无序扩张造成投机的盛行。此时英格兰银行转向数量型调控，通过提高合格票据的标准或进行贴现的数量限制，采取紧缩的货币政策来重建市场。货币政策由松到紧，再由紧转松的过程周而复始，货币政策框架也在价格型调控和数量型调控之间轮番转换。经济波动和货币政策的不稳定，引发了"通货学派"和"银行学派"的争论，最终"通货学派"胜出，其纸币发行要以金银持有量为限的观点被写进 1844 年的《皮尔法案》，《皮尔法案》规定发行量超过 1400 万英镑的纸币要有等值的黄金储备。该法案还将英格兰银行划分为发行部门和银行部门，后来其商业银行业务逐渐被放弃，英格兰银行也从准中央银行成为专司中央银行职能的真正意义上的中央银行。英格兰银行在 1844 年以前将贴现利率设定为高于市场利率，1844 年推出新的贴现政策，在称为"跟随市场"的操作下将贴现利率设定为市场利率。这一宽松的政策在不到 3 年的时间内就引发了新一轮的银行业危机，出现银行挤兑现象，同业拆借利率飙升，《皮尔法案》对纸币发行的限制在英格兰银行拯救市场的形势下也被停止了。危机后，英格兰银行将贴现利率设定在介于 1844 年之前的利率标准和市场利率之间，采取的是充分接近但略高于市场利率的策略，并且取消了对贴现的数量限制。货币政策框架也由之前的混合型框架转向以市场利率为主要指标的价格型调控框架。到 19 世纪末，英格兰银行货币政策日趋成熟，关注重点从制定政策利率转向避免外生因素对利率的扰动进而影响产出。20 世纪初期，英格兰银行形成了以市场利率作为操作目标，以贴现利率作为政策利率，并辅之以公开市场操作，将市场利率维持在低于政策利率 1 个百分点的货币政策框架。虽然第二次世界大战期间英格兰银行实行了零利率政策，但战后又恢复了原来的操作。从英格兰银行货币政策控制通胀的效果上看，从其建立之初到第二次世界大战之前，英格兰银行将通胀率控制在较低水平。第二次世界大战后英国的通胀率逐步高企，并在 1975 年达到了27％的峰值，其后缓慢回落。菲利普斯曲线中通胀和失业率稳定关系的消失，说明西方主要发达国家经济进入滞胀状态。英格兰银行同其他国家的中央银行一样都在寻找新的名义锚，以便能够在稳定价格水平的同时向市场传递中央银行反通胀的决心。20 世纪 70 年代后期，在货币主义理论的影响下，英格兰银行先后锚定了广义货币和狭义货币，货币政策框架由价格型转向数量型。在 80 年代中期出现货币总量和名义收入间关系不稳定的时候，英格兰银行放弃了货币数量型调控，加入汇率联盟，转向盯住汇率，并导致国际收支失衡加剧。1992 年在经历了短暂的对传统货币政策框架的背离后，英格兰银行又重新以短期名义利率作为操作目标，实行利率调控，并将通胀率控制在较小的区间（见图 4－1）。

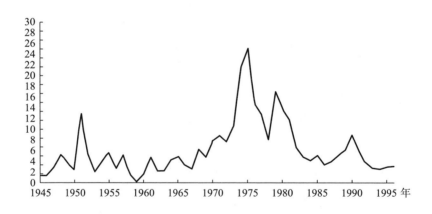

图 4－1　1945—1995 年英国通货膨胀率

（数据来源：根据英格兰银行官方网站数据整理所得）

（二）美国

在美国货币史早期，中央银行经历了曲折发展。1791 年为偿还第一次独立战争债务成立的美国第一银行和 1812 年为第二次独立战争筹资成立的美国第二银行，在初衷完成及 20 年期限到期后，因联邦和州政府的博弈均被迫关闭。此后的 70 多年里，美国金融市场进入了没有中央银行的自由发展时期，银行挤兑造成的危机时有发生。在 1907 年的危机后，为稳定金融市场，通过借鉴欧洲中央银行经验，1913 年美国国会通过《联邦储备法案》，将位于华盛顿的联邦储备局及 12 个洲储备银行组成美国联邦储备系统，宣告了美联储的成立。美联储成立初期效仿英格兰银行实行贴现政策，将贴现利率设置为高于市场利率，并构建了结构复杂的贴现利率体系。1917 年，贴现利率政策改为由美国财政部制定，为降低战争成本，美国财政部将贴现利率设置为低于市场利率，并通过道义劝告商业银行多借款以维持低利率政策。该贴现政策与英国不同，没有规定贴现利率的上限，并且没有公开市场操作的配合，贴现政策单纯作为流动性投放工具，因此缺乏对银行过度依赖贴现便利的惩罚性利率。银行对于贴现便利的过度依赖，使贴现资金供不应求，贴现利率大幅攀升。美联储开始通过数量限制和道义劝告的形式向求助于贴现便利的银行施压，求助于贴现工具的"污名效应"由此产生。这一政策导致第一次世界大战期间美国通胀高企，通胀率由 1915 年的 2% 在随后几年飙升到两位数，而美联储在 1919 年为治理通胀采取紧缩的货币政策，导致失业率也由低位提高到 12% 的高位，经济出现衰退。得益于 20 世纪 20 年代货币数量论和 30 年代准备金头寸学说的兴起，美联储在 30 年代，特别是在"大萧条"时期，将公开市场业务作为主要的货币政策工具，基于货币乘数思想实施宽松的货币政策，逐步降低贴现利率。1942 年美国正式参与第二次世界大战，尽管为实施战时货币政策，美联储受财政部压力仍然盯住国债和国库券利率，但数量型调控的机制与实践在不断积累与成熟。1951 年盯住利率政策因朝鲜战争引发通胀，美联储开始独立于财政部制定货币政策，并实施了盯住自由准备金的数量型调控框架，走出了一条与英格兰银行大相径庭的调控路径。

诚然，如数量型调控与价格型调控定义所述，准备金数量是政策手段，既可以服务于数量目标，也可以服务于价格目标，但从美联储官网所提供的 20 世纪 50 年代年度货币政策报告来看，美联储综合运用了货币政策三大工具进行调控，贴现利率更多体现了跟随市场变化，没有显示出被调控的迹象。而且从 20 世纪 20 年代以来美联储的调控实践和思路来看，更多地体现了准备金头寸学说和货币乘数思想，并且日趋成熟。这点可以从以下几个方面体现出来。第一，与英格兰银行对贴现利率最终不设置数量限制相比，美联储对贴现窗口施加了巨大的非价格限制，使银行不敢求助于贴现窗口。因为根据准备金头寸学说，银行过分依赖贴现窗口将给中央银行通过乘数效应控制流动性造成障碍。第二，英格兰银行的贴现政策总是通过固定利率招标，意图是强化其对利率调控的责任制，并向市场传达货币政策信号，而美联储则总是通过可变利率招标，避免给市场传达其要为利率目标负责的信号。第三，与英格兰银行的《拉德克利夫报告》提出明确利率目标的精确数值的重要性相对的是，美联储在实施利率政策过程中从未向市场传达过其精确的利率目标，并且实践中贴现利率经常变动，市场无法获知其是否存在利率目标。到 1972 年，与自由准备金一以贯之的是，美联储将存款准备金作为数量型操作目标，并紧盯 M1 作为中介指标，数量型货币政策框架正式推出。但是美联储也关心联邦基金利率，导致数量目标经常无法实现。盛松成（2017）认为这可以解释为美联储实际上也关心利率稳定，不确定要不要取消对利率的控制。[①] 1979 年 10 月，保罗·沃克尔担任美联储主席，认为必须立即结束长期以来两位数的通胀率，并采纳货币主义的观点，采用严格的货币总量目标制，并以非借入准备金作为操作手段。由于滞后准备金的存在，美联储并没能完全控制货币总量目标，不仅造成了短期利率的大幅波动，而且货币总量波动也加剧，而通胀仍在高位。短期利率的攀升造成 1981 年的萧条，使通胀回落。同样，随着货币数量与名义收入关系的破裂，美联储在 90 年代初转向了利率调控。

---

① 盛松成. 中央银行与货币供给 [M]. 北京：中国金融出版社，2017：362.

二、数量型调控还是价格型调控——基于 Poole 模型的分析

英格兰银行从成立到 20 世纪 90 年代 300 多年的货币政策实践中，尽管在 20 世纪 70—80 年代出现了短暂的对传统调控模式的偏离，但大部分时期始终坚持由真实票据理论和银行贴现率学说所奠定的利率调控传统。美联储在创立初期借鉴英格兰银行的利率调控经验建立价格型调控框架，但没有成功，随着货币乘数思想和准备金头寸学说的兴起，转向逐步建立数量型调控框架，并日趋成熟。尽管两个国家最终都回归到利率调控的传统，但价格型调控和数量型调控分别在这两个国家取得了较好的调控效果，它们在相同的时代背景下走出了差异化特征明显的货币政策调控路径。Friedman 和 Schwartz（1963）认为之所以美国在 20 世纪 20 年代放弃对贴现利率的调控转向货币乘数调控方式，是想为战时货币政策寻找借口，并逃避出现不好结果时被责难。与这一观点相似，Goodhard（2001）认为保罗·沃克尔其实是利用数量型调控为实际上采用高利率政策降低通胀披上"面纱"，从而避免为因高利率带来的失业和萧条承担责任。按照唯物主义观点，历史发展的必然性和偶然性的地位是不同的，偶然性受必然性制约。两种调控模式在两个国家都能经受时间的检验，说明这一现象背后有必然的趋势。

Poole（1970）通过在 IS – LM 框架下对中央银行在不确定状况下损失最小化建模，为中央银行最优货币框架选择提供经典的方法。简化的建模过程如下：

$$Y = a_0 + a_1 i + v \tag{4.1}$$

$$M = b_0 + b_1 Y + b_2 i + u \tag{4.2}$$

式（4.1）中，Y 代表总产出，由利率 i 和随机项 v 决定。式（4.2）中，M 代表货币存量，由总产出 Y、利率 i 和随机项 u 决定。随机项 v 和 u 服从标准正态分布。中央银行制定产出目标 Y_f，确定货币政策工具 M 或 i，最小化损失函数为

$$L = E[(Y - Y_f)^2] \tag{4.3}$$

基本结论为，当中央银行主要面临来自总需求的不确定时，以货币总量为目标能使损失最小化；而当中央银行主要面临来自货币需求的不确定时，以利率为目标能使损失最小化。中央银行选择货币政策的策略可以用图形来分析。

在以货币总量为目标，且货币需求稳定的情况下，当面对无弹性的 LM 曲线（见图 4-2）时，中央银行对产出的预测为 IS_0。总产出不稳定，存在未被中央银行预测到的冲击，使 IS 曲线发生移动。实际产出可能小于预测值，位于 IS_1 位置；实际产出也可能大于预测值，位于 IS_2 位置。由于假定货币需求完全稳定，中央银行为实现产出 Y^* 的目标，向市场提供 M^* 的货币供应量，能使 LM 曲线完全稳定在 LM（M^*）的位置。因此，不论 IS 曲线如何移动，即不论是否准确预测了实际产出，中央银行总能够通过 M^* 的货币供应量目标实现 Y^* 的产出目标，但是实际产出的不确定性会加大利率的波动，使利率降低到 r_1 或提高到 r_2。如果中央银行面临的是有弹性的 LM 曲线（见图 4-3），那么即使中央银行实现了货币供给目标，使 LM 曲线稳定在 LM（M^*）的位置，对实际产出预测不准确也将无法实现产出 Y^* 的目标。而在以货币总量为目标，货币需求不稳定的情况下（见图 4-4），货币需求存在未预测到的因素，会使 LM 曲线移动到 LM_1（M^*）或 LM_2（M^*）的位置，只有在中央银行准确预测货币需求时，使 LM 位于 LM_0（M^*）的位置才能实现市场产出 Y^* 的目标。

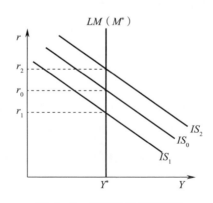

图 4-2　货币总量目标制 1

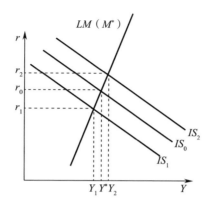

图 4 - 3　货币总量目标制 2

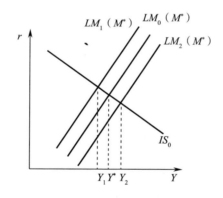

图 4 - 4　货币总量目标制 3

在以利率为目标，且货币需求稳定、实际产出不稳定的情况下，中央银行面临的是水平的 *LM* 曲线（见图 4 - 5），只有在中央银行准确预测实际产出的情况下才能实现产出目标。图 4 - 5 显示了利率目标制下产出不稳定带来的对目标产出的偏离。

Y_{r1}、Y_{r2}，比在货币总量目标制和有弹性的 *LM* 情况下对目标的偏离 Y_1、Y_2 来得大。利率目标制下，如果货币需求不稳定，*LM* 曲线的位置也不会发生变化（见图 4 - 6），产出目标比货币总量目标更容易实现。

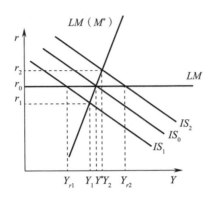

图 4 - 5　数量目标与价格目标对比 1

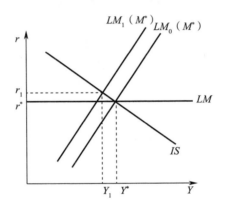

图 4 - 6　数量目标与价格目标对比 2

三、不同发展阶段下的框架选择及对中国的借鉴意义

通过对 Poole 模型的分析可知，选择数量型调控还是价格型调控，主要根据具体的经济和金融状况决定。如果经济中面临的主要是来自投资、消费等实际部门的冲击和不确定性，数量型调控是最优的货币政策选择。如果经济中面临的是来自货币需求的冲击和不确定性，价格型调控是最优的选择。英美两国差异化的货币政策路径，其背后的必然因素就是两国在经济和金融领域发展上的差异。

（一）Poole 模型对英美两国道路差异的解释

根据经济增长理论，决定经济增长的要素有资本、劳动和技术进步。

第一次工业革命在 18 世纪 60 年代发端于英国，机器替代手工劳动，工厂替代手工工场，极大地提高了生产力，使英国最早开启了工业化与城市化进程，也走上了对外殖民扩张的道路。工业化与城市化促进英国劳动力从生产力低的农业部门转移到生产力高的工业部门，就业结构和产业结构由第一产业向第二产业的变迁是工业革命促进英国经济快速发展并迅速崛起为世界霸主的最重要原因。而工业革命到 19 世纪才扩展到美国，比英国迟了半个世纪，因此美国的工业化和城市化进程落后于英国。1800 年、1850 年、1910 年，英国的城市化率分别为 19.2%、39.6% 和 69.2%，而美国的城市化率仅为 5.2%、13.9% 和 41.6%。到 20 世纪初期，可以说英国已经完成了城市化进程，而美国城市化进程还未过半。而在 19 世纪中期的第二次工业革命中，英国没有抓住机会，科技优势逐步丧失。从城市化的数据来看，19 世纪下半期美国城市化率提高了 3 倍多，而英国仅提高了不到 2 倍，说明第二次工业革命加速了美国的工业化和城市化进程。不过从城市化的内涵来看，虽然到 20 世纪初期，美国的城市化有了大幅提高，但主要人口仍集中在传统的五大湖区，而美国幅员辽阔，在城市化的质量上仍然有大幅提高的空间，并且不断有海外移民涌入为工业化和城市化提供动力。英国城市化率高，但因地域狭小，城市化质量提升空间已经很小，并且还面临人口流失到海外的局面。因此，19 世纪下半期到 20 世纪初期，从资本、技术、劳动力和产业结构变迁角度看，美国处于经济的上升期，经济中面临的产出波动较大。英国由于经济在走下坡路，并逐渐向稳态增长逼近，经济增长更多的是靠技术进步，且英国在技术优势上的丧失也使产出波动小得多。

　　从货币需求来看，伦敦在 20 世纪初就已经成为世界重要的金融中心，作为中央银行的英格兰银行不仅垄断了英国的货币发行权，并且为控制遍布世界的殖民地贸易建立了强有力的货币政策体系，以应对日益复杂的国际贸易形势。与强有力的中央银行体系和金融体系形成鲜明对照的是，其国内领土的狭小和高度的城市化，要求金融发展向深度拓展，金融服务供给的密度高。而美国在 20 世纪初还处于为是否要建立统一的中央银行体系不断斗争的阶段，美联储在成立早期也只是一个松散的组织，没有形成高度一致的中央银行体系，在货币政策实践上欠缺经验，且辽阔的领土降低了金融发展的深度。与简单的金融体系相比，复杂的金融体系倾向于使货币需求不稳定，因此英国货币需求比美国更加不稳定。可见，不同的经济和金融发展状况很好地解释了英国和美国货币政策实践上对道路选择的差异。

（二）当前我国货币政策调控模式的选择

当前我国正处于经济发展与货币政策转型时期，在这一特殊时期，中央银行传统的数量型调控需要逐步让位于价格型调控的货币政策。但是价格型调控模式的建立必须具备一定的条件，不可能一蹴而就。在转型过程中，我国货币政策应该有过渡性安排。伍戈和李斌（2016）基于新凯恩斯框架构建转型时期数量和价格相结合的货币政策混合型规则模型，用贝叶斯方法估计结构模型，并根据中国的现实情况进行政策效果对比分析，在同样的经济冲击下，将混合型规则和单一的数量型规则或价格型规则的脉冲反应、方差分解与福利损失结果进行比较。他们的实证分析表明：在经济转型阶段，中央银行实施货币政策混合型规则要优于单一的数量型规则或价格型规则，混合型规则能够更好地熨平宏观经济波动，并且对改善社会福利的效果更明显。[①] 即处于经济转型时期，我国应该以价格型调控为主，同时通过公开市场业务等数量型工具进行辅助调控，这是当前我国货币政策调控的最优选择。当然在未来时机成熟后，我国就有必要采取单一的价格型货币政策调控模式。

（三）未来我国货币政策调控模式的选择

英美货币政策道路差异及最终都回归到价格型调控对我国的借鉴意义是，随着未来我国经济增速的下降和金融领域改革的进一步深化，一方面经济中产出的波动会下降，另一方面货币需求不稳定造成的利率波动会提高。特别是新技术革命带来新的发展趋势，一方面原来劳动力从

---

① 伍戈，李斌. 货币数量、利率调控与政策转型 [M]. 北京：中国金融出版社，2016.

农业向工业转移的结构性增速被劳动力从工业向服务业转移的结构性减速取代，另一方面新科技革命下技术对劳动力更多的是替代关系，而不是互补关系，2008 年国际金融危机后美国经济的"失业性复苏"就是证据。这两方面因素加速我国经济未来向稳态增长逼近，并且根据这一趋势预测，未来我国经济来自价格的不稳定性具有长期性和不可逆性，因此常规状态下进行价格型调控也具有长期性和不可逆性。我国货币政策框架建设必须要有前瞻性，适度超前进行价格型调控框架的建设，是经济金融发展的必然要求。价格型调控和数量型调控没有孰优孰劣，要根据我国具体的经济金融状况构建符合我国实际的调控模式，最优的货币政策框架就是最适合、最有效的框架。不能因为主要发达国家都使用价格型调控框架进行调控，我们就一定要立即转型，框架可以先建设，等真正需要的时候再使用。当然制度建设不能永远在路上，要有紧迫性，需要一个里程碑节点。参考我国城镇化目标是到 2025 年城镇化率达到 75%，因此可以将 2025 年定为里程碑节点，到那时混合的货币政策调控模式要转型到完全的价格型调控框架，金融市场要足够完善，价格型调控的要件要基本具备。

第二节　现代价格型调控模式：利率走廊调控

一、欧洲中央银行

欧洲中央银行（ECB）成立于 1998 年 6 月。ECB 和欧元区各成员国中央银行组成欧洲中央银行体系。ECB 的最高决策机构是欧洲中央银行管理委员会，负责制定货币政策。执行委员会负责实施货币政策。1992 年 2 月 7 日正式签订的《马斯特里赫特条约》规定了 ECB 的货币政策目标是价格稳定，通货膨胀目标被设定为 2% 的水平。ECB 采取的是宏观经济分析和货币分析相结合的货币政策框架，既考虑货币对价格的影响，又考虑中短期内决定价格变动的实际因素，是一种介于通胀目标制和货币总量目标制之间的政策框架。

　　ECB 在成立之初就建立了利率走廊系统。1999 年欧元开始发行，利率走廊系统正式投入使用。ECB 的边际借贷便利（MLF）构成走廊上限，存款便利（DF）构成走廊下限。MLF 被设定为高于市场利率一定基点，没有数量限制，因此能够成为走廊的有效上限。DF 设定为低于市场利率，允许金融机构向各国中央银行进行隔夜存款。欧洲中央银行管理委员会在每月初例会上确定当月的货币政策，设定政策目标利率和利率走廊宽度。1999 年 1 月管理委员会将 MLF 设定为高于政策目标利率 150 个基点，将 DF 设定为低于政策目标利率 100 个基点，走廊宽度为 250 个基点（见图 4 - 7）。在这一设定下，政策目标利率并不位于走廊中间位置，属于非对称系统。1999 年 4 月 ECB 将走廊宽度收窄至 200 个基点，政策目标利率位于利率走廊二分之一处。2008 年国际金融危机爆发，ECB 将走廊宽度收窄到 100 个基点，隔夜利率被推低至走廊下限位置。2009 年初利率走廊宽度又恢复为 200 个基点，2009 年中期利率走廊被收窄至 150 个基点。2010 年和 2011 年，由于欧元区经济复苏乏力，货币市场上利率出现剧烈波动，欧洲央行此后逐步收窄利率走廊宽度控制利率波动，有效稳定了货币与金融市场。

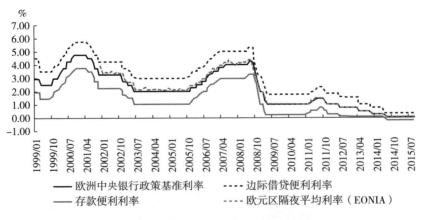

图 4 - 7　欧洲中央银行利率走廊调控效果

（数据来源：根据 Wind 资讯整理而得）

二、加拿大银行

加拿大银行（BOC）是加拿大的中央银行，于1935年根据1934年7月颁布的《加拿大银行法》成立。《加拿大银行法》规定了加拿大银行的任务：管理信贷和货币，以调控和保护国家货币单位的外部价值，并尽可能通过实施货币政策减轻生产、贸易、价格的总体波动水平，提升加拿大的福利水平。这一目标任务一直保留至今。加拿大银行的决策机构是银行董事会，由政府任命，任期3年。董事会有权提名行长人选，并需得到政府批准，任期7年。银行管理委员会负责制定与执行货币政策，但需得到董事会批准。1967年修订的《加拿大银行法》规定，加拿大银行负责日常的货币政策制定与实施，加拿大政府对货币政策有最终决定权。若在货币政策上发生分歧，加拿大财政部有权签署命令要求加拿大银行执行。1991年2月加拿大银行和财政部联合宣布引入通胀目标制，实行1%~3%的通胀目标区间，并在实际执行中将通胀目标锚定在2%的水平。

加拿大银行的货币政策框架与1999年2月大额实时结算系统（LVTS）的引进密切相关。加拿大银行实行零准备金制度，规定14家一级交易商必须通过LVTS直接与其进行交易，然后再与其他金融机构交易，LVTS允许交易商实时跟踪结算账户流动性，准确预测日末余额。分层次的交易简化了加拿大银行的操作。在零准备金制度和电子结算系统的基础上，加拿大银行通过利率走廊系统控制隔夜市场利率。加拿大银行使用一般抵押品（GC）回购利率作为政策目标利率，GC一般为加拿大政府债券。利率走廊宽度被设定为50个基点，政策目标利率位于走廊中间。走廊上限是常备借贷便利（SLF）利率，高于政策目标利率25个基点。若银行日末发生透支，需按SLF的利率支付利息，这一惩罚性利率称为"银行利率"（bank rate）。利率走廊下限是加拿大银行存款利率，若银行日末有正的余额，加拿大银行将按存款利率支付利息。LVTS在每日18：00结束。交易结束后，交易商将有半个小时的时间在走廊设定的区间范围内相互进行交易。18：30，加拿大银行进行结算账户支付清算，交易结果直接记入各方账户。如果需要在交易日内干预隔夜市场，加拿大银行将于每日 13：35 以隔夜目标利率与一级交易商进行公开市场回购操作。如果市场利率高于目标利率，加拿大银行将通过公开市场购买或转售协议（SPRAs）干预市场。如果市场利率低于目标利率，加拿大银行将通过公开市场出售或回购协议（SPAS）进行干预。

加拿大银行通过利率走廊调控能够将隔夜利率精确地控制在目标利率附近（见图 4-8）。利率走廊能够有效控制利率主要有以下几个原因。第一，LVTS 的直接交易商少，降低了支付系统的搜索和交易成本，并且一级交易商在交易日内就能够确定日末的准备金净头寸，减少交易日内流动性的不确定，降低流动性囤积。第二，通常由支票延迟交易造成的浮款因 LVTS 的使用而消失。第三，加拿大银行规定财政款项必须在每个交易日 15:00 前支付，因此在 15:30 后加拿大银行就能够准确确定货币市场的总流动性，由财政款项造成的浮款也大大减少。

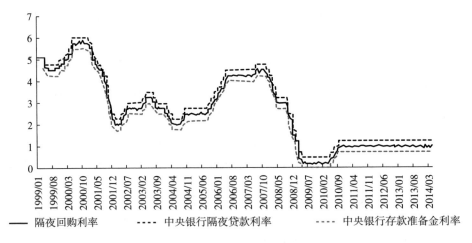

图 4-8　加拿大银行利率走廊调控效果

（数据来源：根据 Wind 资讯整理而得）

三、美国联邦储备银行

美国联邦储备银行（美联储）的历史和架构已经作过简要介绍，不再赘述。在此主要介绍与美联储现代价格型调控相关的货币政策框架。

美联储的目标是价格稳定和充分就业。1978 年颁布的《汉弗莱—霍金斯法案》（*Humphrey – Hawkins Act*）规定美联储"在长期中保持货币和信贷总量增长与经济潜在增长相适应，从而有效促进就业最大化、价格稳定和适度长期利率目标"。根据该法案，美联储的任务不仅是在中长期实现低通胀，而且在短期内要稳定经济活动。

美联储从 20 世纪 70 年代开始采用货币总量目标制，80 年代中后期货币总量与名义收入关系破裂，美联储在 1993 年彻底放弃了货币总量目标，开始实施平衡利率政策（或称为风险管理方法）。从 1994 年开始，美联储在联邦公开市场委员会（FOMC）会议之后立即公布联邦基金目标，但到了 1997 年又没有公布具体的目标值，缺少宏观经济分析，没有对货币政策工具和手段进行必要的解释。货币政策的不透明性，让公众无法理解美联储真正的政策立场。直到经济学家泰勒运用统计方法推断出泰勒规则，公众才真正开始了解美联储的政策立场。根据泰勒规则所揭示的，当时美联储实际上将控制长期通胀作为首要目标。通过对预期通胀的密切关注，采用前瞻性的货币政策，"先发制人"防范通胀威胁。在转向价格型调控的过程中，美联储进行了三个重要的货币政策改革。一是 1998 年放弃对准备金进行即期核算。二是 1999 年为联邦基金利率和贴现率设定 50 个基点的利差，同时对两者进行系统性调整以控制市场利率。2002 年向市场交易方提供一级信贷便利工具，贴现利率设定为高于市场利率，利率走廊上限功能能得以初步发挥。虽然美联储对一级信贷设置了非价格限制因素，但是这一改革大大缩小了美国利率调控体系与其他西方主要国家利率调控体系的差异，向现代价格型调控迈出了一大步。2002 年到 2008 年这段时期，美国实际上没有形成真正的利率走廊系统，原因是美联储不对银行的存款准备金付息，与其他国家的对称利率走廊系统还存在一定差距。在对称利率走廊系统中，市场自发因素导致的流动性变化可以通过利率走廊系统平移得到对冲。美联储的"天花板"系统需要通过公开市场业务频繁调整准备金头寸，以适应市场自发因素的变化，不仅增加了货币政策的调控成本，对准备金预测的不准确还会给市场带来不必要的流动性冲击。2006 年国会法案授权美联储在 2011 年 10 月对准备金付息。因为 2007 年次贷危机在美国爆发，并在 2008 年演变为国际金融危机，所以国会同意美联储对准备金付息提前到 2008 年 10 月。到这时，美联储的利率走廊框架才真正建立起来。虽然有学者认为以固定利率招标的公开市场操作实质上承担利率走廊上下限功能，但是从形式上讲对存款准备金付息使美联储的利率调控框架与其他主要国家没有太大差异。虽然美联储的利率走廊调控存在"下限偏软，上限不够硬"的问题，在实际调控中没有完全发挥作用，但是美联储凭借长期调控经验及已有的货币政策工具和手段，将利率控制在较好的水平（见图 4-9）。

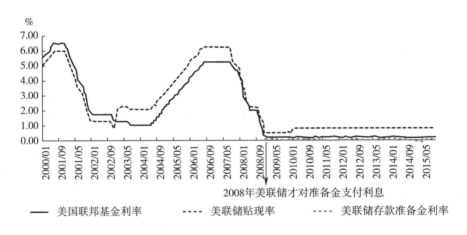

图 4-9　美联储利率走廊调控效果

（数据来源：根据 Wind 资讯整理而得）

第三节　国际利率走廊调控经验借鉴

从英国和美国货币政策的发展和演变可知，数量型调控和价格型调控没有优劣之分，要根据具体国情选择合适的货币政策框架。另外一个发现是，随着工业化进程推进，经济向稳态增长逼近，宏观经济波动主要以价格不稳定的形式表现出来。价格型调控在经济形势发展下成为越来越多国家中央银行货币政策调控的主导范式。价格型调控对维持利率稳定发挥了重要作用。利率稳定程度主要以市场利率对目标利率的偏离程度来衡量，包括对目标利率偏离的时间要短，偏离幅度的均值和方差要小。虽然主要西方国家都采用价格型调控框架，利率走廊调控也逐步成为各国中央银行有效的利率调控手段，但是由于各国经济金融情况和货币政策实践不同，利率调控的具体操作和最终效果存在一定差异。利率稳定程度的高低与各国利率走廊的设定和调控方式相关。结合上一节相关国家价格型调控实践，本节通过对比分析总结规律，以期为我国构建利率走廊调控框架提供有益借鉴。

一、合理设定存款准备金制度

当前各国中央银行一般实行存款准备金制度，商业银行的存款准备金必须按中央银行要求的比例上缴存款准备金账户。该部分准备金一般不能提现或用于贷款。在西方国家中，英国最早制定了存款准备金制度，美国1913年的《联邦储备法》以法律形式确立存款准备金制度，随后各国参照英美模式建立本国的存款准备金制度。规定法定存款准备金率相当于向商业银行征收准备金税，会影响银行存贷款业务的机会成本，改变银行的行为模式。从存款准备金制度建立至今，各国法定存款准备金率有降低的趋势。目前各国一般保留存款准备金制度（见表4-1），但很少运用。因为法定存款准备金率具有"巨斧"效应，对市场流动性是一剂猛药，各国都审慎地将存款准备金率作为货币政策使用。

表 4-1　　　　　　代表性国家和地区法定存款准备金政策

中央银行	法定存款准备金率	是否付息
欧洲中央银行	2%	是
日本银行	0.05% ~ 1.3%	否
英格兰银行	0.15%	否
瑞士国民银行	2.5%	否
美国联邦储备体系	0 ~ 10%	2008 年国际金融危机后付息

数据来源：根据各国中央银行网站整理而得。

　　虽然各国的法定存款准备金率运用很少，缴存比例与规模都很低，但是存款准备金对维持期内稳定隔夜市场利率效果明显。当前各国仍然保留存款准备金制度的一个重要原因就是为了稳定市场利率。如果没有实行存款准备金制度，中央银行就缺少了一个有效控制市场利率的工具，市场利率波动性就比较明显。比如英国虽然最早建立存款准备金制度，但是后来取消了存款准备金制度，直到 2006 年 5 月才重新恢复存款准备金制度。在 2006 年 5 月之前欧洲中央银行维持市场利率稳定的效果就比英格兰银行来得好。

　　在其他条件不变的情况下，具有流动性管理功能的存款准备金制度能使市场利率对目标利率偏离的持续性降低，偏离幅度缩小，市场利率更具有稳定性。具有流动性管理功能的存款准备金制度具有以下两个特征。

　　第一，没有付息的存款准备金相当于向银行征税，将扭曲商业银行行为，只有付息的存款准备金制度才有流动性管理功能。例如，2008 年以前，欧洲中央银行实行付息的存款准备金制度，能够为货币市场提供有效的流动性缓冲。因此，欧洲中央银行能够将隔夜市场利率对目标利率的偏离控制在小幅、短期的范围。相比之下，美联储对利差的调控不论在持续性上还是在幅度上都比欧洲中央银行要高。原因是在国际金融危机前，美联储没有对存款准备金付息，美国的商业银行可以通过大规模使用"掉期账户"，规避无付息最低存款准备金要求的机会成本。在这种情况下，存款准备金制度对美联储来说不具备流动性管理功能。

　　第二，在同样都建立了存款准备金制度的国家，对存款准备金额度要求和支付利息方式不同，会影响存款准备金制度管理流动性的能力。英国在 2006 年 5 月重新恢复存款准备金制度。在实践中，英格兰银行与欧洲中央银行在法定存款准备金具体操作层面有两个显著不同的做法。首先，英格兰银行允许银行在法定存款准备金率上下 1% 的范围内自愿选择准备金水平。欧洲中央银行则要求银行全额执行法定存款准备金要求。其次，英格兰银行在政策利率水平上对准备金付息，这相当于强调了英格兰银行实现目标利率的承诺。欧洲中央银行则要求按存款利率对准备金付息。英格兰银行这两项措施提高了货币市场资金围绕目标利率浮动的弹性，提高了其通过存款准备金制度管理流动性的能力。因此，在新的框架下，英格兰银行对利率稳定性的控制效果提升明显。

二、创设常备借贷与存款便利工具

常备借贷与存款便利工具作为利率走廊系统的上下限，其合理设定对于发挥利率走廊利益诱导机制发挥关键作用。中央银行通过公开市场操作能够控制流动性供给的期限与数量，但常备借贷和存款便利工具的使用是按商业银行自愿的原则。为了控制市场流动性，活跃货币市场交易，中央银行一般将存贷款便利利率分别设定为低于和高于政策目标利率。由于中央银行持有正的或负的储备余额的机会成本应该等于中央银行的目标利率，因此政策利率一般设置在利率走廊的中间位置，常备存贷便利利率则为利率走廊规定了上限和下限。从西方各国中央银行实践上看，合理设定走廊宽度可以有效发挥其作用机制，不仅可以限制隔夜利率波动幅度，也有助于将政策利差持续性保持在较短期的水平。

第一，应该以抵押贷款形式使用常备借贷便利工具。抵押贷款在英国早期货币政策实践中最早源于再贴现贷款。再贴现贷款与抵押贷款在形式和内容上的不同，决定了不能以贴现贷款的形式使用常备借贷便利。常备借贷便利既可以作为中央银行的货币政策工具来调控隔夜市场利率，又可以向商业银行提供短期紧急流动性援助，缓解商业银行资金紧张的情况。常备借贷便利的这两个功能决定了商业银行对常备借贷便利的使用首先要有可控性，中央银行要能够通过常备借贷便利工具控制市场流动性，完成货币政策调控任务；其次要有安全性，商业银行往往在资金紧张时求助于便利工具，这也意味着中央银行资金供给面临安全风险，事关整个金融市场的稳定性。贴现贷款的发放实质上是债权债务关系的转移，商业银行通过再贴现融通资金后可以自由决定资金使用的用途，中央银行面临的实际债务人是出票人而不是再贴现贷款申请人，中央银行对商业银行没有约束。抵押贷款的发放意味着债权债务关系的建立，中央银行是债权人，商业银行是债务人。中央银行有动力和权力监督商业银行资金使用和按期还本付息，既保证了贷款发放的安全，又提升了对市场流动性的管控。中央银行对市场流动性的控制力并不取决于政策利差，主要取决于商业银行求助于便利工具的概率。概率高，控制力就强。反之则反是。再贴现政策主要以商业银行提供合格的商业票据形式供给流动性。合格商业票据数量和规模相对较小，交割日即为到期日。抵押贷款在再贴现政策的基础上产生，不仅标准化了到期日，还衍生了不同期限和风险特征的合格票据，大大提高了商业银行提供合格抵押品的可能性，也提高了商业银行求助于便利工具的概率，提升了中央银行对流动性的控制能力。

第二，要确保商业银行对便利工具的求助是暂时性的而不是结构性的。常备借贷便利的紧急流动性援助功能，主要满足商业银行不可预测的流动性需求，缓解个别银行的流动性紧张，稳定市场流动性，维护金融市场安全。从英格兰银行早期的货币政策实践看，当英格兰银行实施宽松的货币政策时，商业银行结构性地求助于中央银行，导致市场流动性过剩，造成资产价格泡沫。当泡沫破裂时，往往引发银行挤兑和银行业危机，英格兰银行只好紧缩流动性，经济由衰退到萧条。货币政策松紧周而复始，放大了经济繁荣到萧条的过程，英格兰银行没有区分与处理好商业银行的暂时性求助和结构性求助是经济陷入"死循环"的重要原因。商业银行的个别求助，既有缓解流动性紧张的需求，也有获取超额利润的投机性需求，特别是在经济繁荣时期对资金价格较为不敏感。如果在利率走廊机制下，中央银行不区分商业银行的货币需求，不断满足投机性需求，会激发商业银行投资放贷的冲动。当市场利率触及利率走廊上限时，中央银行会为了履行承诺无限制地提供流动性，加剧金融市场风险。

第三，不应对常备借贷便利设置非价格限制。首先，不应对常备借贷便利设置数量限制。主要考虑也是提升商业银行求助于便利工具的概率，提升中央银行对市场流动性的控制力。这一建议难免会引发对商业银行结构性求助于便利工具的担忧。西方国家主要通过对合格交易商设置严格的资格限制，对合格抵押品规定严格的要求，防止对流动性的滥用。并且一般将常备借贷便利限制为隔夜操作，避免商业银行"借短贷长"引发期限错配问题。其次，不应对常备借贷便利设置道德障碍。美国金融业长期存在着"反对向中央银行借款"的传统，尤其是使用美联储贴现贷款往往被看作商业银行流动性管理的失败。因此，银行不能利用美联储的借贷便利工具，同时贴现率也不能作为联邦基金利率的上限。2003 年，美联储推出了新的借贷便利工具，包括以高于联邦基金利率100 个基点提供流动性的一级借贷便利。然而到目前为止，银行不到万不得已不会使用新的便利工具。显然，商业银行借贷的"污名效应"依然是美国货币政策调控的问题。

三、协调公开市场操作

利率走廊调控要与公开市场操作相互配合，提高调控的有效性。公开市场操作是中央银行流动性管理的主要工具。公开市场操作的频率对市场利率的稳定性有重要影响。例如，欧洲中央银行通过公开市场操作每周对货币市场利率进行干预，美联储则是在每个交易日通过公开市场操作对银行系统的流动性进行管理。在其他条件不变的情况下，美联储更积极的流动性管理必然增强对隔夜市场利率的影响，提高利率的稳定性。公开市场操作对市场利率稳定性的影响也取决于货币市场面临的再融资风险。如果预期的再融资风险小，商业银行就更有可能通过公开市场业务以政策目标利率进行再融资，强化了中央银行控制市场利率的政策意图。反之则反是。例如，2004 年 3 月之前，欧元区银行再融资的风险很低，原因是欧洲中央银行每周开展主要再融资操作（MRO），再融资到期日为两周。2004 年 3 月之后，欧洲中央银行开展新的再融资操作框架，将 MRO 的到期日由两周缩短为一周，增加了商业银行再融资的风险，市场利率变得更不稳定。

四、具备市场性、基准性和可控性的目标利率

中央银行如何选择政策利率、怎样执行政策利率将影响利率的稳定性，是决定利率走廊调控有效性的关键。在选择政策利率时，中央银行对政策工具的选取必须配合利率走廊操作。在利率走廊操作框架中，中央银行设定存贷款便利工具利率，引导市场利率收敛于利率走廊锚定的目标利率，降低市场利率波动的幅度，实现金融市场稳定。目标利率一方面必须具备市场性，能够充分反映市场中资金的供求状况，发挥价格信号调配资金余缺的作用，实现金融市场跨期调节资源配置的核心地位；另一方面必须具备基础性，不仅为拆借市场，也为债券市场、衍生品市场各品种利率和各类型市场主体提供定价基准，使中央银行的货币政策意图能够迅速从货币市场传导到资本市场和商品市场，影响就业和产出，实现货币政策目标。在执行政策利率方面，如果政策利率本身具备公开透明的特性，将收窄利率波动幅度，使市场利率对目标利率的偏离程度低，利差的持续性低。表4-2总结了实施货币政策各种制度对利率稳定性的影响。

表4-2　　　　　　　代表性国家货币政策对利率稳定性的影响

利率稳定性	准备金要求	公开市场操作	常备便利工具	政策目标利率
高稳定性	无准备金要求（美联储、英格兰银行旧框架）	没有滞后期（欧洲中央银行、英格兰银行新框架）	没有便利工具（美联储、英格兰银行旧框架）	透明度低（欧洲中央银行、美联储旧框架）
		低操作频率（欧洲中央银行、英格兰银行新框架）		
低稳定性	有准备金要求（欧洲中央银行、英格兰银行新框架）	有滞后期（欧洲中央银行、英格兰银行旧框架）	有便利工具（欧洲中央银行、英格兰银行新框架）	透明度高（英格兰银行、美联储新框架）
	按政策利率付息（英格兰银行新框架）	高操作频率（美联储、英格兰银行旧框架）	窄的利率走廊（英格兰银行新框架）	

欧洲中央银行以主要再融资利率作为基准利率，其中有最低招标利

率、边际招标利率和平均招标利率，但其对外公布的是成交的最低招标利率。由于准备金交易中贷款期限结构与抵押品要求的差异，公众很难以最低招标利率来推算欧洲中央银行的目标利率，降低了货币政策规则性和透明性。与最低招标利率相比，边际招标利率和平均招标利率更能反映市场流动性状况。欧洲中央银行之所以不公布，就是避免公众猜测欧洲中央银行的再融资操作是否透露了货币政策意图。不透明的货币政策加剧了欧洲中央银行利率波动性和利差的持续性。

从 1984 年到 1994 年，美联储货币政策操作框架没有明确目标利率，导致利率稳定性较低。这说明，在这个时期，美联储积极的流动性管理不能抵消由无效的存款准备金制度和不透明的目标利率所引起的利率不稳定问题。自 1994 年以来，美联储以联邦基金利率为基准利率，通过公开市场业务进行利率调控。FOMC 会议上制定的利率目标在会后立即公布，并开展公开市场操作，通过买断卖断业务影响商业银行准备金头寸，促使联邦基金市场利率逼近目标利率。美联储还加强与公众的沟通。自 2000 年以来，美联储定期出版公报解释货币政策意图和对宏观经济前景进行分析，有效提高了利率的稳定性。英格兰银行采用伦敦同业拆借利率（Libor）作为基准利率，通过对 Libor 的调控实现货币政策意图。与其他西方主要国家中央银行不同，瑞士国家银行（SNB）不以隔夜拆借利率为目标，但以 3 个月期限的市场利率为目标，且目标不是固定值目标而是区间目标。由于利率目标模糊，并且不对隔夜市场利率直接调控，导致市场利率较不稳定。因此，应重视与公众的沟通，提高目标利率的透明度，引导公众预期形成，加强对公众预期的管理。

第五章　中国利率走廊调控目标模式构建

当前我国经济面临发展不平衡、不充分的问题。党的十九大审时度势提出建设现代化经济体系。这就要求通过制度创新解决经济的结构性问题，促进经济均衡增长。建立现代化金融体系是建设社会主义现代化经济体系的关键环节，其中的一个重要方面是建立现代化中央银行调控体系。推动货币政策调控框架从数量型向价格型转型，构建完善的利率走廊调控框架是建立健全现代化中央银行调控体系的标志。当前我国经济主要受实体部门冲击较大，而随着金融向纵深发展，来自虚拟部门的冲击有不断扩大的趋势。根据对 Poole 经典模型的分析，当前我国最优的货币政策是采取"数量＋价格"的混合型模式，这一模式也是当前人民银行兼顾"量价平衡"货币政策所采用的模式，虽然取得了较好的调控效果，但也面临价格波动不断加大导致实体经济不稳定的压力。因此，构建利率走廊调控目标模式，不能满足于混合型模式，必须具备一定的前瞻性。随着持续不断地进行经济和金融体制改革，未来我国经济金融领域结构性矛盾、信息不对称和市场摩擦可以得到克服，那时经济中面临的冲击将主要来自虚拟部门。因此，要以完备的经济和金融市场条件为假设前提，构建利率走廊调控目标模式。构建目标模式不意味着现阶段就要实行，其意义在于，一方面可以为将来实现完备市场后提供一个立即可用的健全的调控框架，另一方面可以作为现实调控的参照基准，货币当局通过理论和实践上的努力探索，因势利导创造条件，不断完善调控框架，逐步使实际调控模式向基准模式逼近。

第一节 实施价格稳定和金融稳定双目标

价格稳定是货币政策的首要目标。中央银行若进行利率走廊调控，就要通过调控短期市场利率，实现价格稳定的最终目标。在中央银行货币政策向实体经济传导过程中，市场预期发挥关键作用，决定货币政策的有效性。根据利率期限结构预期理论，由中央银行调控的短期利率在预期作用下，从短期向中长期，从货币市场向股票、债券等资本市场传导，最终影响实际经济变量。2008 年国际金融危机前，西方国家进行利率走廊调控，一般实行通胀目标制。从实际效果看，通胀目标制下货币政策的规则性能够有效引导市场预期，取得良好的调控效果。因此，构建利率走廊调控的目标模式，首要的是建立通胀目标制，提升货币政策规则性，以有效引导市场预期。2008 年国际金融危机后，国际上对单一的价格稳定目标进行反思，认为单纯的价格稳定目标下系统性金融风险也会累积与传播，货币政策需要兼顾金融稳定目标。中央银行确立金融稳定目标，可以给市场参与者树立信心，保持微观机制的稳定性，能更有效地调控利率和维持价格稳定。如果说利率走廊调控通过直接引导预期实现价格型调控目标，那么中央银行维护金融稳定则间接引导市场预期从而使货币政策有效。对我国的启示意义是，构建利率走廊调控的目标模式需要建立价格稳定和金融稳定双目标。

一、建立通胀目标制

（一）我国建立通胀目标制的意义

货币太紧或太松都不利于经济均衡增长。大量研究表明，中央银行的最优货币供给就是能够实现物价稳定。一般商品和服务的价格水平不能大起大落，要保持货币价值稳定。国际上各国中央银行实施利率走廊调控，一般采用通胀目标制以实现价格稳定目标。通胀目标制有深刻的西方经济学理论基础。货币数量论下货币供给在长期只影响价格和通胀水平；短期菲利普斯曲线表明短期中通胀与失业率存在一定的权衡；自然利率理论要求失业率不能太过偏离均衡水平，压低失业率将造成更高的通胀预期；附加预期的长期菲利普斯曲线认为扩张性货币政策将引发通胀，造成工资与价格的螺旋上升；货币政策时间不一致理论要求货币政策按规则实施。五个理论体现了货币理论的发展并指导中央银行在实践中实现货币稳定。将五个理论合并在一起考虑，对中央银行实践的指导意义是中央银行应该按照一定的规则实现低通胀。货币政策规则性有利于引导公众预期，强化与公众的沟通。货币政策所能达到最好的结果就是实现价格在长期中的稳定，而不是将实际失业率压低到自然失业率水平以下。通胀目标制很好地反映了上述要求。

通胀目标制下，中央银行一般紧盯 CPI 或核心 CPI，并对外公开通胀目标，以此规划货币政策操作。我国构建利率走廊调控目标模式，首要的是货币政策框架中的最终目标要与国际成功实践接轨，建立通胀目标制，并在货币政策实践中逐步积累和丰富操作经验。建立通胀目标制对提升我国货币政策有效性具有重要意义。第一，通胀目标制具有可信性。通胀目标制可以提高政策可信度并稳定通胀预期。通胀目标制下低通胀是货币政策的首要目标。保持低通胀和通胀稳定需要更大的政策透明度，以弥补紧盯通胀目标的货币政策所丧失的自由度。由于通胀目标相对稳定，并且能够被货币政策有效控制，因此对于市场参与主体来说通胀目标制比其他货币政策目标更清晰、更易观察和理解。通胀目标制可以帮助经济主体更好地理解和评估中央银行的货币政策，能使经济主体更迅速、更持久地锚定通胀预期。第二，通胀目标制具有灵活性。由于通胀不能由中央银行直接和即时控制，中央银行必须通过货币政策工具间接调控通胀，因此通胀目标一般称为中期目标。这意味着中央银行追求通胀目标有一个时间缓冲，在控制通胀的过程中，中央银行的货币政策重点是将通胀预期控制在目标水平上。因此，短期的通胀偏离中央银行的目标值是可以接受的，并不一定会导致中央银行可信度的降低。第三，通胀目标制可以降低调控失败的成本。通胀目标制在调控失败的情况下经济成本较低。在汇率目标制下，货币政策失败的成本很大，会引发巨额的外汇损失、高通胀、金融和银行业危机，以及债务违约。相比之下，未实现通胀目标的成本，仅限于暂时高于目标的通胀和较慢的经济增长速度，因为随着中央银行采取加息手段，通胀水平会回归目标水平。我国之所以要构建利率走廊调控，最终目的是保持利率稳定，将通胀水平控制在合理区间，以促进产出增长和就业水平稳定。通胀目标制可以达到我国货币政策的调控目的。

（二）转型期的利率设定路径

由于通胀不在中央银行的直接控制之下，因此问题是如何实施货币政策以达到通胀目标。目前实施通胀目标制的国家对通胀目标的设定规则比较复杂，当前我国在转型阶段可以参考美联储的利率规则设定通胀目标。Taylor（1993）认为，中央银行可以使用利率规则来改变总需求，其基本形式为联邦基金利率关于产出缺口、通胀对目标值的偏离度的等式。泰勒规则对之后的研究产生了很大的影响，许多学者在泰勒的基础上对公式进行拓展和修正。Orphanides（2001）认为中央银行可以运用以下简化的泰勒利率规则来实施货币政策：$i_r = i_T + \alpha(\pi_t - \pi_T) + \beta(\mu_t - \mu_n)$。其中，$\alpha$ 和 β 是正的系数，π_t 是实际通胀率，π_T 是目标通胀率，u_t 是实际失业率，u_n 是自然失业率。考虑到本节的目标是对人民银行未来采取通胀目标制如何设定名义利率提出简要的建议，本节采取上述简化的泰勒规则进行说明。人民银行在利率走廊框架下通过公开市场操作设定短期名义利率，设定名义利率可按如下方式进行：

（1）如果实际通胀率等于目标通胀率，即 $\pi_t = \pi_T$，实际失业率等于自然失业率，即 $u_t = u_n$，则人民银行应将名义利率 i_t 设置为其目标值 i_T。通过具体数字可以说明设定利率的路径。在中期运行中，若实际利率等于自然实际利率 r_n，则名义利率可由目标通胀率推算。如果 $r_n = 2\%$，目标通胀率 $\pi_T = 2\%$，那么目标名义利率应该为 $i_T = r_n + \pi_T = 2\% + 2\% = 4\%$。如果目标通胀率为 0，则目标名义利率应为 $i_T = 2\% + 0 = 2\%$。

（2）如果通胀率高于目标值，即 $\pi_t > \pi_T$，中央银行应该将名义利率

提高到 i_r 以上。这种较高的利率会提高失业率，从而降低通胀率。因此，系数 α 反映中央银行对于失业率与通胀的权衡。系数 α 越高，人民银行就需要将利率提得越高以应对通胀。这样经济增速越慢，失业率越高，通胀率回归目标值的速度就越快。泰勒指出，α 的值大于1。这是因为支出由实际利率决定，而不是名义利率。如果通胀增加，人民银行为减少支出与产出，必须提高实际利率。换句话说，它必须提高名义利率，而不仅仅是通胀率。

（3）如果失业率高于自然失业率，即 $u_t > u_n$，中央银行要降低名义利率。较低的名义利率会增加产出，降低失业率。与系数 α 类似，系数 β 也反映了中央银行对于失业率与通胀之间的权衡。β 值越高，中央银行越愿意偏离目标通胀率，以使失业率接近自然失业率。

一旦中央银行选择了通胀目标制，就需要通过调整名义利率来实现这一目标。该规则不仅要考虑实际的通胀，还要考虑实际的失业率。泰勒规则中包含产出缺口（或失业缺口）意味着，经济所处的商业周期是决定货币政策立场的决定性因素。产出缺口（或失业缺口）也被认为是未来通胀的预测指标。然而人民银行使用泰勒规则，并不意味着要盲目地遵循这个规则。汇率危机或商品支出构成的变化都可能改变名义利率。在正常情况下，泰勒规则可以提供一个有用的准则，而当特殊情况发生时，对规则的任何偏离都是可以接受的。

（三）建立通胀目标制的现实策略

即使通胀目标制已成为货币政策制定的主导范式，其对价格稳定性的狭隘关注仍一直受到严厉批评。许多经济学家认为，中央银行除了考虑通胀之外还应考虑其他目标，包括就业和汇率目标。这种批评有一定的根据。许多发展中国家和新兴市场国家的中央银行即使宣称其采用通胀目标制，实际上却从未遵循过严格的通胀目标制。对汇率进行调控一直是这些国家中央银行的重要目标。采取有管理的浮动汇率制，实现国际收支均衡一直以来也是我国主要货币政策目标之一，如果我国建立通胀目标制，同样也会面临在通胀目标和其他目标之间如何权衡的问题。

国际经济形势的发展也加大了权衡的难度。在 1982 年至 2007 年所谓的"大缓和"时期，由于全球通胀率普遍较低，因此控制国内通胀率被认为是一件容易的事，通胀目标与汇率目标的冲突是有限的。但是，"大缓和"时期结束后，平衡通胀目标制和汇率目标制可能变得更加具有挑战性。发达经济体已经进入稳态增长阶段，经济受产出变动影响小，经济和金融市场比较完备，市场摩擦和信息不对称可以被有效克服，具备实行通胀目标制的条件。我国处于经济转轨特殊阶段，主要任务还是实现经济增长，用发展的办法解决当下面临的问题，市场还不够完备，市场摩擦和信息不对称还比较严重，在未来一段时间仍然制约资源配置效率。不同发展阶段和具备的不同条件决定了直接的"拿来主义"会给货币政策实施带来风险。但存在的困难和环境的差异也不能成为拒绝市场化改革的理由。构建目标模式的意义在于其提供了一个基准、一个参照、一个时间表。因此，我国货币政策目标模式应该依据理性人、完备市场和信息完全假设建立，给货币政策实践提供基准和参照。通过理论与实践的双向互动，为目标模式创造越来越有利的市场环境。不能等条件完全具备了再建立通胀目标制，可以按照发达国家的成功经验先建立起来，结合我国转轨特征赋予不同目标不同的权重，为目标发生冲突建立解决机制，在实践中不断积累和完善操作经验。随着未来市场化程度进一步提高，可以进行动态调整，为通胀目标赋予越来越高的权重，最终建立能够与利率走廊调控相匹配的通胀目标制。

二、兼顾金融稳定目标

（一）2008 年国际金融危机后的反思与金融稳定目标

不仅需要考虑通胀目标制和汇率目标制之间可能发生的冲突，而且还需要考虑货币政策与金融稳定之间的关系。有时价格稳定性和金融稳定性可能会互补，即只要维持价格稳定，金融稳定自然就能够实现，但情况并非总是如此。2008 年的国际金融危机已经非常清楚地表明，即使价格稳定得到控制，金融风险也可能会累积。即使在资产价格暴涨的情况下，消费者价格也可能保持稳定。从 2008 年国际金融危机爆发以来，更有效的货币政策和对通胀目标制的批评受到了更多关注。许多经济学家认为扩张性货币政策过分注重消费价格的稳定性并忽视了资产价格的膨胀，这导致各国中央银行未能识别金融领域已经逐步累积的风险。在国际金融危机清楚地暴露出中央银行过于狭隘地关注消费物价通胀时可能出现的金融稳定问题之后，目前正在形成的一个共识是中央银行应该在其货币政策目标中包含金融稳定目标。即使曾经是通胀目标制的最坚定支持者，也开始重新考虑货币政策最优框架。在国际货币基金组织（IMF）2011 年宏观会议上，IMF 首席经济学家 Olivier Blanchard（2011）对危机前"单一目标单一工具"的主流观点提出批评："危机之前，主流经济学家和决策者构筑了一个逻辑精致的货币政策框架，使我们确信只有一个目标，即通胀目标，只有一种工具就是政策利率，这已经足矣。如果从这场危机中得出一个教训，那就是这种结构是不正确的，不幸的是，这种精致并不总是真理的同义词。事实是，中央银行还面临很多目标，还有很多工具可用来操作。如何将工具运用到目标上，以及如何更好地使用这些工具是一个非常复杂的问题。这是我们必须解决的问题。未来的货币政策可能比我们之前开发的简单结构更加复杂。"① 目前各国中央银行在制定货币政策时开始考虑金融稳定目标。与国际形势相适应，我国金融领域也开始重视金融的脆弱性和稳定性。人民银行的货币政策目标除了保持币值稳定和促进经济增长，还把金融稳定目标放在突出位置。

（二）单一价格目标下的风险累积与传播机制

1. 新凯恩斯主义协调失效模型对金融不稳定的解释。通胀目标制紧盯核心通胀指标，CPI 不包含耐用消费品、小汽车和房地产等具有消费属性的投资品，更不包含金融资产价格。中央银行实现一定通胀目标，不能保证资产价格稳定。价格稳定不会自动实现金融稳定，2008 年的国际金融危机就是最好的证明。新凯恩斯主义协调失效模型可以解释金融危机发生的机制。

　　货币政策体现政府在调控经济周期中的作用。新古典的实际经济周期模型假设价格和工资具有灵活性，政府在调控经济活动中的作用很小或根本没有作用。新凯恩斯主义在价格和工资具有灵活性及全部市场出清的假设下证明政府在熨平经济周期中同样能够发挥作用。Peter Diamond 在 20 世纪 80 年代对凯恩斯在《通论》中的"协调失效"概念进行了大量研究，说明私人部门存在策略互补性，具有"羊群效应"特征，但私人部门难以协调一致，使整体经济中存在"多重均衡"，经济受市场"乐观"和"悲观"情绪支配，在好的均衡和不好的均衡之间波动，形成经济周期。

　　凯恩斯协调失效模型的重要假设是价格具有灵活性、市场出清和规模报酬递增。在规模报酬递增下，生产函数下凸，边际劳动产量递增，劳动需求曲线向右上方倾斜。劳动需求曲线斜率比劳动供给曲线斜率大是协调失效模型发生作用的重要机制。

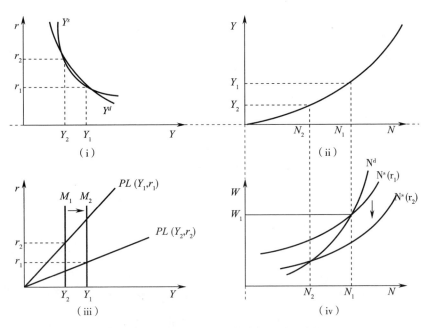

图 5-1　新凯恩斯主义协调失效模型图解

实际利率 r_1 决定劳动供给曲线 $N^s(r_1)$，劳动供给曲线 $N^s(r_1)$ 与劳动需求曲线 N^d 共同决定均衡劳动供给量 N_1 和均衡工资 w_1 ［见图 5-1（iv）］。均衡劳动供给量 N_1 决定均衡产出 Y_1 ［见图 5-1（ii）］。当实际利率由 r_1 提高到 r_2，劳动供给曲线右移到 $N^s(r_2)$，均衡劳动供给下降到 N_2，均衡产出下降到 Y_2，因此产出供给曲线与利率呈反向变动关系，向右下方倾斜。假设向右下方倾斜的产出供给曲线 Y^s 与向右下方倾斜的产出需求曲线 Y^d 相交于（Y_1,r_1）和（Y_2,r_2）两点，说明经济中存在双重均衡 ［见图 5-1（i）］。（Y_1,r_1）产出高、利率低是好的均衡。（Y_2,r_2）产出低、利率高是坏的均衡。假设最初经济处于（Y_2,r_2）坏的均衡状态，货币在模型中是中性的，但是货币供给向市场提供信号作用，货币供给由 M_1 增加到 M_2 ［见图 5-1（iii）］，市场情绪变乐观，劳动供给增加到 N_2，产出提高到 Y_1，利率下降到 r_1，实现了好的均衡。相反，货币供给减少会把经济由好的均衡推向坏的均衡。虽然货币在模型中并没有发挥实际作用，但是看起来好像货币起到了推动经济周期循环的作用。货币在模型中充当"太阳黑子变量"。"太阳黑子变量"代表了与技术、偏好和禀赋无关的因素，并不会影响实际经济活动。由于所有人都能观察到太阳黑子出现的情况，并把观察到太阳黑子出现当作乐观信号，市场在共同乐观预期下将经济推向好的均衡，如果没有观察到太阳黑子，市场会在悲观情绪下将经济推向坏的均衡，预期具有自我实现的特性。这就是凯恩斯在《通论》中提到的决定投资的"动物精神"。

当然，在总体经济活动中，市场价格受到政府的严格控制，"动物精神"表现得不那么明显。但是在金融市场中，价格没有受到严格限制，具有明显的顺周期特征。金融市场"买涨杀跌"，在"羊群效应"下，价格走高市场受乐观情绪支配，推升资产价格泡沫形成；价格走低，市场受恐慌情绪影响导致资产抛售，价格泡沫破裂，引发金融不稳定和危机。金融市场充斥着"动物精神"，在金融加速器机制下放大了价格信号的作用，市场在"非理性繁荣"和"非理性衰退"间波动，加速了金融周期，导致金融周期与经济周期步调不一致。除了被放大的价格信号作用，盯市的公允会计准则和评级机构评级在繁荣与衰退期也同样起到了"太阳黑子变量"的作用。

2. 金融风险累积与传播渠道。金融风险会在宏观经济活动、银行系统和金融市场中累积，并通过金融体系网络迅速传播，影响整个经济体系的稳定。实体经济活动和金融活动的相互作用会影响宏观经济波动，特别是宽松的货币条件将鼓励投资活动，导致资产价格泡沫和经济不稳定。经济中各主体的资产负债表或企业资产净值影响支出和投资决策，最终影响经济周期。具有强的资产负债表和净值的企业能够获得更多融资，对未来资产价格泡沫的形成具有更大的影响力，反过来又以自我增强的方式实现资产负债表的扩张。资产价格下跌，影响资产负债表，限制企业借贷行为，影响支出和投资。如果资产价格下降太多，将影响企业偿还债务，导致银行业危机和经济萧条。金融机构的金融中介行为以利润最大化为目标，倾向于为具有高利润的投机性项目融资，为了获得更高利润很有可能以加杠杆的方式提供资金。当经济下行，项目投资回报率下滑，投机性融资和加杠杆行为将造成金融危机。银行业信贷投放剧烈下降，证券市场失效，企业资产负债表严重萎缩，影响投资和经济稳定。

银行业容易发生挤兑，因为银行业务"借短贷长"导致流动性的期限错配。银行间网络加速了银行脆弱性在银行业中的风险传播。银行是吸收存款的主要渠道，因为居民将资金存入银行，当需要的时候可以及时从银行取出。如果居民直接借款给实体部门，当需要时不能很快收回。银行吸收存款后，将资金以长期贷款的形式发放，以赚取利差收益。因此，银行吸收存款实际上是与储户签订了投资风险分担协议，而储户在长期贷款还没收回时就提前变现了投资收益。当大量储户同时向银行要求提取存款，而银行资金用于放贷，没有足够的现金满足储户的提款需求时，银行就会陷入破产的境地。当然储户可以通过法律途径从破产银行的资产中弥补存款损失，但是银行资产并不一定能完全覆盖储户的损失，并且需要一段较长的时间。当储户意识到这一点后，挤兑现象就有可能出现。所有储户都同时向银行申请提款，希望能够在银行还有现金流的时候拿到自己的存款。一家银行的破产会导致流动性风险迅速在银行间传染。银行间传染有直接途径和间接途径。直接途径发生在银行间市场。在银行间市场，银行与银行间通过大额实时支付系统相连，形成支付与结算网络。一家银行的延迟支付或违约将迅速通过支付网络传导给另一家银行，在网络效应下支付危机将迅速蔓延。间接途径与银行的资产负债表有关。当一家银行遭遇挤兑或出现支付困难，会低价出售资产获取资金，造成市场价格急剧下跌。其他银行在资产负债管理中为避免资产损失也会抛售价格下跌的资产，形成恶性循环。银行间的紧密联系造成了银行系统的脆弱性。

如果金融市场运转良好，金融市场中的价格能够有效反映市场风险。金融市场固有的信息不对称，会导致道德风险、逆向选择、外部性、协调失效和委托代理问题，市场价格信号失真，无法反映市场中存在的风险。传统的观点认为，金融市场是一个充分竞争的市场，市场参与者众多，进入和离开市场很容易，独立的个体没有能力影响市场价格。信息在金融市场上能够有效和及时地传播。2008 年国际金融危机后，越来越多的观点认为金融市场并不像传统观点认为的那样有效。金融市场信息不对称存在于市场的各个交易中，造成市场价格不能反映市场的真实信息，也就无法反映资产的风险。市场中的资产持有者不能通过资产价格获取实际上具有高风险的信息。市场风险通过各个资产持有者不断累积，达到一定程度时将演变为系统性风险，危及整个金融市场安全。

第二节　基准利率与政策目标利率的选择

利率走廊调控通过设定调控利率走廊宽度，改变银行的机会成本，形成利益诱导。利益诱导机制的充分发挥，需要合理构建和完善利率走廊各要素，包括基准利率的选择及合理的利率走廊区间的确定等。结合国外经验与我国国情，从利益诱导机制角度，构建我国利率走廊调控目标模式需要选择 Shibor 作为基准利率，以常备借贷便利为上限合理确定利率走廊宽度。

一、选择 Shibor 作为基准政策利率

（一）在成熟的利率走廊调控中基准利率的作用

短期市场利率种类繁多，其中由市场形成的某一短期无风险利率在利率期限结构下，加上流动性溢价和风险溢价，能够对其他短期利率或中长期利率形成定价参考，这一短期无风险利率就称为基准利率。中央银行的政策利率由中央银行设定，并通过货币政策实施，向市场传达中央银行的货币政策意图，达到对经济的调控目的。中央银行进行利率调控，目标是调节与控制由市场形成的短期利率，进而对市场形成的各种类和各期限利率进行间接调控。在利率市场化改革条件下，中央银行对短期利率的调控需要一个市场化的价格参照，需要选择某一基准利率作为基准政策利率（也称为政策目标利率）以引导市场利率，在这一情况下基准利率与基准政策利率是一致的。政策利率也可以不是由市场形成的基准利率，在以中央银行特定货币政策工具利率作为政策利率的框架中，政策利率被称为基础利率，因为这一政策利率在货币政策实施中，对其他市场利率提供基础性定价参考。从国际经验看，国际主要国家中央银行在转向价格型调控后，主要将短期市场利率作为唯一的操作目标，通过利率走廊机制锚定基准利率，实现对操作目标的控制。也就是说，将基准利率作为政策目标利率，当作为操作目标的市场利率有偏离目标利率的趋势时，利率走廊机制发挥作用，将市场利率控制在目标利率区间内，使市场利率围绕目标利率小幅波动，或不断逼近目标利率。

（二）基准利率选择

从基准利率的概念可以看出，基准利率在其利率形成机制、期限结构、反映交易规模的期限集中程度和交易的连续性上具有特定的要求。结合上述特征，考虑市场化利率能否对产出和价格作出灵敏的反应，以及中央银行能否有效引导市场化利率的走势的基本要求，从形成机制、

期限分布、交易集中度和交易连续性的角度，选取以下利率作为基准利率的候选（见表5-1），评估不同品种的利率在敏感度上的差异，观察哪些利率品种能够在反映市场经济变化及引导其他不同期限和不同市场利率变化上比较显著。

表5-1 候选利率品种

利率种类	形成机制	期限分布	交易集中度	交易连续性
银行间同业拆借利率	市场交易形成	1天、7天、14天、21天、1个月、2个月、3个月、4个月、6个月、9个月、1年	1天和7天交易占总额的90%左右	3个月以下报价连续，3个月以上由于交易清淡而不连续
银行间债券回购利率	市场交易形成	1天、7天、14天、21天、1个月、2个月、3个月、4个月、6个月、9个月、1年	1天和7天回购交易占债券回购总额的90%左右	同上
上海银行间同业拆放利率	市场报价形成	1天、7天、14天、1个月、3个月、6个月、9个月、1年	不适用	连续
央票发行利率	市场交易形成	3个月、6个月、1年、3年	3个月和1年占发行总额的90%左右	不连续
存贷款基准利率	中央银行行政规定	活期、3个月、6个月、1年、2年、3年、5年	不适用	连续
银行间国债收益率	市场交易形成	1天、1个月、2个月、3个月、6个月、9个月、1~10年、15年、20年、30年、40年、50年	不适用	连续

数据来源：根据各种利率整理而得。

1. 模型设定。考察利率指标对经济和价格状况的反映能力和指示作用可以通过泰勒利率规则的方法来研究。利率是金融市场资金的价格，其变动会对各部门相关经济变量产生重要影响。格林斯潘领导下的美联储并未设定明确的利率目标，而是采取所谓的风险管理或平衡利率政策，取得较好的调控效果。美联储的调控方式引起许多经济学家的研究兴趣，他们从不同的角度入手，针对市场条件变化，采用不同的经济指标对美联储的风险管理方法进行实证分析，得到不少具有实践价值的成果。其中最为著名的是泰勒提出的利率规则。泰勒通过利率反应模型对美联储的平衡利率政策进行统计推断，发现美联储利率设定的规则是风险最小化的产出增长和价格稳定。泰勒利率反应模型如下：

$$i_t = \bar{r} + \pi_t + a_1 \pi_{gap} + a_2 y_{gap} \tag{5.1}$$

式中，$\bar{r}$ 是假设的均衡实际利率，π_t 是前 t 期的平均通胀率，π_{gap} 是通胀缺口，由 $100(\pi_t - \pi^*)/\pi^*$ 表示，其中 π^* 代表中央银行前 t 期的目标通胀率，y_{gap} 是产出缺口，由 $100(y_t - y^*)/y^*$ 表示，其中 y_t 代表前 t 期的实际 GDP，y^* 代表潜在 GDP。a_1 为通胀缺口系数，a_2 为产出缺口系数。

美联储的利率调控方式因泰勒的统计推断纷纷被其他国家中央银行效仿，不少经济学家也对泰勒的利率规则进行大量研究，发展出不同形式的利率规则。例如，附加预期的利率规则可以表示为

$$i_t^* = \bar{r} + \pi_t + a_1(E[\pi_{t+1}/I_t] - \pi_{t+1}^*) + a_2(E[y_{t+1}/I_t] - y_{t+1}^*) \tag{5.2}$$

式中，i_t^* 为第 t 期的政策目标利率，π_{t+1} 为第 $t+1$ 期的通胀率，y_{t+1} 为第 $t+1$ 期的产出增长率，y_{t+1}^* 为第 $t+1$ 期的潜在总产出增长率。系数 E 为预期项，I_t 代表信息集。

由于实际利率调整一般比较平滑，原因是货币政策具有一定的惯性，因此引入利率平滑，以防止利率剧烈波动带来冲击。利率平滑由式 (5.3) 给出：

$$i_t = \theta i_{t-1} + (1 - \theta) i_t^* + U_t \tag{5.3}$$

$\theta \in (0,1)$，代表利率平滑的调整程度，参数 U_t 代表利率调整的随机项。综合预期因素和利率平滑因素，可将利率反应函数扩展为

$$i_t = (1 - \theta) a_0 + (1 - \theta) a_1 \pi_{t+1} + (1 - \theta) a_2 (y_{t+1} - y_{t+1}^*) + \theta i_{t-1} + \psi_t \tag{5.4}$$

式中，$a_0 = (\bar{r} + \pi_t + a_1 \pi_{t+1}^*)$，$\psi_t = -(1 - \theta) a_1 (\pi_{t+1} - E[\pi_{t+1}/I_t]) + a_2 (y_{t+1} - E[y_{t+1}/I_t]) + U_t$ 为随机项。考虑更一般的形式，可以将式 (5.2) 一般化为如下的货币政策反应模型：

$$T_t^* = \bar{T} + \pi_t + a_1(E[\pi_{t+1}/I_t] - \pi_{t+1}^*) + a_2(E[y_{t+1}/I_t] - y_{t+1}^*)$$

$$+ a_3(E[x_{t+1}^1/I_t] - x_{t+1}^{(1)*}) + \cdots + a_{3+j}(E[x_{t+1}^j/I_t] - x_{t+1}^{(j)*}) \quad (5.5)$$

式中，T_t^* 代表中央银行的货币政策工具变量，例如货币供应量或利率等。x_{t+1}^j 代表中央银行除了通胀和产出目标外的其他各种不同的货币政策目标。针对我国转轨经济特征进行建模，考虑到转轨时期我国仍有货币供应量目标和汇率目标，将货币供应量目标 m_{t+1}^* 和汇率目标 g_{t+1}^* 引入模型，得到我国包含预期的货币政策反应模型如下：

$$T_t^* = a_0 + a_1(E[\pi_{t+1}/I_t] - \pi_{t+1}^*) + a_2(E[y_{t+1}/I_t] - y_{t+1}^*)$$
$$+ a_3(E[m_{t+1}/I_t] - m_{t+1}^*) + a_4(E[g_{t+1}/I_t - g_{t+1}^*]) \quad (5.6)$$

式中，a_0 代表常数值。T_t 同样遵循类似式（5.3）的平滑过程。因此，综合预期和平滑过程的我国货币政策反应模型为

$$T_t = a_0 + a_1(E[\pi_{t+1}/I_t] - \pi_{t+1}^*) + a_2(E[y_{t+1}/I_t] - y_{t+1}^*)$$
$$+ a_3(E[m_{t+1}/I_t] - m_{t+1}^*) + a_4(E[g_{t+1}/I_t] - g_{t+1}^*) + \theta T_{t-1} + \Psi_t$$
$$(5.7)$$

2. 变量选择与实证分析。本节使用 2007 年 1 月到 12 月的月度数据，数据的来源主要是中经网、人民银行网站等。为了使各政策工具的实证分析更加准确、有效，本节一共选取了 100 多个样本数据。通过选取 6 个不同政策工具变量来替换式（5.7）中的 T_t，结合通胀、产出、货币供应量和汇率 4 个解释变量进行计量检验，可以对人民银行制定的各种货币政策效果进行有效的论证。以下对选取的变量（见表 5 - 2）进行解释：（1）全国银行间同业拆借利率。在这个利率当中我们选取了隔夜拆借利率 $chr01$ 和 7 天同业拆借利率 $chr07$ 作为政策工具变量，数据来源于中经网。（2）上海银行间同业拆放利率。该利率中我们选取了隔夜拆借利率 $shr01$ 和 7 天同业拆借利率 $shr07$ 作为政策工具变量，数据来源于中经网。（3）银行间债券回购利率。该利率当中分别选取隔夜（rpr01）和 7 天期（rpr07）两个品种作为政策工具变量，数据来源于中经网。本节没有选取常备借贷便利（SLF）、中期借贷便利（MLF）、短期流动性借贷便利（SLO）、抵押补充贷款（PSL）利率，原因在于其数据较少，无法进行较为有效的实证。

表 5 - 2　　　　　　　　　　　变量的描述性统计

变量	均值	标准差	最小值	最大值
*shr*01	2.476	0.973	0.802	5.014
*shr*07	3.071	1.248	0.935	8.219
*rpr*01	2.371	0.871	0.810	6.720
*rpr*07	3.062	1.058	0.940	7.020
*chr*01	3.081	1.037	0.990	6.980
*chr*07	2.357	0.834	0.810	6.430
通胀	3.891	0.429	3	4.800
产出	7.591	0.636	6	8
汇率	6.621	0.418	6.100	7.780
货币供应量	14.15	2.327	9.600	17

在实证的方法上，考虑了广义矩估计（GMM）、传统的计量估计这两个工具，在对其进行对比后，发现传统的计量估计方法限制较多，同等情况下对模型的假定条件较为严格，而 GMM 方法对模型条件要求较宽，对误差项要求低，在一定的范围内允许出现序列相关和异方差。此外，GMM 方法相对传统的计量估计方法来说使用更广泛，并得到了大部分专家、学者的认可。因此，本节在对式（5.7）进行实证分析时采用的便是 GMM 方法，之后运用 OLS 估计等方法进行稳健性检验。工具变量使用各变量中采用的 1、6、9 和 12 阶滞后项。各变量单位根检验结果显示产出缺口、货币供应量缺口两个变量在一阶是单整的，剩下的则是序列平稳的。

表 5 - 3　　*shr*01、*rpr*01、*chr*01 的基准估计结果（2007—2017 年）

政策工具	*shr*01	*rpr*01	*chr*01
平滑	0.56221 ***	0.61540 ***	0.65901 ***
	(6.90817)	(7.89727)	(8.71248)
通胀	0.01533 **	0.03063 **	0.07746 **
	(2.05470)	(2.13112)	(2.31019)

续表

政策工具	shr01	rpr01	chr01
产出	0.23481 **	0.24171 *	0.24518 *
	(2.43676)	(1.79858)	(1.75897)
汇率	−0.45096 ***	−0.30080 ***	−0.54117 ***
	(−3.26526)	(−4.00632)	(−2.80937)
货币供应量	0.04957	0.07561 *	0.07200 *
	(1.03698)	(1.87247)	(1.71324)
常数值	1.03186	0.99588	1.42894 *
	(1.43251)	(1.13024)	(1.76094)
调整的 R^2	0.48033	0.56827	0.67170
残差单位根	−11.795 ***	−11.596 ***	−11.061 ***

注：***、**、* 分别表示1%、5%、10%的显著性水平，（ ）内为 T 值。

表5−4　　shr07、rpr07、chr07 的基准估计结果（2007—2017 年）

政策变量	shr07	rpr07	chr07
平滑	0.60876 ***	0.67966 ***	0.64152 ***
	(7.78495)	(9.17692)	(8.37007)
通胀	0.00505 ***	0.02433 **	0.02709
	(3.01519)	(2.09727)	(1.12402)
产出	0.23653 **	0.22908	0.20913 *
	(2.24548)	(1.62083)	(1.67520)
汇率	−0.76878 *	−0.41412 **	−0.28001 **
	(−1.72828)	(−2.26402)	(−1.99466)
货币供应量	0.02071	0.07268 *	0.06669 *
	(0.37772)	(1.69679)	(1.77213)
常数值	0.72772 *	0.87390	0.92862
	(1.81508)	(1.50990)	(1.16072)
残差单位根	−10.685 ***	−11.584 ***	−11.697 ***
调整的 R^2	0.56583	0.66678	0.59508

注：***、**、* 分别表示1%、5%、10%的显著性水平，（ ）内为 T 值。

第一，表5−3和表5−4是各短期利率的基准广义估计结果，从利率的平滑值 θ 可以看出，它们在1%统计水平上都是显著的。通过对各利率数值进行观察可以发现，它们的 θ 值相差都不多，$rpr07$ 的 θ 值最大，为 0.68，$shr01$ 的 θ 值最小，为 0.56。上面的数据可以说明：$rpr07$ 有较大的调整平滑性，而隔夜的 $shr01$ 有较小的调整平滑性。

第二，在通货膨胀这个政策工具上，六个短期利率并不都是显著的，其中 $shr07$ 的通胀系数在 1% 统计水平上是显著的，$rpr07$、$shr01$、$chr01$、$rpr01$ 的通胀系数在 5% 统计水平上是显著的，而 $chr07$ 的通胀系数不显著，这六个短期利率与预期相符。并且可以看出，这几个利率品种的通胀系数变化较小，其中 rpr 的两个利率品种的通胀系数相对其他几个而言相差较大，$shr01$、$shr07$ 对价格波动的反应的差异性相对比较小，其对物价水平的波动性反应很直观，因此可以比较好地用来衡量通货膨胀率波动情况。

第三，$shr01$、$shr07$ 的产出系数在 5% 统计水平上显著，而 $chr07$、$chr01$、$rpr01$ 的产出系数在 10% 统计水平上显著，$rpr07$ 则不显著，但是从它们的符号可以知道与我们的预期基本一致。观察六个利率品种的产出系数值，发现它们都相对比较大，但是相差并不是很大，表明这六个短期利率品种都能够对经济的增长有一个较好的反应，而两个品种的 Shibor 则对产出的敏感性更加强烈些。

第四，这几个短期利率品种的汇率系数都是显著的，其中 $shr01$、$rpr01$、$chr01$ 在 1% 统计水平上是显著的，$rpr07$、$chr07$ 在 5% 统计水平上是显著的，而 $shr07$ 在 10% 统计水平上是显著的，并且它们都不是正数。$shr07$（0.77）、$chr01$（0.54）在汇率政策变量当中得到的系数绝对值较大，而绝对值较小的分别为 $chr07$（0.28）、$rpr01$（0.30），这表明两个不同期限的 chibor 对于汇率缺口的波动反应并不太一致。

第五，我们先对显著性进行分析，货币供应量的系数方面，$rpr01$、$rpr07$、$chr07$、$chr01$ 在 10% 统计水平上是显著的，剩下的利率品种在货币供应量当中没有显著的系数。接着，我们对系数的符号进行分析，发现这几个系数都为正数，没有负数，但是在以往的经济理论、预期当中，这些符号都为负的，这说明上述几种短期利率品种的变化与货币供应量变化之间是成正比的，它们对货币供应量 M2 增长率的变化量大小无法直接反应。

第六，新型货币政策工具的四个协整方程残差单位根与上面的六个协整方程一致，也是在1%统计水平上是显著的，这就解释了这几个变量之间的协整关系及这几个政策反应函数模型的稳定性，但是由于其数据不多，与大部分政策变量相关性都不高。

3. 模型稳健性的检验与结果分析。在进行上述分析后，我们再对六个短期利率进行稳健性检验。为了能够更加直观、准确地评价上述政策反应模型，我们在接下来的稳健性实证当中使用了四个标准，并选择了以通货膨胀为衡量指标的政策反应模型。为了使实证结果更加有说服力，我们又选择了以通货膨胀为目标的政策反应模型的基准 GMM 估计，对基准政策反应模型的可靠性、稳定性作检验。

表 5—5 全样本 OLS 估计方法下的稳健性检验

政策变量	$shr01$	$rpr01$	$chr01$	$shr07$	$rpr07$	$chr07$
平滑	0.560 ***	0.604 ***	0.655 ***	0.621 ***	0.651 ***	0.634 ***
	(7.317)	(8.381)	(9.723)	(8.668)	(9.567)	(9.023)
通胀	0.102 **	0.094 *	0.211 ***	0.179 **	0.220	0.084 ***
	(2.661)	(1.723)	(3.482)	(1.988)	(1.487)	(3.697)
产出	0.244	0.265 **	0.279 *	0.247	0.278 *	0.228 *
	(1.553)	(1.980)	(1.914)	(1.353)	(1.826)	(1.841)
汇率	−0.354 *	−0.144 ***	−0.189	−0.523 **	−0.141 ***	−0.138
	(−1.894)	(−2.939)	(−1.120)	(−2.291)	(−3.812)	(−0.964)
货币供应量	−0.051	−0.081 **	−0.077 *	−0.022	−0.083 *	−0.071 *
	(−1.095)	(−2.016)	(−1.768)	(−0.409)	(−1.822)	(−1.904)
常数值	2.690	1.400	2.116	3.756 *	1.942	1.380
	(1.579)	(0.978)	(1.340)	(1.838)	(1.193)	(1.035)
残差单位根	−11.85 **	−11.58 ***	−11.82 ***	−11.11 ***	−11.68 ***	−11.73 ***
调整的 R^2	0.487	0.541	0.617	0.572	0.598	0.571

注：***、**、* 分别表示1%、5%、10%的显著性水平，（ ）内为 T 值。

表 5 - 6　　　稳健性检验之 2008—2016 年子样本 GMM 估计结果

政策变量	shr01	rpr01	chr01	shr07	rpr07	chr07
平滑	0.554 ***	0.614 ***	0.657 ***	0.601 ***	0.681 ***	0.640 ***
	(6.469)	(7.417)	(8.210)	(7.279)	(8.715)	(7.874)
通胀	0.103 **	0.042 ***	0.114	0.141 ***	0.049	0.034 *
	(2.334)	(3.162)	(1.413)	(3.386)	(0.177)	(1.839)
产出	0.027 ***	0.229 **	0.188 *	0.017 **	0.169 *	0.205
	(4.119)	(2.208)	(1.950)	(2.064)	(1.853)	(1.159)
汇率	−1.084	−0.346 **	−0.719	−1.458 **	−0.574 ***	−0.301
	(−1.503)	(−2.687)	(−1.352)	(−2.005)	(−3.086)	(−0.639)
货币供应量	0.069	0.069 **	0.040	0.104 *	0.039	0.064 ***
	(1.680)	(2.820)	(0.457)	(1.876)	(0.446)	(2.824)
常数值	6.553 *	2.242	4.412	8.545 **	3.774	2.038
	(1.910)	(0.782)	(1.465)	(2.070)	(1.261)	(0.760)
残差单位根	−9.87 ***	−11.51 ***	−10.52 ***	9.04 ***	−11.20 ***	−11.65 ***
调整的 R^2	0.488	0.562	0.671	0.570	0.667	0.590

注：*** 、** 、* 分别表示 1%、5%、10% 的显著性水平，( ) 内为 T 值。

通过表 5 - 5、表 5 - 6 的检验结果可以发现，稳健性检验结果与政策反应模型相符，表明本节构建的基准政策反应模型是可行的、稳定的。从估计解释变量的符号、大小来看都较为符合之前的预期。从协整方程调整的 R^2 值来分析，其得出的结果都较为合理，与之前构建的基准政策反应模型的估计相一致，差别不大，这也就表明上述政策反应模型较为准确，总体上本次估计是显著的。ADF 检验显著。大部分在 10% 统计水平上都是显著的，小部分在 5% 统计水平上是显著的，该结果说明协整关系存在且稳定。

（三）我国基准利率的选择

目前主要国家中央银行主要以银行间隔夜同业拆借利率为基准，如美联储的联邦基金利率（FFR）、英格兰银行的伦敦银行间同业拆借利率（Libor）。当前我国货币市场由同业拆借市场、票据市场和债券市场组成，各货币市场上具备部分基准利率功能的主要有央票利率、一年期存款利率、质押回购利率（Repor）、全国银行间同业拆借利率（Chibor）和上海银行间同业拆放利率（Shibor）。结合基准利率的四个特征对上述利率进行考察，研究的结论是前 4 种利率不适合作为利率走廊调控下的基准利率，而 Shibor 经过不断培育与发展，适合作为我国未来货币市场的基准利率。首先，我国虽然放开了一年期存款利率上限，但是由于一直以来存款利率都是我国资本市场与货币市场利率的定价基准，在当前我国基准利率缺位的情况下，各金融机构仍然会以中央银行公布的存款利率作为定价参考，因此一年期存款利率的"官定"属性并未完全褪去，其形成并未充分反映市场资金供求状况，缺乏与其他利率的联动性。另外，中央银行的货币政策通过货币与债券市场再传导到银行的存款利率，其处于利率传导的中端，容易受其他利率变化的影响，因此不具备市场性和传导性，不适合作为基准利率。其次，中央银行票据是人民银行对冲我国国际贸易"双顺差"造成的流动性过剩的货币政策操作工具。由于其对资金供求反应灵敏，一年期央票利率已经成为该期限利率的标杆。但是央票期限为 3 个月到 1 年，无法为期限更短的产品提供定价标准。同时，在近年来我国国际收支失衡局面趋势性逆转的情况下，人民银行已经减少央票的发行，并用正逆回购操作来取代央票的功能。有鉴于此，央票利率也无法成为我国的基准利率。再次，Repor 交易量大，并且由于存在质押担保而风险小，市场参与者众多，具有较好的市场性。但是 Repor 交易集中于短期，中长期交易量少，且易受股市波动影响，缺乏稳定性，因此也不适宜作为基准利率。最后，Chibor 作为全国性的同业拆借利率，市场参与者多，交易量大，具有很强的市场性。然而 Chibor 以实际交易为主，其中包含了风险溢价，不是无风险利率，因此也不适宜作为基准利率。上述利率在我国利率体系中发挥重要作用，并且承担部分的基准利率功能，但由于存在一定缺陷，不适宜作为我国的基准利率。有鉴于此，人民银行参考国外基准利率实践，推出了虚盘报价的 Shibor。Shibor 依托上海的全国银行间同业拆借中心，是由信用等级较高的银行组成的报价团通过自主报价形成的平均利率，属于无担保、无风险、批发性的。Shibor 的报价方是大型商业银行，市场参与程度高，交易规模大，有较高的市场性；Shibor 利率品种丰富，从隔夜到一年期，对其他金融产品、金融衍生品的定价具有很强的参照性，并与其他货币市场利率的关联性高，有利于货币政策的传导，具有较高的主导性和传导性。另外，从目前的实践看，Shibor 波动较小，相对稳定，因此具备成为我国基准利率的条件。

从学术界的研究来看，也有不少学者支持 Shibor 作为我国的基准利率。易纲（2009）从完善我国市场利率的角度，认为 Shibor 适合作为我国短期基准利率。冯宗宪、郭建伟和霍天翔（2009）认为 Shibor 由于其优势的报价机制、与其他利率的关联、其市场的基础性和波动的稳定性，相比 Chibor 和 Repor 更适合担当基准利率的重任。张辉和黄泽华（2011）对我国 1998—2008 年的利率传导进行了实证分析，认为货币政策通过 Shibor 可以更好地传导，有利于货币政策最终目标的实现。刘义圣和赵东喜（2014）通过考察 2007 年 1 月至 2014 年 6 月中国利率政策操作传导机制，检验了 Shibor 基本具备基准利率的功能。本书则通过将反映我国转轨经济特征的货币供应量目标和汇率目标补充作为利率反应函数的解释变量，经过实证检验，得出 Shibor07 更适合被选为基准利率的结论。

二、以常备借贷便利为上限，合理确定利率走廊宽度

我国在利率走廊目标模式的构建中要借鉴国外先进经验，将常备借贷便利设置为利率走廊的上限。在利率走廊调控机制中常备借贷便利工具的设立为利率走廊调控上下限和利率走廊区间宽度的确定发挥重要作用。常备借贷便利工具的创设解决了商业银行流动性不足时的融资需求，强化了中央银行流动性管理的融资可得性，缓解了市场中流动性紧缺带来的冲击。常备借贷便利工具解决了商业银行流动性来源问题，稳定了商业银行对于流动性紧缺的预期，减少了预期冲击对货币市场的影响。然而，常备借贷便利工具作为中央银行的货币政策工具本身也有成本，合理设定常备借贷便利工具的利率水平成为稳定利率波动幅度的关键。

在合理构建利率走廊方面，国内外相关文献通过模型进行了深入的研究。

Berentsen 和 Monnet（2007）通过对货币政策实施的相关微观主体（中央银行、商业银行、消费者、生产者）交易日内在清算市场、货币市场、商品市场上的相关行为构建一般动态均衡模型框架，分析利率走廊调控和最优利率走廊的构建。微观主体在三个市场中的行为按货币政策实施的时间顺序展开（见图 5 - 2）。

图 5 - 2　BM 模型时间框架

第一个市场是清算市场，前一期的借贷在这个市场进行清算。第二个市场是货币市场，进行有抵押的借贷。当货币市场关闭后，在第三个市场开放初始，常备借贷便利及商品市场开始开放。他们的研究结论为：第一，如果持有抵押品的机会成本是正的，最优的利率走廊是设置正的利差，并且正的利差随抵押品的回报率降低而降低。第二，如果持有抵押品的机会成本是正的，货币市场利率应高于目标利率。第三，中央银行有两个等效选项来执行给定的政策，它可以移动走廊而维持利差不变或改变利差的大小而使目标利率不变，这两种方式的效果是一样的。例如，若要更改货币政策，可以像美联储那样保持存款利率为常数而改变贷款利率，也可以像欧洲中央银行那样移动走廊而不改变利差。

牛慕鸿等（2015）通过假设中央银行以稳定市场利率为目标，引入信息不对称假设构建 DSGE 模型。他们通过构建流动性需求函数得到中央银行公开市场操作幅度与中央银行常备便利操作幅度的关系。他们还通过假设中央银行利率政策目标函数是最小化利率波动，建立中央银行的最优化问题，并通过解一阶条件得到最优利率走廊上限。

结合上述分析，在构建利率走廊目标模式中，最优利率走廊宽度要从货币政策调控的成本考虑，必须结合常备借贷便利工具和公开市场操作成本，比较两个工具成本系数高低水平，确定利率走廊宽度。一方面，当前我国处于转轨经济，商业银行流动性需求的利率弹性经历了由缺乏弹性到弹性较大，并且未来随着利率市场化进程的加快，弹性也会加大；另一方面，随着经济全球化、金融国际化趋势发展，未来我国在资本项目开放下，国际资本进出带来的外生货币冲击可能性也加大。这两方面不确定因素增加了货币政策调控的频度与所需的力度，也不可避免地增加了货币政策调控的成本。从中央银行宏观调控的职能来说，其成败关系国计民生，其重要性居于金融体系的核心。因此，中央银行的宏观调控绝不仅仅是成本的问题，同时关乎货币政策是否能够实现调控目标，后者往往具有决定性意义。西方利率走廊调控具有成功经验的国家已经走过了数量型调控的道路，目前正全力以赴地进行价格型调控，因此它们对于利率波动的厌恶系数是比较低的。而我国当前处于由数量型向价格型过渡时期，数量型调控因为效力问题或路径依赖问题，在我国货币政策调控中还占有十分重要的地位。进行数量型调控难免会加剧货币市场短端利率的波动，然而考虑到数量型调控带来的收益与利率波动带来的成本，我国利率走廊宽度的确定必须结合不同情况下金融与货币市场的变化情况动态调整，以实现符合我国国情的最优走廊宽度。最后，由于抵押品存在，虽然目标利率确定为走廊区间的中心位置，但是均衡的市场利率应该位于目标利率上方接近的位置。在进行利率调控时，应该使市场利率尽量接近目标利率，而要使市场利率完全等于目标利率则是缘木求鱼的做法。同时，由于改变走廊区间宽度与移动走廊而不改变区间宽度两种货币政策调控的等效性，中央银行应该根据情况灵活应用这两种不同的调控方式。

第三节　合理实施公开市场业务

有效的利率走廊模式的构建，离不开公开市场操作的协调配合。公开市场操作是西方主要国家重要的货币政策工具，决定了货币供给量和政策利率的变动。我国公开市场业务起步较晚，使用频率相对来说也比较低。人民银行公开市场业务种类主要包括现券交易、回购交易、央票和其他的创新型货币政策工具。西方国家在价格型调控框架下，公开市场业务的主要目的是为利率调控创造适宜的货币政策条件，而我国当前以数量型调控为主，公开市场业务则成为释放和管理流动性的重要工具，两者在货币政策实践中存在明显差异。随着我国数量型调控转型到价格型调控，在变化的环境中应该把握好公开市场定位，合理设定操作频率和期限，更好地配合中央银行的利率调控目标。

一、明确公开市场业务的首要目标

（一）不同框架下公开市场业务的不同定位

在数量型调控框架中，由于中央银行的目标是货币供应量，因此公开市场业务充当流动性供给和吸收的重要工具，反映了中央银行货币政策松紧的政策意图。而在实施利率走廊调控的国家，如果货币政策的立场发生改变，中央银行只需要改变利率走廊的高度和宽度来改变货币政策意图，而不需要通过公开市场业务来改变基础货币数量，因为在价格型调控框架中，中央银行的政策意图通过利率体现出来。根据内生货币供给理论，利率是外生变量，中央银行可以直接控制利率实现货币政策目标。但是利率走廊调控并不意味着不需要公开市场操作，因为市场利率可能会因为外部不可控的因素偏离中央银行的政策目标，比如流动性的外部冲击导致中央银行对准备金清算所需资金预测不准确，给中央银行提供结算余额带来"白噪声"，此时，中央银行就需要通过公开市场操作来抵消这些外部扰动。但是，这种操作属于实施货币政策的技术性因素，而非政策性因素，并不反映货币政策的松紧状态。因此，实施利率走廊调控仍然需要公开市场业务，并且公开市场业务在维护利率稳定方面发挥重要作用，但是在价格型调控框架下公开市场业务的性质和目标与数量型调控框架下相比，具有明显的差异。

（二）数量型调控框架下传统公开市场业务制度与操作

人民银行启动公开市场业务以来，我国的公开市场业务就发挥着释放和吸收流动性、调节市场货币供应量的重要作用，并且总体来看，在人民银行尝试框架转型前，基本能够有效控制我国的货币供应量。简要回顾人民银行传统公开市场业务操作制度和特点，可以清晰地发现公开市场业务在我国货币政策实践中所扮演的角色。

1996 年人民银行启动人民币公开市场业务，中间虽然短暂停止，但是在亚洲金融危机后又重新开放，之后公开市场业务快速发展，成为货币政策日常操作的重要工具。按照操作品种分类，人民银行传统公开市场业务可以分为三类：

1. 现券交易。在现券交易中，人民银行向银行间市场出售或购买有价证券，反映的货币政策意图是吸收或释放流动性，而有价证券的所有权则永久性地转移到购买方。比如，在现券卖断交易中，人民银行向由其认定的一级交易商出售有价证券并回笼基础货币，债券所有权归商业银行。而在现券买断交易中，人民银行购买有价证券并供给基础货币，债券所有权归人民银行。可以发现，现券交易中由于债券所有权的转移，有可能会累积一定的金融风险。

2. 回购交易。回购交易分为正回购和逆回购。人民银行进行正回购交易时，向其认定的一级交易商卖出有价证券并在约定时间买回。当人民银行卖出有价证券时，相当于从市场回笼流动性，而到期时人民银行则买回有价证券释放流动性。因此，在正回购交易中，人民银行紧缩流动性的行为是暂时的。相反，如果人民银行想向市场暂时性注入流动性，则可以采取逆回购操作。与现券交易不同，人民银行进行回购交易，债券的所有权只是暂时转移到买方。在逆回购交易中，人民银行向商业银行买入有价证券，释放流动性，而在约定时间以约定价格卖出有价证券，收回流动性。因此，回购操作不仅流动性的调节是暂时的，交易中风险的转移也是暂时的，或者说人民银行资产组合的风险并不会因为回购交易的发生而变化。由于回购交易的这种暂时性，人民银行更倾向于使用回购交易来缓解市场流动性的暂时性波动。

3. 央票。央票是由人民银行发行的短期债务凭证，用于调节商业银行的准备金头寸。当人民银行发行央票的时候，相当于吸收市场流动性，而当央票到期的时候则是回笼市场流动性。

上述三种类型的公开市场业务中，第一类属于直接交易型公开市场业务，交易过程中债券的所有权永久性地转移到买方，债券的风险也随着所有权发生转移，因此人民银行在实施此类公开市场业务过程中会累积一定的金融风险。第二类和第三类公开市场业务属于信用型公开市场业务。交易过程中，债券的所有权只是暂时转移到买方，随着业务到期后所有权的回归，债券风险最终还是由卖方承担，因此并不会改变中央银行资产组合的风险程度。三种类型的公开市场业务密切配合、相机使用，有利于稳定货币市场资金供求，促进金融体系平稳运行，有效防范和化解金融风险。

三种类型的公开市场业务在人民银行的货币政策实践中，由于不同的宏观和金融环境而呈现不同的特征。2002—2011 年，我国抓住加入世贸组织的有利时机，结合自身比较优势，外贸出口连年攀升，外汇占款快速增长。由于强制结售汇制度，人民银行在外汇市场被动投放大量基础货币，为了进行对冲操作，避免流动性过剩对实体经济的冲击，人民银行通过人民币公开市场操作回笼基础货币。在 2002 年央票启动前，人民银行主要通过国债交易进行流动性管理。2002 年外汇储备快速增长，受国债交易规模和期限结构的限制，人民银行创设央票进行冲销操作。这段时期，央票操作占同期公开市场业务基础货币吞吐量超过 50%，而回购交易则不到 40%。由于操作的灵活性和主动性，央票成为这一时期公开市场业务的主要手段，而回购交易则成为辅助手段。2012 年后，一方面货币政策由宽松回归稳健，另一方面外汇占款趋势性下跌，人民币公开市场操作的交易需求量下降，央票操作也随之减少。与此相对的是，由于我国银行间债券市场的快速发展，国债和政策性金融债规模持续扩张，为公开市场业务提供了丰富的操作工具，到 2014 年回购交易占同期公开市场业务基础货币吞吐量超过 60%，而央票仅为 3%，人民币公开市场业务操作模式由以央票为主转变为以回购交易为主。因此可以看出，在数量型调控框架下，公开市场业务不管是以央票为主还是以回购交易为主，其主要目的都是实现一定的货币供给量，以维持经济的稳定。从总体效果来看，人民银行相机应用各种操作工具，能够比较有效地控制货币供给量，只不过近年来随着我国货币内生性的增强，人民银行控制货币供给量的难度越来越大。

（三）利率走廊调控下公开市场业务以回购操作为主，目的是为利率调控创造适宜的货币政策环境

在实施利率走廊调控的国家，货币政策意图通过利率走廊相关操作体现出来，公开市场业务操作并不反映货币政策立场的变化。因此，这些国家的中央银行在改变货币政策立场的时候，并不一定要实施公开市场操作，而只需进行利率走廊操作。而在实施利率走廊操作的过程中，预期引导对于货币政策的实施具有十分重要的作用，部分国家可以实施"公告"操作，即提前向公众申明利率目标，而无须进行实际操作。因此，可以看出利率走廊调控减少了公开市场操作的规模、频率，大大降低了实施货币政策的成本。

当前我国采用数量型调控框架，公开市场业务作为实现数量目标的重要工具，发挥着释放和吸收市场流动性的作用，公开市场业务不管是在操作规模、操作频率还是操作成本上都要高于价格型调控框架。造成两者差异的原因是，在数量型调控框架下，中央银行在实施货币政策的时候，不仅需要进行公开市场业务来反映货币政策立场的变化，比如公开市场购买反映了货币政策的放松，而公开市场出售反映了货币政策的收紧，而且需要在市场流动性发生不可控的变化后进行公开市场操作以抵消流动性的外生冲击，从而保障货币政策目标的实现。可见，在数量型调控中，公开市场业务兼具政策性操作和技术性操作。直到 20 世纪70 年代，日常的公开市场操作仍然主要以买断卖断为主，因为在数量型调控框架下，重点是实现对货币数量的控制，买断卖断能够很好地实现这一目标。而买断卖断引起的利率较大幅度的波动在当时不是那么重要。

在价格型调控中，公开市场业务则只是技术性操作，因为进行利率

调控，中央银行的政策意图通过设定利率目标反映出来。中央银行通过设定常备融资与存贷款便利利率，影响准备金的供求状况，使银行间市场隔夜同业拆借利率接近政策目标利率水平，不需要公开市场操作来反映货币政策意图。中央银行在制定了政策利率之后，准备金的供给和需求不仅会受到政策利率的影响，还会受到与政策利率无关的外生因素的影响。因此，中央银行在制定货币政策的时候，就需要把外生冲击对准备金供求的影响考虑进来，提前对外生冲击进行预测，当外生冲击发生的时候采用公开市场操作应对市场利率对目标利率的偏离。中央银行的这种预测不一定完全准确，预测误差会以"白噪声"的形式体现出来，这时候也需要中央银行进行公开市场操作来抵消预测误差。所以，进行利率调控，目的就是要稳定利率，在货币供给和货币需求都对利率缺乏弹性的情况下，货币供给状况的变化会造成利率的不稳定，回购操作相较于买断卖断操作更有利于保持利率的稳定性。所以，在价格型调控框架中，回购操作成为主要的调控货币市场条件的工具，是利率"微调"的客观需要。

二、公开市场业务的招标方式

公开市场业务作为人民银行主要的货币政策工具之一，其操作方式由以买断卖断为主转变为以回购交易为主，反映了使用公开市场业务调节货币供应量转变为使用公开市场业务进行利率微调的调控思路转变。实际上，从更长的历史视野来看，最初在公开市场进行有价证券买卖其实是商业银行间的市场化行为，后来才逐步演变为中央银行货币政策工具。中央银行将其作为货币政策工具运用的时候，交易方式也由早期的双边交易转变为多边招标。因此，在公开市场业务交易方式转向多边招标过程中就存在着到底是使用固定利率还是可变利率，到底是使用荷兰式拍卖还是美国式拍卖来进行招标，从而让公开市场业务更能够反映中央银行调控目标这一基本问题。

（一）公开市场业务功能的演化

中世纪时期，随着地中海和大西洋沿岸海运贸易的兴起，在欧洲商业汇票逐渐成为主要的商业贸易手段，为海运贸易提供资金融通、风险规避和跨时空的贸易结算服务。当时，提供这一金融服务的是从海运贸易商业阶层中形成的互助协会和提供特定金融服务的公司。由于商业汇票具有金融属性，其所具有的可互换的要求权受到当时政教合一体制带来的双重打压，不仅受到道德谴责，而且在法律层面也时有被限制。到了中世纪末期，文艺复兴和资本主义萌芽的产生逐步削弱了封建体制，不仅促成司法改革为商业汇票发展创造适宜的法律环境，而且围绕海运贸易的商业组织生态也将当时不断发展壮大的商业银行纳入其中。商业银行不仅提供一般的存贷款服务，也为海运贸易提供大量的资金和结算服务，并且商业银行之间也会通过商业票据融通资金，大大促进了商业汇票市场的繁荣。当时没有中央银行，商业银行可以通过直接发行货币满足资金需求。

1694 年英国通过《中央银行法》设立英格兰银行，并通过国会立法使英格兰银行垄断了货币发行权，严格限制商业银行合伙人数量，约束商业银行发展，限制了商业银行通过货币发行进行银行间资金盈余与赤字的配置。货币发行和直接融资被严格限制，商业银行只能通过商业票据在银行间市场进行间接融资，不仅壮大了以票据融通为业的票据经纪人队伍，也更进一步促进了商业汇票市场的繁荣，使商业汇票在 18 世纪中期成为主要的金融工具，被亚当·斯密称为一项重大的金融进步。在英国，英格兰银行已经成为中央银行，商业票据不仅在银行间市场流通，也在英格兰银行与商业银行之间流通。当时，商业银行在资金短缺时可以向英格兰银行贴现商业票据以满足资金需求，而英格兰银行通过购买商业票据释放流动性，既体现了中央银行最后贷款人职责的发挥，也反映了当时英国根据真实票据理论，通过设定银行贴现率来执行货币政策的思路。根据真实票据理论，货币发行量要与实际经济活动相适应，否则会引发价格水平的不稳定。从 18 世纪后期到 19 世纪初，尽管商业票据的买卖是在英格兰银行和金融机构的双边交易的"私人"市场中进行的，并且单笔交易量与现代的公开市场业务的规模差距十分明显，更重要的是，如果要作为一项货币政策，至少中央银行其自身要有意识地把它当作可利用的工具来使用，因此从这个意义上来讲，当时商业票据交易只是英格兰银行日常业务内容之一，还构不成现代意义上的"公开"市场业务，但是客观上，英格兰银行通过在货币市场买卖商业票据可以改变货币供应量，能够使银行贴现率跟随资本的实际利率变动，从而控制通货膨胀。可以这么说，尽管当时英格兰银行没有有意识地大规模使用商业票据这一工具，但是商业票据的资金融通功能在现实经济中作用的发挥使其具备了作为潜在货币政策工具的可能性。

英格兰银行第一次大规模有意识地使用公开市场业务是在19世纪30年代。1834年，东印度公司在英格兰银行存入一笔巨额存款，由于没有足够的资金为这笔存款支付利息，英格兰银行只好以市场利率向票据经纪人要求特别垫款，为这笔存款的利息进行融资。尽管英格兰银行的这种操作看上去更像以吸收存款为目的的投资行为，但是为吸收意外的流动性变化而进行的融资操作是英格兰银行对市场流动性波动主动作出的反应，能够消除流动性波动对市场利率的影响，使市场利率接近银行再贴现率，以维持银行贴现率的有效性。现代价格型调控框架下的公开市场业务目标就是要使市场利率维持在接近常备融资便利利率的特定范围内，英格兰银行的操作与现代公开市场业务原理十分接近，所以才被看作历史上的第一次公开市场操作，而公开市场业务便成为价格型调控框架下重要的货币政策工具。在美国，美联储在成立之初沿用欧洲的价格型调控框架，也使用公开市场业务调控市场利率，使市场利率贴近银行贴现率。20世纪20年代初，由于经济衰退带来的贴现贷款规模大幅萎缩，美联储通过购买有价证券来增加收入，却发现这一操作使银行体系的准备金增加，银行存贷款规模多倍扩张。美联储盯住利率的失败，以及准备金头寸学说和货币数量论的兴起，再加上货币政策实践中观察到的经验证据的支持，使20年代末美国货币政策框架迅速转为数量型调控，公开市场业务的主要功能不再是使银行贴现率有效，而转变为调控流动中的货币供应量，它成为数量型调控框架中最重要的货币政策工具。

此后，西方货币史的发展主要就是围绕到底是调控数量还是调控价格展开，公开市场业务的功能也在调控利率和调控货币供应量之间来回切换。直到 20 世纪 90 年代初，货币供应量与实际经济活动关系的彻底破裂才使公开市场业务的功能最终稳定在调控利率上。

（二）公开市场业务标准交易模式的确立

受不同货币政策理论和实践的影响，公开市场业务在不同历史时期发挥不同的功能，对公开市场业务具体操作方式也提出了不同要求。在公开市场业务的早期实践中，不论是价格型调控框架还是数量型调控框架，西方中央银行都是与某一特定金融机构通过协议买卖有价证券，这与早期金融市场的发展情况和发达程度有关。后来随着金融工具的创新和丰富，金融市场参与主体增加，金融市场不断完善和发展，西方中央银行执行公开市场业务可选择工具和可交易对象变得更加广泛。另外，货币政策理论随着发展对公开市场业务进行了更规范的定义，一般将公开市场业务定义为由中央银行主动和自主决策而执行的货币政策操作，认为中央银行应该以公众无法预期到的方式，无规则地执行公开市场业务才能实现货币政策意图。现实与理论的双重影响促成中央银行在执行公开市场业务时是以一个普通的匿名参与者的身份在银行间市场上进行操作，比如中央银行在二级市场上购买国债的行为就是匿名操作的体现。尽管具体的操作细节发生了改变，但是当交易行为发生时中央银行实际上还是与某一特定的商业银行通过协议进行，双边交易的方式并没有发生实质性变化。这种双边交易的特点是，中央银行只需要按照市场惯例进行交易即可，无须为某一笔特定交易制定具体的政策程序，交易过程简单，交易结果可控，有利于中央银行作出决策。特别是，当中央银行不希望因为实施公开市场业务而给市场带来不必要的预期的时候，会更倾向于进行双边交易。

不过，双边交易也有其固有缺陷。中央银行选择交易对象的自由裁量权过大，会引发道德风险和信息不对称，导致市场各参与主体可能无法得到公平对待，从而增加金融摩擦，降低金融市场效率，弱化货币政策效果。为了解决这一问题，中央银行也尝试过将一项公开市场业务进行拆分，分解为几轮进行，每轮交易都轮换不同的交易对象，但是市场流动性公平供给问题始终不能得到有效解决。实践上的困难迫使中央银行将拍卖理论运用到货币政策操作中，以招标方式执行公开市场业务，原来的双边交易因而演变为多边交易。新的举措明显改善了道德风险和信息不对称，到 20 世纪 70 年代利率招标逐渐成为公开市场业务的标准操作模式。

（三）多边交易下的利率招标与拍卖方式

利率招标根据中央银行在招标程序开始之前是否提前公布交易的利率水平可以分为固定利率招标和可变利率招标。在固定利率招标下，中央银行提前宣布一个用于交易的利率水平，如果商业银行的投标总额高于中央银行提供的金额，则按比例分配，这种方式称为斟酌配售模式。这种模式是 20 世纪英格兰银行典型的操作模式，20 世纪末到 21 世纪初也先后被德国中央银行和欧洲中央银行采用过。还有一种情况是，中央银行不仅会提前宣布利率水平，还会预先承诺按实际投标总额的 100% 成交，这种方式称为全额配售模式。这种模式在 20 世纪 50 年代和 90 年代末期分别被德国中央银行和芬兰中央银行使用过，而在 2008 年国际金融危机期间则被大量使用。比如，2008 年以来欧洲中央银行一直专门进行固定利率的全额分配。全额配售模式的缺点在于中央银行放弃了对投标总额的调整以使其符合预测需求的权利，特别是，与非对称的利率走廊系统相比，对称利率走廊系统中对需求预测的精度要求更高，这种缺陷就更为明显。

与固定利率招标中利率水平是事前确定的不同，可变利率招标的利率水平是事后确定的。在投标发生后，商业银行会提供意愿竞标利率水平和投标额度，中央银行汇总商业银行的数量和价格组合，依此绘制一条向右下方倾斜的准备金需求曲线。中央银行的关键决策就是在需求曲线上确定一点，然后根据固定化的分配程序进行分配，也就是竞标利率高于中央银行意愿利率的投标将全额中标，与中央银行意愿利率相等的投标将按比例分配，而低于意愿利率的投标将无法中标。垂直的准备金供给曲线与向右下方倾斜的需求曲线的交点就称为边际利率。在可变利率招标中，对由程序确定的边际利率是否采取最低限价又可区分为两种情况。美联储采用的是按照完全由投标程序确定的边际利率进行招标，目的是避免市场对边际利率和分配决策形成不必要的预期。而欧洲中央银行在2001—2008年的长期再融资操作中则对边际利率采取了最低限价。最低限价如果形成约束，招标形成的边际利率将失效，而最低限价将成为事实上的交易利率替代边际利率发挥分配作用。

（四）利率走廊调控下人民银行公开市场业务可选操作方式

西方中央银行公开市场业务功能和交易模式的演化，都是在市场化体系下进行的，市场化特征明显。人民银行的公开市场业务起步于1996年，根植于中国资本市场的不断发展和中国经济体制的不断改革完善，其操作方式尤其受国债发行方式的影响，与中国经济处于转轨阶段密切相关。我国国债发行始于1981年，当时为缓解财政赤字，从1981年到1990年采取行政分配的方式发行国债。在20世纪80年代末建立国债柜台交易市场后，发行制度进入市场化改革阶段，经历了1989年的国债代销制，到1992年全面推行国债承购包销制。1996年人民银行以发行国债的方式开展公开市场业务，发行手段采取了市场化的拍卖方式，标的上也由非市场化的缴款期转变为市场化的债券价格和收益率。人民银行不断完善公开市场操作模式，既包括后台管理体系，也包括具体的业务操作制度，形成了目前以荷兰式单一价格招标为主的操作机制。

拍卖的标的物可分为单一物品和多单位物品，债券是多单位物品，其招标方式主要有单一价格招标和歧视性价格招标两种，也就是所谓的固定利率招标和可变利率招标两种方式。固定利率招标俗称荷兰式拍卖，而可变利率招标就是美国式拍卖。在单一价格招标中，竞标者以相同的终止价格进行支付，终止价格是中标者当中最低的投标价格，也是未中标者中最高的投标价格。而在歧视性价格招标中，中标者按照各自的投标价格供给，具体步骤是从出价最高的投标人开始满足需求，直到所有供给完毕。在不附加额外条件的理想情况下，拍卖方在歧视性价格招标中的收益要大于单一价格招标的收益。但是，由于存在赢者诅咒和串通合谋，实际情况比较复杂，对于歧视性策略是否对拍卖方更有利，理论界也存在一定的争议。Nautz（1997）认为，在歧视性价格招标情况下，竞标人会面临两难，既为了最大化收益会压低支付意愿，又担心出价过低有可能无法中标，存在赢者诅咒，此时单一价格招标对于拍卖方来说是占优策略。而 Kerry Back 和 Jaime F. Zender（1993）则认为，在单一价格招标下，由于所有中标者要支付相同的市场出清价格，他们有动力合谋起来压低价格来提高拍卖收益，而歧视性价格招标则可以克服竞标者的合谋行为，歧视性价格招标是一种占优策略。

尽管理论层面存在分野，但德国中央银行在货币政策实践中从原来的固定利率招标转向可变利率招标，原因是德国中央银行进行公开市场业务的回购操作，主要目的就是要将回购利率当作货币市场的一种微调工具，通过公开市场业务平滑银行间市场暂时的流动性波动，以稳定利率。要实现这一目标，回购操作不能激励商业银行的套利活动。如果采用固定利率招标，当市场利率高于回购利率时，商业银行有套利动机进行大额投标，产生过度竞标，而如果存在市场利率下降的预期，则会产生不足竞标的问题。因此，人民银行如果未来通过利率走廊调控对利率进行微调，可以改变公开市场业务荷兰式拍卖的模式，转变为采取可变利率招标的美国式拍卖模式，这将有助于稳定市场利率，提升货币政策效果。

第四节　实行余额准备金制度

存款准备金制度在西方国家的利率走廊调控实践中形成了利率走廊下的零准备金制度和余额准备金制度两种操作模式。从各国利率走廊下的准备金制度实施情况来看，准备金制度没有所谓优劣，而要根据不同国情来确定。我国构建利率走廊调控目标模式，面临准备金制度是选择零准备还是余额准备的问题。本节结合中国现阶段转轨经济特征独立建模，通过建立一个有名义价格黏性、金融摩擦和准备金要求的开放经济模型，计算最优的准备金要求规则。对准备金要求的有效性的分析集中在货币政策操作框架、经济金融结构和中央银行的货币政策目标三个方面。研究发现，如果存在金融摩擦，并且中央银行具有价格稳定和金融稳定的双目标，存款准备金制度将有助于经济的稳定。其政策含义为，利率走廊调控还需准备金制度配合才能实现货币政策目标。

一、对准备金制度的争议

从国际实践来看，目前利率走廊调控下实行零准备金制度的国家有加拿大、澳大利亚、新西兰等，利率被严格控制在走廊区间内，取得了较好的调控效果。实行余额准备金制度的国家主要有美国、日本等。对比两种准备金制度下利率走廊调控的效果，如果仅从价格稳定的目标来看，零准备金制度比余额准备金制度更能有效地将利率波动控制在较窄的利率走廊区间内。国内外相关文献对这两种准备金制度进行了对比分析。Clinton Kevin（1997）支持零准备金制度，并认为期间平均的余额准备金制度存在跨期套利，会造成利率波动。Woodford（2001）支持余额准备金制度存在弊端，但认为零准备金制度能够平抑利率波动的关键是中央银行要正确预期未来的利率变化。而 Joshua N. Feinman（1993）和 Stuart E. Weiner（1992）则支持余额准备金制度，并认为准备金制度的取消使中央银行难以准确预测准备金需求，将加大利率的波动。胡海鸥等（2006）认为零准备金制度最符合商业银行利润最大化要求，比余额准备金制度能够取得更好的调控效果。可见，国内外学术界对于准备金制度的认识存在一定的争议，并且相关研究也主要集中在纯理论的分析上，很少结合各国不同的经济金融结构和不同的货币政策操作框架的实际进行探讨。

二、模型建立

法定存款准备金一方面可以作为货币政策辅助工具，实现价格稳定的目标；另一方面可以作为宏观审慎工具，实现金融稳定的目标。本节建立一个开放经济模型，模型中存在价格黏性、金融摩擦以及法定存款准备金要求。通过模型对法定存款准备金要求进行有效性分析，推断不同货币调控模式和金融结构下实行法定存款准备金要求的必要性。模型中包含三类市场参与主体——银行、家庭、厂商和一个货币政策制定者——中央银行。家庭消费一揽子本国和外国商品，并可以获得国际贸易债券。银行吸收家庭存款，向厂商提供贷款，且必须满足法定存款准备金要求。为分析原因，银行分为存款类银行和贷款类银行。存款类银行以存款利率向家庭储蓄支付利息，并以银行间利率向贷款机构提供融资。贷款机构向各类厂商提供贷款。中央银行需要综合运用货币政策工具和手段实现货币政策最终目标，并依据中介指标的情况，结合经济和金融最新状况调整调控力度和方向，以确保最终目标的实现。

（一）银行

存款类银行的资产负债表可以分解为两类：在负债方面，商业银行从家庭吸收存款 $C_t(m)$，向家庭支付存款利息 i_t；在资产方面，商业银行将存款一部分 $C'_t(m) = \gamma_t(m)C_t(m)$ 存放在中央银行的准备金账户上，收取 i'_t 的利息，另一部分 $C''_t(m) = [1 - \gamma_t(m)]C_t(m)$ 用于在银行间市场上放贷，收取 i''_t 的利息。其资产负债表为 $C_t(m) = C'_t(m) + C''_t(m)$。中央银行的存款准备金率为 γ_t，银行根据这一准备金要求选择最佳的资产组合。商业银行持有超值准备金的成本为 $z_t^\gamma(m)$，$z_t^\gamma(m) = \omega_1[\gamma_t(m) - \gamma_t] + \frac{\omega_2}{2}[\gamma_t(m) - Y_t]^2$，其中 ω_1 和 ω_2 为成本参数。贷款类银行在银行间市场上以利率 i''_t 获得资金 $C''_t(m)$，并以贷款利率 i_t^D 向企业提供贷款 D_t。

存款机构的利润最大化问题为

$$\underset{\{\gamma_t(m),C_t(m)\}}{\text{Max}} \left\{ \gamma_t(m)i'_t + [1 - \gamma_t(m)]i''_t - i_t(m) - z_t^\gamma(m) \right\} \cdot C_t(m)$$

$$(5.8)$$

最优化一阶条件是

$$- \omega_1 - (i''_t - i'_t) = \omega_2 \gamma_t(m) - \omega_2 \gamma_t \tag{5.9}$$

$$i_t(m) = \gamma_t(m) i'_t + [1 - \gamma_t(m)] i''_t - z_t^\gamma(m) \tag{5.10}$$

金融部门间的均衡为

$$D_t = (1 - \gamma_t) C_t \tag{5.11}$$

（二）家庭

家庭从消费量 X_t 中获得效用并从工作时间 h_t 中获得负效用，家庭的

效用函数为 $u(X_t, h_t) = \ln X_t - \omega \dfrac{h_t^{1+\sigma}}{1+\sigma}$. 家庭消费 X_t^N 的国内产品和 X_t^W 的

国外商品，并且服从一揽子国内和国外产品的 Cobb – Douglas 函数形式

$X_t = (X_t^N)^\varphi (X_t^W)^{1-\varphi}$。其中，$\varphi$ 表示国内生产产品需求占国内居民消费总

需求的份额，相应地，$1 - \varphi$ 表示进口的外国产品需求占国内居民消费总

需求的份额。给定国内居民的消费结构可推算家庭的消费价格指数，即

$J_t = (J_t^N)^\varphi (J_t^W)^{1-\varphi}$。其中，$J_t^N$ 为国内商品价格，J_t^W 为国外商品价格。家庭

有名义工资收入 $G_t h_t$ 和存款 C_t，存款利息为 $i_{t-1} C_{t-1}$。假设家庭投资国外债

券市场，有外国名义债券 A_t，汇率为 H_t，从外国债券获取的利息为

$i_{t-1} H_t A_{t-1}$。假设银行与厂商归家庭所有，其利润也属于家庭收入的一部

分，银行利润为 Gxi_t^s，厂商利润为 Gxi_t^R，从政府一次性转移支付 T_t。因此，

家庭的预算约束为

$$J_t X_t + J_t C_t + H_t A_t = i_{t-1} J_{t-1} C_{t-1} + i_{t-1} H_t A_{t-1} + J_t G_t h_t$$
$$+ J_t \sum_{m \in \{S, R\}} Gxi_t^m + J_t T_t + \frac{\omega A}{2} J_t \left(\frac{H_t}{J_t} A_t\right)^2 \tag{5.12}$$

使用贴现因子 β，在预算约束条件下，家庭决定其最优消费量、劳

动供给量、存款与国外债券持有量，最大化其跨期总效用，最优化一阶

条件为

$$\left[\Lambda_{t,t+1} \frac{i_t^*}{\pi_{t+1}} \frac{H_{t+1}}{H_t}\right] Et = 1 - \omega A \frac{H_t}{J_t} A_t \tag{5.13}$$

其中，随机贴现因子 $\Lambda_{t,t+k} = \beta^k \dfrac{X_t}{X_{t+k}}$，通货膨胀率服从定义 $\pi_t = \dfrac{J_t}{J_{t-1}}$。

(三) 厂商

厂商分为四类：资本品生产者、资本品贸易商、中间品生产者、最终产品生产者。资本品生产者购买扣除折旧后的资本存量，通过追加投资，生产出下一期的资本存量，并出售给资本品贸易商；资本品贸易商连接中间品生产者和资本品生产者，贸易商向资本品生产者购买资本，并在期末向中间品生产者售出，并将资金以 Q_t 的价格租给中间品生产者；中间品生产者从家庭购买劳动力，并从资本品贸易商租用资本生产差异化的中间商品；最终产品生产者购买中间产品生产国内产品，一部分作为消费品出售给家庭，另一部分作为投资品出售给资本品生产者。

资本品生产者的最优化问题为选择投资水平 I_t 来最大化当前资产的贴现值。最大化问题为

$$\text{Max}\left[(Q_t - 1)I_t - \left(\frac{I_t}{K_{t-1}} - \rho\right)^2 \frac{X K_{t-1}}{2} \right] \tag{5.14}$$

其中, $\left(\dfrac{I_t}{K_{t-1}} - \rho\right)^2 \dfrac{X K_{t-1}}{2}$ 为二次型资本调节成本, ρ 是资本的折旧率。设 U_t 为资本的市场价格, 最大化问题产生资本供给曲线: $U_t = 1 + X\left(\dfrac{I_t}{K_{t-1}} - \rho\right)$。资本流动方程为 $Q_t = (1 - \rho)Q_{t-1} + I_t$。

资本品贸易商进行资本购买的融资来源, 一方面是其净资产 N_t , 另一方面是贷款机构提供的贷款 L_t。若贷款以本币计价, 则 $U_t Q_t = N_t + L_t$; 若贷款以外币计价, 则 $U_t Q_t = N_t + H_t L_t^*$。均衡条件为:

$$U_t Q_t = f(E_t r_{t+1}^Q \cdot E_t \pi_{t+1} / i_t'') N_t \tag{5.15}$$

其中, $E_t r_{t+1}^Q$ 为预期总实际资本回报, $E_t r_{t+1}^Q \cdot E_t \pi_{t+1} / i_t''$ 为外部融资溢价, 其随债务在总融资中的份额而增加。实际资本回报率由下式决定:

$$r_t^Q = \frac{Z_t}{u_{t-1}} + \frac{u_t}{u_{t-1}}(1 - \rho) \tag{5.16}$$

市场竞争中有概率为 $1 - d$ 的生产者退出市场, 贸易商的净值遭受损失。退出的生产者被新进入的生产者取代, 新进入者的净值为 W_t , 其得到退出者 k 的转移。总净值 N_t 如下:

$$N_t = dW_t + (1 - d)k \tag{5.17}$$

假设贷款为固定的名义利率 i^L，存在无谓成本 μ，若以本币计价，新进入的生产者净值为

$$W_t = (1 - \mu) r_t^Q U_{t-1} Q_{t-1} - i_{t-1}^L \frac{J_{t-1}}{J_t} L_{t-1} \tag{5.18}$$

若以外币计价，生产者净值 W_t 如下：

$$W_t = Q_{t-1} r_t^Q U_{t-1} (1 - \mu) - \left[\frac{H_t}{H_{t-1}} \frac{J_{t-1}}{J_t} i_{t-1}^{*L} \right] L^* \frac{H_{t-1}}{J_t} \tag{5.19}$$

由于债务都是通过银行间市场进行融资，因此本币与外币贷款利率之间的无套利条件为

$$i_{t-1}^L = E_{t-1} \frac{H_t}{H_{t-1}} i_{t-1}^{*L} \tag{5.20}$$

资本品贸易商的资产方面，资本收益与借贷成本的意外价格变动导致净值变动。因此，U_t 变动成为 r_t^Q 的主要波动源，可见资产价格变化在金融加速器中起到关键的作用。贸易商的负债方面，价格水平的意外变动影响借贷成本，如果债务以外币计价，汇率的意外变化会改变贸易商的净值。

垄断竞争的代表性中间品生产者 h 从家庭购买无差别的劳动力 $h_t(h)$，并从贸易商租用资本 $Q_t(h)$，通过规模报酬不变的生产函数生产差异化的中间商品。其生产函数服从 Cobb - Douglas 形式：

$$y_t(i) = \lambda_t^C h_t(h)^{1-a} Q_{t-1}(h)^a \tag{5.21}$$

其中，λ_t^C 表示中间品生产者外生给定的生产技术，遵循 AR（1）过程，$\alpha \in (0,1)$，表示资本产出弹性系数，$1 - \alpha$ 表示劳动力产出弹性系数。求解成本最小化问题，得到如下关于劳动力与资本的一阶条件：

$$G_t h_t(i) / O_t Q_{t-1}(i) = (1 - a)/a \tag{5.22}$$

$$mc_t = G_t^{1-a} O_t^a / \lambda_t^C \tag{5.23}$$

其中，O_t 为资本的租金率，G_t 为名义工资率。

假设最终产品生产者处于垄断竞争市场，最终产品生产者包含测量区间在 [0，1] 的所有生产者。任取最终产品生产者 $i \in$ [0，1]，作为

代表性生产者进行分析。代表性最终产品生产者与其他生产者生产差异化的产品，二者生产的产品是不完全替代的，通过 CES 函数构造最终产品生产函数

$$Y_t = \left(\int_0^1 y_t(i)^{\frac{\in -1}{\in}} di \right)^{\frac{\in -1}{\in}} \tag{5.24}$$

其中，$\in$ 表示不同生产者所生产的差异化产品的替代弹性。假设最终产品生产者采用标准的 Calvo 定价技术引入价格黏性，当允许生产者重新设定其价格时，其最大化跨期的期望收益为

$$\text{Max } E_t \left[\sum \theta_{\Lambda t, t+1}^k Gxi_{t+k/t(i)}^R \right] \tag{5.25}$$

其中，$Gxi_{t(i)}^R = \dfrac{J_t^*}{J_t} y_t(i) - mc_{t+k/t}(i) y_{t+k/t}(i)$，最优化一阶条件为

$$E_t \left[\sum \theta_{\Lambda t, t+k}^k y_{t+k/t(i)} \left(\frac{J_t}{J_{t-1}} - \frac{\varepsilon}{\varepsilon - 1} mc_{t+k/t}(i) \right) \right] = 0 \tag{5.26}$$

在市场均衡条件下，根据资本运动规律及市场出清条件，可以得到如下均衡条件：

$$Y_t = \left[X_t + I_t + Z_t \right] \frac{J_t}{J_{t-1}} \gamma + \frac{H_t}{J_t^N} x_t + \frac{J_t}{J_t^N} \omega_t \gamma \tag{5.27}$$

其中，X_t 为出口，ω_t 为资本调整成本。在每一期中，本国经常账户余额取决于

$$H_t A_t = (1 + i_{t-1}^*) H_t A_{t-1} + J_t^N Y_t + J_t \omega_t - J_t (X_t + I_t + Z_t) \tag{5.28}$$

（四）中央银行

在以利率走廊为代表的利率调控模式下，中央银行只设定利率，并保持准备金要求不变，则 $\gamma'_t = 0, i''_t = \sigma_{\pi,i''} \pi_t + \sigma_{Y,i''} Y_t + \sigma_{L,i''} L_t$，其中 i''_t 和 γ'_t 分别是它们稳态值水平偏差的百分比。在 $\sigma_{L,i''} = 0$ 的情况下，中央银行将利率设定为产出和通胀的线性函数。在货币供应量调控模式下，利率和准备金要求同时对产出、通胀和贷款的波动作出反应：$i''_t = \sigma_{\pi,i''} \pi_t + \sigma_{Y,i''} Y_t + \sigma_{L,i''} L_t, \gamma'_t = \sigma_{\pi,\gamma t} \pi_t + \sigma_{Y,\gamma t} Y_t + \sigma_{L,\gamma t} L_t$。对于上述两个货币政策框架，中央银行将选择使对应的损失函数最小化的系数，以使其损失最小化。其最小化问题为

$$\operatorname*{Min}_{|\sigma_{\pi,\gamma'},\ \sigma_{Y,\gamma'},\sigma_{L,\gamma'}|} L' / L'' \tag{5.29}$$

三、参数校准

为了对模型进行求解，对原方程组进行了对数线性化。表5-7列出了标准参数的详细信息。对这些参数进行校准，使银行间利率 i''_r 和准备金利率 i'_r 的利差稳态值为100个基点，以及存款准备金率为0.12。企业家的杠杆比率的稳态值为2。选择贷款合约的其他参数来产生40个基点的稳态外部融资溢价和 $\eta = 0.04$ 的杠杆弹性。产出中，投资比例为0.54，消费比例为0.21，政府支出比例为0.25。假设从长期来看，总支出中的70%用于国内产品与贸易，则出口的占比为0.3。在损失函数中，为简化起见，设置参数 σY 和 σL 都等于1。

表5-7　　　　　　　　　　　参数校准

参数	值	参数	值
ρ	0.03	d	0.95
β	0.9925	x	0.047
α	0.322	ωB	0.021
σ	3.12	ϕ	0.76
θ	0.77		

四、模型分析

（一）不同金融结构下的准备金效果

在利率走廊调控下，对银行产生的征税效应占主导地位。如果中央银行以利率为目标，货币就会变成内生的，准备金要求就会随之变化。准备金要求的提高会增加存贷款利差。在利率规则下，存款利率下降，贷款利率上升。贷款利率上升意味着实体部门信贷成本上升，导致投资和资本存量下降。存款利率下降使消费支出增加，同时由于非抵补利率平价，存款利率下降也导致汇率贬值和出口上升。由于对投资与消费和出口的反作用，对总产出的影响是不确定的。

在数量型调控下，基础货币量由中央银行外生控制。货币供应量调控下准备金的脉冲响应效果类似于价格型调控下的利率冲击（见图5-3）。利率上升，而产出和通胀率下降。准备金要求的增加会增加银行对存款的需求。为了吸引更多的存款，存款利率必须上升。随着边际融资成本的增加，这给贷款利率带来了上行压力。与其他情况一样，投资下降，但由于存款利率上升，消费也下降。这导致了价格和产量的明显下降。广义货币收缩导致的效应超过了对银行税收效应的影响。但是，货币乘数效应只有在存在名义上的刚性时才是重要的。

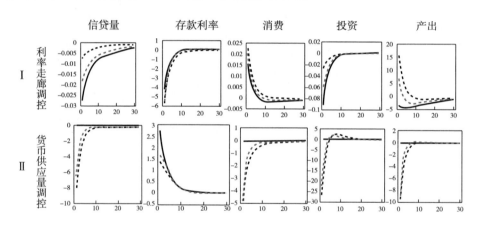

图5-3 不同货币政策下的脉冲响应

现在讨论加入金融加速器机制的效果。在利率调控下，我们将没有金融加速器的准备金需求冲击效应与在金融加速器机制下本币债务和外币债务的准备金需求冲击效应分别进行比较。与基准情况相比，将金融加速器引入本币债务会加大对投资的影响。由于外部融资溢价变动，投资对同业拆借利率的波动更加敏感。外币债务进一步放大了存款准备金冲击向投资的传导。投资下降比没有金融加速器的情况下大得多。存款利率下降导致本币贬值，本币贬值又导致以本币计价的企业债务的上升，因而企业净值下降，外部融资溢价进一步上升。因此，外币债务强化了准备金要求的传导机制，尤其在利率调控的政策下更加明显。准备金上调的影响与利率上调形成鲜明对比。利率上调时，由于货币升值和企业家净资产增加，加息的紧缩效应往往被削弱。

（二）价格稳定目标与准备金制度

假设中央银行只考虑价格稳定目标，为量化准备金要求的影响，通过改变经济结构和货币政策操作规则使式（5－29）的价格稳定损失函数最小化。

将中央银行只监测产量和通胀波动，并不对贷款作出反应的操作规则标记为Ⅰ。计算结果如表5－8所示。表中显示了在利率规则下的损失函数值。

首先考虑没有金融摩擦的经济。主要结论是法定存款准备金要求对于经济稳定的作用很小。根据政策Ⅰ（2），除了利率之外，中央银行还设定了准备金要求，与Ⅰ（1）的准备金要求比率始终保持不变的情况相比，损失函数仅下降约3.6%。在没有金融摩擦的情况下，政策Ⅰ（2）与政策Ⅰ（1）的效应差不多，但如果加入本币和外币债务，损失的数值降低约7.4%和9.1%。特别是外币债务的存在削弱了利率规则的影响。由于资产负债表效应，外币债务降低了利率变动对产出的影响。

表5－8　　　　　　　　　　　价格稳定目标损失函数值

假设	政策Ⅰ/Ⅱ（1）	政策Ⅰ/Ⅱ（2）
没有金融摩擦 L′	17.3/15.7	16.67/15.3
有金融摩擦和本币债务 L′	22.3/19.9	20.65/15.3
有金融摩擦和外币债务 L′	26.2/23.1	23.8/17.0

将中央银行同时也对贷款波动作出反应的规则标记为Ⅱ。中央银行对贷款作出反应是因为其中包含了关于经济状况的信息，遏制贷款波动本身不是目的。没有金融摩擦时，准备金要求在利率规则Ⅰ损失函数值较大。但是在操作规则Ⅱ下，对贷款作出反应导致较低损失。与规则Ⅰ相比，规则Ⅱ的损失更小。结果表明，即使在没有金融摩擦的经济体中，

对贷款进行调控也是有益的，因为贷款包含了有关经济状况的有用信息。引入金融加速器机制后可以发现，将准备金要求作为辅助政策工具有助于稳定经济。在有本币债务下，政策Ⅱ（2）下的损失函数值比政策Ⅱ（1）下的损失函数值低23.1%；在有外币债务下，政策Ⅱ（2）下的损失函数值比政策Ⅱ（1）下的损失函数值低26.4%。

（三）双重货币政策目标与准备金制度

本部分假设中央银行同时考虑金融稳定目标，通过改变经济结构和货币政策操作规则使式（5.29）的损失函数最小化。

结果显示在表5-9中。最优政策规则有两个关键结果。首先，使用准备金要求作为政策工具导致损失函数值大大降低，但前提是存在金融摩擦。与政策Ⅲ（2）相比，政策Ⅲ（1）在有本币债务时损失增加50.9%，在有外币债务时损失增加88.2%。政策Ⅲ（1）下的较高损失可以通过技术冲击进行解释。扩张性的技术冲击引起通胀下降和贷款增加。旨在稳定通胀的货币政策使银行间利率下降，以保持低的市场利率。但是宏观审慎政策又使银行间利率上升，进而削弱企业的信贷需求。因此，利率工具无法实现两个货币政策目标。

表5-9 金融稳定目标损失函数值

假设	政策Ⅲ（1）	政策Ⅲ（2）
没有金融摩擦 L″	24.6	22.6
有金融摩擦和本币债务 L″	33.5	22.2
有金融摩擦和外币债务 L″	40.1	21.3

其次，如果有价格稳定和金融稳定双重目标，但没有将准备金要求作为货币政策工具，将同时增加两个货币政策目标的波动程度。在货币政策Ⅲ（1）下，如果准备金要求不变，产出和通胀的波动幅度就会增大，并会因金融摩擦而进一步上升。在有本币债务下，损失函数值比没有金融摩擦增加36.1%；在有外币债务下，损失函数值增加63%。在政

策Ⅲ（2）下，将准备金要求作为货币政策工具，在有本币债务下，损失函数值比没有金融摩擦减少1.7%；在有外币债务的情况下，减少了5.7%。这个数据与前面的论点一致，即外币债务实际上提高了准备金要求的有效性。结果表明，在无辅助的政策工具下，中央银行控制信贷可能导致产出和价格的大幅波动，但是如果使用准备金要求可以控制这一损失。

五、结论

本节目的是提供一个框架来分析存款准备金制度是否以及在何种情况下可以成为一个有效的货币政策工具。通过建立一个有名义价格黏性、金融摩擦和准备金要求的小型开放经济模型，对准备金制度有效性进行分析。主要结论是，如果中央银行以价格稳定作为主要目标，并以利率作为主要政策工具，则准备金要求对经济稳定的作用很小。因为提高准备金率，存款利率下降，消费意愿上升，贷款利率上升，投资下行压力加大，扩大了存贷款利差，加剧了利率波动。如果经济中存在金融摩擦，特别是有外币债务和稳定信贷的目标，则准备金要求对经济状况作出适时反应的收益是巨大的。提高准备金率既能使汇率贬值，又能收缩信贷条件。利率规则下的紧缩政策因为资产负债表效应而被弱化。

当前我国国际收支失衡有所缓解，但未来一段时期还不会得到完全改善，经济金融领域结构性失衡将加剧我国金融摩擦。中央高度重视防范金融风险，人民银行也将防风险作为当前和未来的工作重点。因此，我国货币政策目标除了稳定价格，金融稳定也成为重要目标之一。数量型调控框架向价格型调控框架转型，如果单靠利率走廊调控无法实现双目标，可以合理利用存款准备金制度以实现价格和金融的双稳定。

第六章　构建中国利率走廊
调控体系的对策建议

经过 20 多年的市场化改革，我国现代化的货币政策调控取得重大进展，也积累了许多宝贵经验，但也要认识到我国货币政策理论和实践仍存在较大的改进空间，货币政策理论和实践需要更紧密地协调配合，才能实现货币政策框架的顺利转型。从利率走廊调控的三个作用机制看，需要进一步完善利率走廊机制，增强 Shibor 作为基准利率的基准性，完善担保品框架，提高融资可得性，实行自愿准备金制度降低流动性"囤积"，提高利益诱导的有效性；进一步增强利率走廊调控的相关配套改革，提高货币政策透明度，提升中央银行独立性，增强市场预期引导能力；强化市场参与主体的微观经济行为，提高市场主体的利率敏感性，发展多元化的资本市场，提升货币政策传导的有效性。

第一节　增强利益诱导的有效性

一、增强 Shibor 的基准性

借鉴国际经验，将 Shibor 作为我国货币市场基准利率，填补了基准利率体系建设上的空白。Shibor 运行多年，在同业拆借市场、债券市场和票据市场的应用日益广泛。在运行过程中其存在的缺陷也暴露出来，需要不断改进与完善，逐步培育 Shibor 作为基准利率的市场性、基准性，以提高利率传导的有效性。

（一）Shibor 存在的缺陷

目前 Shibor 作为基准利率还存在不少缺陷。Shibor 的报价银行团成员只有 18 家，数量少，整体资金规模较小，还不能完全反映市场整体供求状况；各报价团成员在资金、经营、管理和信用等级上的差异将以风险溢价的形式在各银行的报价中体现出来，影响 Shibor 作为无风险利率的可靠性。虽然经过利率市场化改革，银行整体定价能力有了提高，但报价银行团中实力较弱的银行在报价方面能力也较弱，影响 Shibor 报价的可信度。与债券市场相比，同业拆借市场作为无抵押要求的信用交易，对市场参与主体的信用要求较高，各市场主体进入同业市场的门槛较高，降低了同业拆借市场的参与性。另外，虽然放开存款利率使我国利率市场化走完关键一步，但长期以来对管制利率形成的路径依赖影响了 Shibor 的基准性。Shibor 采用虚盘报价，与具有实际成交的利率相比，虚盘报价会出现利率的失调和超调现象，容易引发操纵利率的行为。下一步，我国应在 Shibor 的市场性、基准性和传导性方面加快建设。

（二）增强 Shibor 基准性的建议

一是提高 Shibor 的市场基础，加强同业拆借市场建设。同业拆借市场是银行调节资金头寸和补充临时性流动性需求的重要场所。1984 年我国同业拆借市场初步建立，经过曲折发展，目前日趋成熟。同业拆借市场从建立到完善，为调节市场流动性、传递货币政策立场发挥了重要作用。同业拆借市场还不完善，需要进一步加强建设。例如，同业拆借市场的信息不对称，存在一定的经营风险和道德风险，加剧市场价格的波动，影响 Shibor 的稳定性。Shibor 的稳定性是其作为基准利率的重要基础，是银行愿意将 Shibor 作为定价参考的主要原因，Shibor 的不稳定会降低银行将其作为定价参考的动力。同业拆借市场交易主体较单一，同质性的交易主体流动性状况相仿，往往会出现交易主体同时出现流动性盈余，导致市场交易规模低，市场交易不活跃；或出现交易主体同时出现流动性匮乏，需要中央银行出面提供流动性，此时同业拆借市场的作用无法有效发挥。当前我国货币政策仍以数量型调控为主，主要依靠公开市场操作的回购交易向市场提供流动性，造成债券回购交易规模长期大于同业信贷规模，同业信贷规模仅占债券回购的不到十分之一，影响了 Shibor 的市场性。应加大同业拆借市场建设，推动同业市场主体范围进一步扩大，加强风险控制和信息披露，减少同业拆借市场的信息不对称。还应扩大 Shibor 中长期品种的交易规模，保障其基准利率作用的发挥。

二是扩大 Shibor 在金融衍生品市场的应用范围。经过多年发展，Shibor 定价功能得到广泛应用，有越来越多的金融衍生品与 Shibor 挂钩，比如同业拆借市场、金融债券市场、票据贴现市场、利率互换市场和短期融资市场的相关产品，大大强化了 Shibor 作为基准利率的权威性。但定价品种的期限结构还不够合理，定价产品主要集中在较短期限的品种上，比如 7 天回购以 Shibor 作为参考占绝大部分，但 1 年期以上交易以 Shibor 定价则很少，与成熟市场相比还有很大的差距。这不仅影响了中央银行货币政策的有效传导，也影响了 Shibor 在货币市场上的基准作用。因此，应加强 Shibor 定价的制度和环境建设，提高中长期金融衍生品如利率掉期和远期利率互换等产品以 Shibor 作为定价参考的比重，推进以 Shibor 为基准的金融创新，通过加大宣传力度提高公众的认知度，推动市场投资与决策，提高 Shibor 的适用性与基准性。

三是健全 Shibor 的报价机制，提高报价的真实性。Shibor 报价团的 18 家报价行在每个交易日 11：20 前，根据宏观经济形势、金融市场状况、各报价行资金头寸和货币市场流动性状况，独立确定从隔夜到 1 年期各品种银行间拆借利率并上报。上海银行间同业拆放中心在收到各报价行报价后，分别剔除最高和最低报价，对剩下的各期限利率计算算术平均值，计算结果作为当日各期限 Shibor 的报价，即时发布。报价主体都是信用等级较高的市场交易主体，报价具有趋同性。报价的计算没有为在市场中处于不同地位、具有不同实力和经营规模的异质性报价成员赋予不同的权重，具有简单化处理的倾向。对各报价行的报价，没有标准来评判报价的合理性与规范性，为报价行出于竞争性策略虚假报价或为自身利益通过"合谋"操控报价留下空间。建议将中小银行和非银行金融机构纳入报价团成员，让报价主体具有更广泛的市场基础。同时计算报价时，要赋予不同重要性的报价成员不同的权重，让报价能够更真实地反映市场供求状况。监管机构应加强对自然利率的研究，通过可靠的建模方式，对短期和长期均衡利率进行量化分析，为报价监管提供可信参考，提高监管的有效性。在报价行出现异常报价时要及时干预，并给予必要的指导。要对操纵市场利率的行为建立惩戒机制，通过事前防范和事后处置来规范报价行行为。

二、降低常备借贷便利准入门槛，提升商业银行的融资可得性

要完全发挥常备借贷便利作为利率走廊上限的功能，必须对商业银行的行为形成硬约束。这就要求人民银行对于市场中的贷款需求方实行无差别的待遇，使金融机构无论规模大小都能公平获得申请贷款的权利。如果人民银行对市场参与者采取歧视性政策，部分金融机构无法获取申请常备借贷便利的权利，它们就只能以更高的利率从货币市场获取资金，常备借贷便利就不能对全部商业银行的行为形成硬约束。可以说市场异质性限制了利率走廊利益诱导机制的发挥。

有学者（2014）通过货币市场中异质性银行的假定探讨了常备借贷便利软约束问题。他们构建单个流动性富余银行的流动性供给函数和单个流动性短缺银行的流动性需求函数，通过加总单个银行的流动性供给和需求，在供需均衡条件下构建流动性供需恒等式，进而求解均衡利率，并对各相关变量求一阶和二阶偏导数，分析了预期冲击、冲击利差和阈值效应对利率与流动性的影响。在市场异质性条件下，常备借贷便利效力的弱化可由以下机制解释。对冲击的敏感性由于流动性效应而决定于中央银行流动性供给状况：若中央银行按需提供流动性，流动性效应对冲击不敏感，利率在冲击下能够保持稳定；若中央银行不按需提供流动性，流动性效应对冲击敏感，利率在冲击下不稳定；流动性供给不足时造成冲击离差大，流动性效应对冲击离差敏感，预期冲击越大，利率越

高；流动性供给充足时，冲击离差小，流动性效应对冲击离差不敏感，一定的预期冲击下，利率相对较低，波动较为平稳。中央银行能够准确判断市场流动性状况，迅速提供恰当的流动性的前提是，中央银行能够准确计算融资可得性、冲击利差和流动性阈值。由于冲击的不确定性，准确计量十分困难，中央银行无法判断市场流动性确切的供给量并设定流动性目标进行阈值管理，削弱了流动性管理的有效性。中央银行可提供常备借贷便利工具，根据市场流动性自发形成的需求自动向市场注入流动性，改善融资可得性。然而，差异化的常备借贷便利工具并不能真实地反映市场供求，融资可得性不能够得到彻底的改善。因此，应该降低获得常备借贷便利的准入门槛，提高金融机构的融资可得性，使资金需求完全释放，才能起到稳定利率的作用。

当前人民银行只向信誉较高的一级交易商提供常备借贷便利工具，限制了受众面，使较小的商业银行无法利用常备借贷便利工具改善流动性状况。受我国抵押品制度的限制，合格抵押品品种少，商业银行在面临流动性缺乏时能够用来申请常备借贷便利工具的抵押品数量不足，限制了融资可得性。因此，应该构建与完善适合我国国情的商业银行评级制度，激励更多商业银行在宏观审慎框架下改善资产负债结构，满足资本充足率要求，获得常备借贷便利申请资格。同时完善抵押品制度，培养合格抵押品种类，为商业银行解决流动性问题提供可靠的抵押品来源，降低流动性不足时由预期冲击和冲击利差带来的阈值效应，提升中央银行价格型调控效力，稳定市场利率波动。

三、采取自愿准备金制度

上一章已经实证了如果中央银行存在双目标，余额准备金制度是更优安排。但是，余额准备金制度又分为期间平均和自愿准备两种形式，这两种形式哪一种更优呢？如果将零准备金制度考虑进来，通过分别构建这三种不同形式准备金制度下准备金供求的一般均衡模型，可以分析不同准备金制度对利率走廊调控效果的影响，以确定利率走廊调控下最优的准备金制度。以下就分别对三种不同准备金制度进行探讨。

（一）零准备金制度

对零准备金制度的考察可以通过构建单个交易日内零准备金要求的对称型利率走廊调控模型进行分析。在单个交易日内，中央银行利用利率走廊来控制隔夜拆借利率。中央银行目标利率为 i^*，走廊上限为贷款利率 $i^* + s$，走廊下限为存款利率 $i^* - s$，其中 s 为政策利差。商业银行对准备金需求的估计受意外冲击的影响，这一影响由随机误差项 ε 确定，其概率分布为 $F(\varepsilon)$，ε 的期望值 $E(\varepsilon) = 0$。相对于在市场上贷出资金，商业银行在中央银行的准备金账户中持有正的存款余额的机会成本由 $i - (i^* - s)$ 来衡量；而在贷款的情况下，从中央银行而不是市场借款的损失由 $i^* + s - i$ 来衡量。因此，银行在交易日末为实现 T 的准备金余额目标，其成本最小化问题归结为

$$\min_{T} I_0 \int_{-T}^{\infty} (i - i^* + s)(T + \varepsilon)dF(\varepsilon) - \int_{-\infty}^{-T} (i^* + s - i)(T + \varepsilon)dF(\varepsilon)$$

$$(6.1)$$

式（6.1）的最小化一阶条件为

$$F(-T^*) = \frac{1}{2} + \frac{i - i^*}{2s} \tag{6.2}$$

对式（6.2）求市场利率 i 的偏导数，得出准备金需求对市场利率 i 的弹性为

$$\frac{\partial T^*}{\partial i} = \frac{\partial T^*}{\partial (i - i^*)} = \frac{-1}{2sn\left(\dfrac{T^*}{\sigma}\right)} < 0 \tag{6.3}$$

对式（6.2）求对存贷款利差 s 的偏导数，得出准备金需求对存贷款利差的弹性为

$$\frac{\partial T^*}{\partial s} = \frac{1 - 2N\left(\dfrac{T^*}{\sigma}\right)}{2sn\left(\dfrac{T^*}{\sigma}\right)} \tag{6.4}$$

因此零准备金制度下准备金需求曲线如图 6-1 所示。

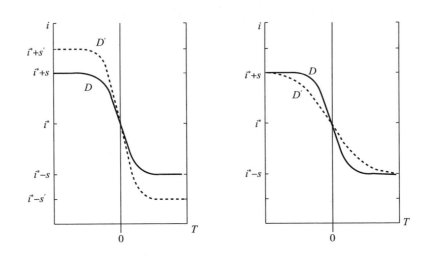

图6-1 零准备金制度下的准备金需求曲线

从图6-1可知：第一，利率走廊中间位置准备金需求曲线富有弹性。当利差 s 为零，即拆借利率趋近中央银行存款利率的时候，商业银行无限持有超额准备金，商业银行对准备金的需求趋向正无穷大，此时的准备金需求对市场利率 i 的弹性无穷大。同样，当拆借利率趋向中央银行贷款利率时，商业银行向中央银行无限借款，其准备金需求趋向负无穷大，利率弹性也变得无穷大。即在中央银行的存贷款利率附近的高弹性区间，商业银行对准备金需求的利率反应敏感性高，中央银行只要将政策利率设定为相应的市场利率，就能通过向市场提供足够的流动性推动市场利率达到政策利率目标范围。第二，存贷款利差 s 的大小决定了准备金需求曲线的坡度，两者成反比的关系。由于目标利率位于利率走廊的中间位置，考虑两种极端情况。如果利差无限扩大，准备金需求曲线在目标利率位置将变得十分陡峭，准备金需求对利率的弹性很小，一旦市场利率偏离目标利率，中央银行通过流动性管理很难将市场利率拉回目标利率，可以说在这种情况下中央银行失去了对市场利率的控制。如果利差无限缩小，准备金需求曲线在目标利率附近范围将变得越来越平坦，准备金需求在目标利率范围对利率的弹性越来越大，中央银行通过流动性管理能够十分有效地控制市场利率对目标利率的偏离。第三，具有对称形式。从图 6 - 1 可以看出，这一对称形式并不随利差大小的改变而变化，原因是机会成本的对称。因此，只要利用常备借贷便利工具为商业银行提供对称的机会成本，货币政策的实施在利率走廊机制作用下可以通过市场化的方式实现，而无须频繁进行公开市场操作。

（二）期间平均准备金制度

通过对期间平均准备金制度构建两期模型，可以对期间平均模式进行分析。假设代表性银行需要在两天的维持期内被迫满足每日平均准备金余额 R 的要求，账户头寸同样具有不确定性。第二个交易日是准备金结算日，该交易日的市场拆借利率为 i_S。如果第一个交易日的市场拆借利率 i_p 的值低于结算日市场利率 i_s 的期望值，风险中性银行将会在第一个交易日为满足两日的法定存款准备金要求融资 $2R$。反之，银行将会在第二个交易日进行等量的融资。假设在第二个交易日商业银行法定存款准备金需求为 b，银行以该日拆借利率 i_s 从市场拆入资金，并从中央银行以 $i^* - s$ 的利率获得准备金存款利息收入。那么银行在第二个交易日成本最小化问题就是

$$\min_{T_s}{}_{I_s}(i_s - i^* + s)b + \int_{b-T_s}^{\infty}(i_s - i^* + s)(T_s + \xi - b)\mathrm{d}G(\xi)$$
$$+ \int_{-\infty}^{b-T_s}(i^* + s - i_s)(b - T_s - \xi)\mathrm{d}G(\xi) \qquad (6.5)$$

式（6.5）的第一项是从市场借款以达到法定存款准备金要求的成本，第二项是不持有超额准备金而损失的机会成本，第三项是向中央银行借款的净成本。对其求一阶导数得

$$G(b - T_s^*) = \frac{1}{2} + \frac{i_s - i^*}{2s} \qquad (6.6)$$

那么银行在第一个交易日成本最小化问题就是

$$\min_{T_p}{}_{I_p}\int_{-T_p}^{\infty}(i_p - i^* + s)(T_p + \varepsilon)\mathrm{d}F(\varepsilon) - \int_{-\infty}^{-T_p}(i^* + s - i_p)(T_p + \varepsilon)\mathrm{d}F(\varepsilon)$$
$$+ 2RsF(-T_p) + s\int_{-T_p}^{2R-T_p}(2R - T_p - \varepsilon)\mathrm{d}F(\varepsilon) + E_{I_p}(K(i_s, i^*, s))$$

$$(6.7)$$

式（6.7）的第一行相当于式（6.1）。第二行的第一项是在结算日为满足准备金维持期内全部准备金要求（2R）的预期成本乘以第一个交易日账户余额为负或零的概率。第二行的第二项是在第一个交易日部分满足准备金要求的情况下，为满足期间平均要求的结算日成本。第二行最后一项反映了在第一个交易日市场利率 I^p 下结算日利率的不确定性。

因此，一阶最优化条件为

$$i_p - i^* + s[I - F(-T_p^*) - F(2R - T_p^*)] = 0 \qquad (6.8)$$

第一个交易日账户余额对日均准备金要求求偏导为

$$\frac{\partial T_p^*}{\partial R} = \frac{2}{1 + \dfrac{n(T_p^*/\sigma)}{n\left(\dfrac{2R - T_p^*}{\sigma}\right)}} > 0 \qquad (6.9)$$

第一个交易日账户余额对第一个交易日市场利率求偏导为

$$\frac{\partial T_p^*}{\partial i_p} = \frac{-1}{s\left[n\left(\dfrac{T_p^*}{\sigma}\right) + n\left(\dfrac{2R - T_p^*}{\sigma}\right)\right]} < 0 \qquad (6.10)$$

两种不同比率的期间平均准备金要求的准备金和两种不确定性的（实线为10%的准备金要求，虚线为40%的准备金要求）需求曲线如图6-2所示。

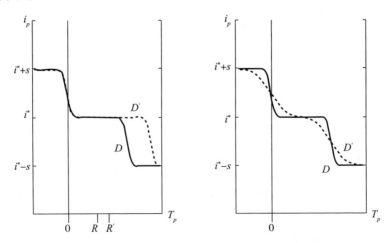

图6-2　期间平均准备金制度下的准备金需求曲线

图 6 - 2 左图是第一期的准备金需求曲线。从图中可以发现，在利率走廊中间，准备金需求曲线具有无限弹性，是水平的，而且水平的直线在横轴的时间方向持续了较长的区间。这对货币政策实施有两点启示。第一，如果公开市场业务在水平位置实施，中央银行对流动性预测的误差导致需求曲线的移动，将带来较小的利率波动，也就是对货币政策的容错能力提高了。第二，水平位置持续的区间较长，为中央银行调整货币政策留下了时间。右图表示如果经济中不确定性增加，水平的需求曲线持续的区间变窄，相当于为中央银行预留的调整货币政策的时间变短，实际上是增加了公开市场操作业务的难度。尽管如此，可以发现水平的需求曲线与零准备金的情况一样，仍然位于利率走廊的中间位置。但是在实施期间平均准备金制度的过程中，会引起跨期套利行为，加剧了市场利率的波动。

（三）自愿准备金制度

在自愿准备金制度的单期均衡模型中，商业银行持有准备金的成本函数如下：

$$C(R) = \min_T \int_{R-T}^{\infty} (i - i^* + s)(T + \varepsilon - R)\,\mathrm{d}F(\varepsilon) + \int_{-\infty}^{R-T} (i^* - i)(R - T - \varepsilon)$$

$$\mathrm{d}F(\varepsilon) + (i - i^* + \delta)R - \int_{\infty}^{-T} s(T + \varepsilon)\,\mathrm{d}F(\varepsilon)$$

$$(6.11)$$

其一阶条件为

$$i - i^* + s[1 - F(R - T^*) - F(-T^*)] = 0 \qquad (6.12)$$

求解该一阶条件可得

$$E_{I.}\left(\frac{\partial C}{\partial R}\right) = E_{I.}\{\delta + s[F(R^* - T^*) - 1]\} = 0 \qquad (6.13)$$

在均衡的 R 下有：

$$\frac{\partial R^*}{\partial \delta} = -\left\{E_{I.}\left[sf(R^* - T^*)\left(1 - \frac{\partial T^*}{\partial R^*}\right)\right]\right\}^{-1} < 0 \qquad (6.14)$$

从模型分析可知，中央银行设定的利差 δ 是商业银行的机会成本，与对准备金的需求成反比。两种不确定性状况下的准备金需求曲线如图 6 - 3 所示。

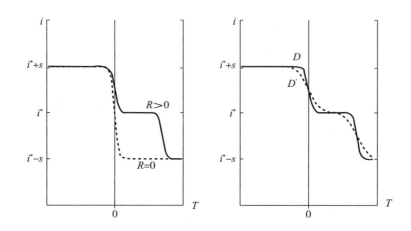

图 6 - 3　自愿准备金制度下的准备金需求曲线

一个十分明显的特征是，自愿准备金制度下的准备金需求曲线同样具有水平区域，有利于利率微调，而且自愿准备金还能够避免商业银行在准备金保持期末的跨期套利行为。

我国当前实行差别存款准备金动态调整机制，属于期间平均准备金制度。期间平均准备金制度相当于向银行的准备金征收了隐性税收，加大了商业银行在不同准备金维持期跨期套利的动机，这样会加大市场利率的波动。同时，银行的跨期套利往往使商业银行在准备金维持期的最后一个交易日无法满足平均准备金要求，引起准备金维持期最后一天利率大幅波动。人民银行虽然可以通过对准备金付息减少这种隐性税收的影响，但对准备金付息是被动的而不是主动的，因为商业银行完全可以通过替代品满足流动性需求，从而绕开人民银行的货币政策。

笔者认为，在当前我国经济金融形势下，采用自愿准备金制度，可以避免商业银行跨期套利行为，稳定市场利率。同时自愿准备金制度为商业银行提供对称的机会成本，能够提高利率走廊调控的有效性，增强货币政策的调控能力。另外，我国高水平的存款准备金率是在外汇占款大规模流入的过程中逐步形成的，随着外汇占款走势逆转，准备金率的下调是一个必然趋势。若我国准备金考核制度由当前的期间平均考核法调整为自愿准备金考核法，将大大减少商业银行跨期套利而进行的流动性囤积，有利于准备金率的进一步下调，为框架转型创造更好的货币环境。

第二节　强化中央银行的预期引导

一、构建"通胀目标制 + 宏观审慎政策"的调控框架

（一）宏观审慎政策工具

由于价格稳定目标和金融稳定目标同样重要，因此有必要构建"通胀目标制 + 宏观审慎政策"的调控框架。宏观审慎政策主要是应对金融不稳定。传统的货币政策也可以应对金融不稳定，比如法定存款准备金制度、贴现率政策、公开市场操作。但是这三个工具的应用涉及面太广，为应对金融不稳定实施会导致经济的不稳定。而宏观审慎政策具有高度的针对性，便于操作，既有利于金融稳定，又有利于经济稳定。宏观审慎政策工具主要分为三类，包括信贷风险相关工具、流动性风险相关工具和资本风险相关工具。防范宏观经济风险的是信贷风险相关工具，因为该工具主要限制经济主体借款活动，包括贷款价值比（LTV）、偿债收入比（DTI）、信贷增长上限、未冲销外债上限等。防范金融机构风险的是流动性风险相关工具和资本风险相关工具。流动性风险相关工具包括净敞口头寸限制、不匹配限制、流动性覆盖率（LCR）、净稳定融资比率（NSFR）等。资本风险相关工具包括时变资本要求、动态拨备、系统重要性金融机构额外资本缓冲等。中央银行不是金融市场的直接管理者，对于金融市场存在的风险可以根据已有的传统货币政策工具再加上对于市场参与者的额外限制进行管控。

（二）双目标冲突时的应对

人民银行目前的重要任务是建立与完善货币政策和宏观审慎政策双

支柱框架，以有效稳定和引导市场预期。宏观审慎政策通过审慎政策工具的运用，防范与化解金融市场风险，稳定市场预期。货币政策在市场预期稳定的基础上，通过利率走廊调控引导市场预期，可以稳定价格水平，实现产出目标。价格稳定目标与金融稳定目标相互联系，需要密切配合才能实现最终目标。不过两者因经济周期和金融周期发展阶段不同，呈现一定的动态不一致。当动态不一致发生时，双目标稳定和引导市场预期的功能受到挑战。

2008 年国际金融危机后，各国中央银行在反思危机前的货币政策上达成共识，认为最优的货币政策框架应该是"通胀目标制 + 宏观审慎政策"，货币政策框架应该兼顾价格稳定和金融稳定双目标。不过双目标制也会引发新的问题。Pierre – Richard（2013）认为货币政策和宏观审慎政策很大程度上是互补的工具。而 Pérez Quirós（2012）强调，即使货币政策和宏观审慎政策在很大程度上是互补的，在针对通货膨胀的货币政策与针对金融稳定的宏观审慎政策之间仍然可能会出现冲突。因此，人民银行在构建双支柱的货币政策框架时要协调好两个目标，综合运用多种工具平衡价格稳定和金融稳定目标。在大多数时候，人民银行可以独立实施货币政策和宏观审慎政策，并且两类政策可以通过协调总体上保持一致，但是当实际经济周期和金融周期向相反方向运行时，两个目标会出现冲突（见表6－1）。从表6－1中可以看出金融周期相对于实际经济周期更加频繁与反复，两种周期发展的步调并不总是一致。货币政策框架中的通胀目标制无法有效应对所有繁荣和萧条周期，货币政策存在失效的可能。当金融危机在累积过程中，通货膨胀率接近目标值，货币政策和宏观审慎政策在很大程度上可以彼此独立地进行。但在危机过后，经济周期和金融周期可能处于表6－1中的左下角位置，金融市场萧条，通胀率高于目标值；或右上角位置，金融市场繁荣和通胀率低于目标值。这两种情况发生时，人民银行价格稳定目标和金融稳定目标是相互冲突的。此时双目标制框架将不起作用，货币政策的实施会降低其可信度，因此需要新的工具来应对这一挑战。货币政策的首要目标是长期价格稳定，但它不是宏观稳定的充要条件，需要额外的如兼顾金融稳定和外部稳定的中期目标，综合运用宏观审慎工具、资本流动管理和外汇干预作为补充的货币政策工具。

表 6 – 1　　　　　　　　　不同周期下的利率政策与宏观审慎政策

金融周期/通胀目标	通胀率高于目标值	通胀率接近目标值	通胀率低于目标值
金融市场繁荣时期	互补	相互独立	冲突
金融市场平稳时期	相互独立	相互独立	相互独立
金融市场萧条时期	冲突	相互独立	互补

（三）加强分析预测能力，提高预期引导有效性

双支柱框架不仅受到经济周期与金融周期步调不一致的影响，经济与金融深化发展也加大了调控的难度。在经济全球化和金融深化的背景下，维护价格稳定和金融稳定必须重点关注以下三个方面：第一，经济全球化趋势增强，带来国际资本跨境流动、国际商品和服务的自由流动、国际中介行为增多，会影响国内货币与金融市场条件，经济将面临更多的外生冲击，需要加强对国际资本的监管，加强与国际金融组织合作，防范金融风险的国际传导。第二，金融市场发展将进一步深化，直接融资市场和非银行金融机构在未来将占据越来越重要的地位。直接融资市场的繁荣、金融衍生品市场的发展，在提高货币政策有效性的同时也增加了金融市场不稳定的因素。电子支付的发展，一方面便利了贸易与消费，另一方面降低了对货币的需求，增加了预测与管理流动性的难度。第三，国际金融危机的影响仍在持续，一些发达国家债务高企、货币政策常规化和后危机时代的监管改革将重塑我国货币政策的操作环境，加大货币政策实施结果的不确定性。在更为复杂和充满不确定性的环境中，人民银行需要做好三个方面的准备。一是对经济状况的变化要有清晰的认识并做好充分准备，能够对市场变化及时作出反应；二是使用货币政策工具时要保持足够的灵活性和创新性；三是当货币政策的实施不可避免产生零和博弈时，加强与公众的沟通，降低制定和执行的阻力，提高货币政策的效果。第二和第三方面分别涉及提高货币政策的独立性和透

明度，将在随后两小节进行阐述。本小节重点探讨如何提高中央银行分析和预测能力，以更好引导市场预期（见图6-4）。

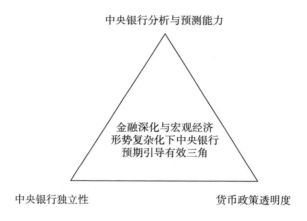

图6-4 中央银行预期引导三角

中央银行分析与预测能力是指，中央银行能够有效对经济和金融市场环境的变化如何影响货币政策目标作出判断，并能够及时确定使用何种货币政策工具来应对变化。提高分析与预测能力依赖货币政策制定者对市场环境的敏锐直觉、专业知识、经验积累及用于分析的数据的丰富性和可得性。

第一，提升跨领域的专业知识。长期以来货币政策强调货币数量与价格的稳定性，因此运用宏观经济学进行分析与预测的能力被摆在首要位置。但是，未来货币政策操作将更多面临经济全球化、金融市场深化和国际金融中介活动增多带来的影响。因此，与维护金融稳定有关的分析能力也很重要。未来为实现货币稳定和金融稳定，不仅需要宏观经济学分析能力，还需要金融、法律、会计和风险管理相关的分析能力。需要具备宏观经济、金融市场和金融组织交叉领域深入的技术分析能力，还需要具备对风险如何在上述三个领域累积与传播的洞察能力。用于技术分析的数据必须进行系统性收集、存储和使用。需要提高信息技术应用和研究的能力。

第二，提高分析预测技能培训。可以通过加强专业素养、内部技能培训提高，货币政策制定者的分析预测能力，也可以通过岗位轮换，加强多岗位跨学科的实务经验积累和锻炼。可以内部交流，也可以加强与相关组织和国际组织的人员与学术交流。特别是对于宏观经济和金融数据的收集、整理、存储、分析和运用能力是制定有效货币政策的关键，亟须提高政策制定者运用信息技术处理数据的能力。

二、提高货币政策透明度

（一）加强责任制建设

中央银行独立性是一把"双刃剑"。一方面，中央银行高独立性可以有效保障货币政策的实施免受政治因素干扰，增强中央银行信誉度，有利于引导市场预期，提高货币政策的有效性；另一方面，如果缺乏对中央银行行为的有效约束，高独立性会产生内部人控制问题，使货币政策的实施偏离社会福利最大化目标，动摇市场信心，加剧产出波动。西方发达国家在赋予中央银行独立性的同时，依靠强化中央银行责任制来规范和约束其行为。中央银行责任制就是以法律明确中央银行应履行的义务，确保中央银行围绕其职责开展业务。在价格型调控框架下，强化中央银行责任制可以从两个方面开展。第一，以法律形式规定中央银行无条件、最大限度公开货币政策制定和执行的相关文件和数据，保证货币政策绝对透明，以便公众有效对其进行监督。第二，规定中央银行应定期公布其量化目标，当目标没有实现时要承担相应责任。当前我国处于特殊发展阶段，货币政策由数量型调控框架向价格型调控框架转型，中央银行责任制建设需要循序渐进。在转轨阶段，要平衡价格稳定、充分就业、经济增长和国际收支均衡等多个目标。多元化目标情况下，中央银行需要根据实际经济情况不断地在不同目标间进行权衡，中央银行可以自由裁量的空间较大，货币政策透明度本身要求较低，货币政策实施偏离货币政策目标对中央银行信誉度的影响小。考虑到货币政策主要影响价格因素，中央银行责任制应赋予不同目标以不同权重。逐步强化币值稳定目标责任，包括对内币值稳定和对外币值稳定，慢慢弱化充分就业和经济增长目标责任，为下一步向具有高独立性、责任制和透明度要求的价格型调控转型创造条件。

（二）强化中央银行沟通

从独立性、责任制和透明度三者的关系看，为了保证独立性不偏离目标的实现，需要通过责任制进行制衡，责任制的实现依赖公众监督，公众监督需要货币政策保持透明，因此透明度是责任制的内在要求。透明度的另外一个作用是提高价格型调控货币政策的有效性。未来完善的利率走廊调控主要是直接调节短期市场利率。一方面，根据利率期限结构预期理论，短期利率通过预期向市场的中长期利率传导；另一方面，利率变化通过微观主体预期向资本市场和外汇市场传导。提高货币政策透明度能够更好、更快地形成并引导市场预期，对提升货币政策有效性发挥关键作用。要提高货币政策透明度，必须加强中央银行与公众的沟通。

近年来，人民银行沟通有了显著提高。人民银行定期向社会公布货币供应量目标，当利率、汇率或存款准备金率变动时及时向社会公布，通过新闻发布会、答记者问和定期发布报告，如通过《中国货币政策执行报告》《中国人民银行年报》《中国金融稳定报告》等公开政策制定和执行情况，向公众解释货币政策变动原因，分析当前经济运行并预测未来宏观发展趋势。

未来利率走廊调控对中央银行沟通提出更高的要求，不管采取哪些具体沟通措施，对沟通的质量要求必然更高。因此，有必要从具体策略上探讨中央银行如何提高与公众的沟通质量。中央银行沟通的总体目标是要告诉公众货币政策是如何实施的，包括货币政策要实现什么目标，要如何实施货币政策以达到目标，发生外生冲击时货币政策如何反应等。中央银行不可能对所有的外生冲击都作出反应，也没有必要对所有操作细节进行沟通。沟通的重点应该是对所实施的每项货币政策进行分析，告诉公众已经或将要采取哪些措施，制定政策时详细的思考过程是怎样的，让公众明白政策背后的逻辑是怎样的。具体来讲，沟通的重点主要集中在以下几个方面。第一，既要与公众沟通长期目标，也要与公众沟通短期目标。对长期目标的沟通要尽可能清晰，比如未来的通货膨胀目标值或目标区间，或者产出与价格双目标。中央银行也要与公众沟通为实现长期目标的产出与价格的预期路径。第二，要与公众沟通对经济形势的预测。中央银行对宏观经济形势的预测主要包括价格、产出和就业等经济变量。公众能够通过中央银行公布的预测更好地将经济中有用的信息和无用的信息区分开来，提高对货币政策的理解程度。有观点认为，如果预测经常发生错误，公布预测会降低中央银行的信誉度。关键的问题是中央银行必须发布对市场未来的预测以引导市场预期。只要中央银行对经济形势的不确定性和复杂性以及货币政策的局限性充分与公众沟通，错误预测就能够得到公众的理解。第三，公布中央银行使用的经济模型。国内相关文献认为中央银行应该公布所有模型，越详细越好。但站在公众的角度看，公布上百个变量的信息并不能使公众抓住重点并真正理解模型背后的含义。中央银行应该公布主要的模型并附上简要的评论和基本数据，帮助公众理解中央银行决策背后的原因和机理，以利于形成和引导公众预期。这种做法比一堆公式能够传递更多信息。第四，及时公布货币政策决策过程和结果。货币政策委员会制定货币政策后有两种方式与公众进行沟通。一种是在委员会会议后立即召开新闻发布会或发布简要公告，公布货币政策决策的结果并附简要评论。这种方式可以及时向公众传递有效信息。另一种是在会议后两周左右的时间公布会议的备忘录，记录货币政策决策的详细过程，包括对决策的不同意见。虽然不同意见可能会干扰市场，但也能让市场对经济形势有更清醒的认识。

第三节　健全顺畅的货币政策传导机制

利率走廊调控目标的实现有赖于顺畅的货币政策传导机制。中央银行的意图能够有效地传导到实体经济，才能实现中央银行的货币政策意图。在货币政策传导过程中，精准的货币政策、完备与功能良好的金融市场和有效的微观主体行为缺一不可。货币政策短期有效、长期中性，决定了货币政策的主要功能就是维持价格稳定。精准的货币政策就是以价格稳定作为首要目标，有效地通过货币政策传导机制传达货币政策立场。货币政策有三个传导渠道：利率渠道、资产价格渠道和信贷渠道。金融市场是货币政策传导渠道的载体，完备与功能良好的金融市场是中心环节，有利于发现与形成价格，向市场微观主体传递货币政策意图，是重要的中间环节。市场中的微观主体包括金融机构、家庭、厂商。有效的微观主体能够对价格信号作出理性的反应，使就业和产出保持在货币政策所追求的均衡水平上，微观主体是货币政策最终的落脚点。本节内容从上述三个方面对健全顺畅的货币政策传导机制提出对策建议。

一、加强金融市场建设

（一）加强金融市场建设的重要性

产出、失业率和通货膨胀率的大幅波动会加剧经济的不稳定性，给经济带来衰退的风险。货币政策从数量型调控转向价格型调控，用意就是中央银行通过对利率的微调，能够尽量准确地评估货币政策对经济的影响和发生作用的时间，维护价格稳定，以实现经济稳定。传导机制体现了货币政策与金融体系间深刻的联系。货币政策传导机制中传统的利率传导机制，是凯恩斯干预理论的核心。中央银行可以通过调控短期名义利率，在价格黏性作用机制下，影响实际利率，最终影响产出和就业。John Taylor 认为利率水平通过改变实际筹资成本对消费支出和投资支出产生重要影响。[1] 但不少经济学家对此提出了批评。Ben Bernanke 和 Mark Gertler 认为，没有足够的实证证据表明利率水平是通过改变实际筹资成本发挥作用，货币政策利率传导机制没有通过实证检验。[2] 因此，货币政策的其他传导渠道在研究领域受到重视。在凯恩斯理论中利率是

---

① John Taylor. The Monetary Transmission Mechanism: An Empirical Framework [J]. Journal of Economic Perspectives, 1995 (9): 11 - 26.

② Ben Bernanke, Mark Gertler. Inside the Black Box: The Credit Channle of Monetary Policy Transmission [J]. Journal of Economic Perspectives, 1995 (9): 27 - 48.

债券的价格，作为货币政策传导机制的其他资产价格还包括外汇汇率和直接融资市场中股票等权益类资产价格。利率改变汇率并通过影响净出口进而影响总需求。在托宾的 Q 理论中，利率改变权益类资产价格，进而改变企业净值和消费者财富，影响投资和消费。可见，不论在货币政策传导传统的利率渠道，还是在其他资产价格渠道，金融市场体系与货币政策传导都具有深刻的联系，因此不仅要构建完善的金融体系提升利率传导的传统渠道，还要构建直接融资市场和开放的金融市场，提升货币政策传导的有效性。

（二）完善金融市场建设的对策建议

要进一步强化金融市场改革，构建多层次的金融市场体系，发挥金融服务实体经济功能。当前商业银行中，国有商业银行仍然占绝对比重。我国民营企业在国民经济中占比不断提升，重要性日益提高。特别是广大中小民营企业，不仅解决了大量就业问题，也成为供给侧结构性改革创新创业的重要动力。在金融规模扩大的背景下，中小民营企业融资难融资贵问题依然严峻，成为维护社会稳定和促进经济转型发展的障碍，也更加凸显了金融的结构性矛盾。在金融市场准入方面，要降低民营企业的市场准入条件，鼓励有实力、有经验的民营企业建立中小型银行机构，满足中小民营企业融资需求，化解金融服务供给与实体经济需求之间的矛盾。当前预算软约束部门对资金价格不敏感，政府对国有企业的隐性担保、刚性兑付，在金融体系的正常循环中造成了中梗阻。价格扭曲部门占据了较多资金，而资金较难进入小微和"三农"等重点领域和薄弱环节。要坚持结构性和开发性金融功能定位，设立并支持开发性金融机构发展，鼓励加大对重点领域和薄弱环节资金支持力度，形成与商业性金融机构差异互补的金融服务格局。要大力发展专业性担保机构，以减量提质为目标，以做精做强为向导，推动担保机构区域布局合理化，优化担保产品的规模和业务结构，完善风险分担和补偿机制。

大力发展直接融资市场，疏通货币政策传导渠道。近年来，随着我国资本市场快速发展，直接融资规模显著提升，间接融资规模持续下降。

人民银行历年社会融资规模存量统计数据显示，截至 2021 年末，我国社会融资规模存量为 314.13 万亿元，其中人民币贷款余额为 192.69 万亿元。直接融资规模占比为 61.3%，比 2018 年提高 28 个百分点。虽然直接融资规模有了较大提升，但是银行信贷仍然在社会融资规模中占据很大比重，与发达国家市场融资结构相比仍存在较大差距。发达国家市场融资结构经历过转变，其转变与经济发展模式转变相关。工业革命时期建立起的以政府为主导、间接融资为主渠道的"莱茵模式"，适合当时以基建为手段的经济发展模式。进入 20 世纪 80 年代，随着基建投资趋于饱和，逐步形成"小政府大市场"的"盎格鲁—撒克逊模式"，以股份制企业为主导，以直接融资为主渠道，走上创新发展的道路。这一点对我国当前经济转入高质量发展阶段，需要依靠创新为经济发展提供动力具有启示意义。在以银行为主导的间接融资模式下，银行资金具有风险偏好低的特征，对促进经济转型和升级发展的创新支持力度不够。大力发展直接融资市场，能够为技术创新提供风险资金，有利于促进创新的形成与向实体成果的转化。因此，要大力发展直接融资市场，特别要加大股票市场的发展力度，通过理顺政府与市场的关系，减少行政干预，降低企业上市融资门槛，加强场外市场建设，发展壮大股票市场。加强对股市的监管力度，加大对违规企业的处罚力度，保障投资者特别是中小股民的合法权益。同时，要加强债券市场建设，完善市场主体结构，加强信用建设，丰富投资品种，积极稳妥发展金融期货与衍生品市场，形成功能完备、监管有效、制度健全的多层次资本市场体系。

在掌握好金融对外开放的力度和节奏的前提下，继续扩大和深化金融市场对外开放。按照"成熟一项、推出一项"的思路，实施"引进来"和"走出去"金融双向开放政策①，不断扩大与丰富对外开放的领域和内容。在"引进来"方面，将国内债券评级市场对境外评级机构开放，通过市场竞争完善评级机制；改革合格机构投资者管理制度，放宽

---

① 潘功胜. 外汇管理改革发展的实践与思考——纪念外汇管理改革暨国家外汇管理局成立 40 周年［EB/OL］. http：//www. safe. gov. cn/safe/2019/0121/11225. html.

准入条件，扩大境外投资者的投资范围；针对境外机构在国内债券市场发行熊猫债，通过核心制度安排规范与便利熊猫债发行；从区域性金融均衡发展角度，鼓励境外各类金融机构在北京设立地区总部和分支机构，通过引进功能性金融机构加快上海全球资管中心建设，抓住粤港澳大湾区建设时机，推进广州与港澳在金融领域的合作。在"走出去"方面，支持国内金融机构"走出去"，参与国际金融市场合作与竞争，特别是在离岸人民币市场和跨境证券期货市场，国内金融机构要主动参与，提高国际金融市场运作能力。继续深化汇率市场化改革，稳步推进人民币国际化，为实现人民币资本项目开放创造有利条件。通过金融对外开放，提高金融市场效率，增强我国金融市场对外资的吸引力。随着对外开放程度提高，跨境资本流动将更加频繁，国际金融市场风险会通过国内金融市场传导到我国实体经济，对经济和金融稳定构成威胁。要加强国际金融监管，防范金融风险，实现监管能力和对外开放程度相匹配。

二、规范微观市场主体行为

货币政策在资产价格渠道的传导机制，是通过金融市场的间接传导影响微观主体和实际经济变量，金融市场在金融加速器机制下，实际上起着放大器的功能，能够放大价格信号对微观主体行为的影响。在信贷渠道方面，货币政策通过直接影响微观主体行为影响实际经济变量。货币政策一方面通过改变银行流动性改变银行放贷行为，影响市场主体融资可得性，影响投资与产出；另一方面通过货币供给直接影响企业和消费者的资产负债表及现金流，对投资和消费造成影响。因此，货币政策在信贷渠道的传导更依赖有效的微观主体行为。非理性的微观主体行为将影响最优化决策，扭曲价格信号的作用。银行的"惜贷"和空转套利，国有企业预算软约束和过度投资，消费者的有效需求不足，在某种程度上都是价格信号扭曲的表现。完善货币政策传导机制，加强金融市场建设的同时，还应该从微观角度入手提高市场主体的利率敏感性，增强宏观调控的有效性。

（一）提升居民的利率敏感性

利率变动通过跨期替代效应、收入效应和财富效应影响家庭的收入与支出，从而影响总需求与总产出。利率走廊调控目标模式下的家庭行为需要符合跨期替代效应、收入效应和财富效应的假设，利率变动才能够在家庭部门顺利传导。跨期替代效应指的是利率的变化对家庭部门决定将收入用于当前消费还是未来消费的比例的影响，这一过程中家庭部门对未来收入的稳定预期发挥重要作用。因此要大力推进社会保障体系建设，改革医保体制，加快住房保障体系建设，合理引导家庭预期。收入效应指的是家庭消费支出随家庭可支配收入而上升和下降。收入不同，家庭在信贷市场所处的地位也不同。收入高的家庭在信贷市场更有可能成为净贷款人，收入低的家庭在信贷市场则更有可能成为净借款人。利率变动对净借款人和净贷款人的消费具有不同影响。随着利率市场化改革进一步推进，金融抑制解除的过程将伴随市场利率提高的过程。市场利率提高尽管会降低净借款人消费，提高净贷款人的消费，但是净贷款人往往具有更低的边际消费倾向，因此利率提高会降低消费需求。因此，完善收入分配体制，缩小贫富差距，有利于解决我国当前有效需求不足的问题。目前，我国劳动者收入低，劳动收入涨幅追不上消费品价格的涨幅，因此有必要提高劳动力在市场中的议价能力，增加劳动者收入。财富效应指的是利率变化影响家庭资产估值。随着家庭财富的增加，一个家庭可能会消费更多，利率上升往往会对金融资产和实际资产的估值产生负面影响，因此会减少家庭财富和家庭消费支出。我国家庭持有的最大资产主要是房产。利率上升往往会减缓房价的上涨，甚至会推低房价，影响家庭通过信贷获取资金的能力。因此，要加大金融机构的金融创新力度，扩大居民参与金融活动获取信贷支持的深度，调整信贷结构，建立风险分担机制，提高居民的融资能力。

（二）强化国有企业预算约束，提升民营企业融资可得性

企业生产需要劳动和其他资本的投入，企业销售生产的产品并获取利润，然后将其分配给股东或作为资本继续投入生产。货币政策主要通

过资金成本效应、资产价格效应和汇率效应影响企业的支出、储蓄和投资行为。资金成本效应和资产价格效应下，对于负债公司来说，较高的利率可能会增加利息支出或难以获得信贷支持，并恶化现金流。目前，我国中小民营企业对银行贷款的依赖程度高，但是获取资金的难度和成本也相应比较高，因此出现了融资难融资贵的情况，会影响企业的支出和投资。而国有企业由于存在政府的隐性担保、刚性兑付，对资金价格不敏感，出现了国有企业过度投资，占用民营企业生存发展急需的信贷资金份额的现象。要改善国有企业的资本结构，在一些非敏感产业放宽社会资本准入，完善国有企业的产权结构，提高国有企业的市场意识和利率敏感性，提高预算的刚性约束。强化国有企业的内部治理，建立和完善现代企业制度，构建有效的激励和约束机制，通过制度框架提高国有企业的运行效率。民营企业的利率敏感性高，但面临融资难融资贵问题。在经济新常态下，民营企业要结合国内市场消费升级背景，充分运用互联网思维，生产适销对路的产品，提高生产项目的投资回报率，提升申请信贷资金的成功率。鉴于中小民营企业存在抵押物不足的情况，国家应建立诚信体系，作为银行发放信贷资金的重要参考，降低小微企业的信贷门槛。同时，在结构性货币政策方面，也要对产品有市场、发展有前景的中小民营企业提供优惠政策，助力民营企业发展。

（三）加强商业银行市场化建设

银行在货币政策传导渠道中往往发挥重要金融中介职能。货币政策通过金融机构的信贷渠道和资产负债表渠道进行传导。信贷渠道方面，当政策利率上调时，货币市场利率可能上涨。金融中介机构的短期融资成本将上升，最终金融中介机构可能会通过提高贷款利率将其较高的融资成本转嫁给借款人。贷款利率上升可能会降低借款人偿还债务的能力。因此，当利率上升时，银行和其他贷款机构可能会通过提高贷款利率缓释信贷风险，或者收紧信贷计划。总体而言，贷款人在利率上升的环境下可能会更加谨慎。资产负债表渠道是财富效应和资产价格效应的必然结果。随着利率上升，家庭和企业的资产价值可能会下降，从而使资产作为贷款抵押品的价值降低。较高的利率也可能导致借款人的财富和净值降低，因为他们的财富和未来收入的贴现率更高。总体而言，这会降低家庭和企业的贷款信誉，并推动金融机构减少对它们的信贷供应，使总需求降低。只有具有利率敏感性的商业银行体系，才能有效传导货币政策。因此，要进行商业银行的市场化改革。商业银行要具有创新意识，根据多样化的市场需求提供差异化的服务，提升金融服务供给的有效性，增加盈利空间，改变银行业同质化经营的局面。银行业总体来说是管理风险的行业，应该提高风险管理与控制的能力，有效地鉴别放贷时项目的风险水平，而不应根据偏好或惰性管理，人为造成信贷市场的分割。

三、应对货币政策传导中的时滞问题

货币政策实施有一定的时滞性。第一，货币政策立场的变化影响货币市场利率。这个阶段可能很短，因为货币市场利率可能会随着流动性状况的变化而立即调整。事实上，如果市场参与者预期到这种转变，金融资产价格可能会发生变化。这种变化可能反映在收益率曲线形状的变化上。第二，货币市场利率的变化将转化为家庭及企业借款和贷款利率的变化。货币市场利率的变化可能会立即影响金融机构的短期融资成本，但金融机构调整其零售存款和贷款利率可能需要一段时间，因为它们将不得不考虑许多其他因素，包括收益率曲线、同业竞争和利润率。零售利率调整很可能是逐步的，可能需要几个月的时间。此外，贷款和存款利率的调整可能并非完全同步，取决于各种因素，包括利率的初始水平、商业周期阶段等。第三，家庭和企业也可能需要时间调整其消费行为，以应对零售借款和贷款利率的变化。当然，如前所述，预期的变化可能会使家庭和企业及时调整行为。然而，全部效应不可能仅仅来自预期的变化。某些消费习惯需要时间进行调整。企业对家庭支出变化的全面反应也需要时间，不管是在产量还是在投资支出改变方面。第四，价格的反馈循环需要一定时间。企业支出和投资的变化将会影响劳动力的就业和收入，影响家庭消费支出，最终影响总产出。同时，企业商品和服务

的定价也可能随着家庭需求的变化而变化。第五，如果家庭和企业预期中央银行完全致力于货币稳定，即使政策利率小幅上调也可能促使它们迅速调整其行为。综上所述，货币政策实施需要时间来充分影响经济的产出和价格，这种时间滞后可能相当长，具体取决于许多外部因素，包括期望、信心、商业周期阶段等。

鉴于货币政策传导机制存在时间不一致和不确定性，中央银行在考虑采取政策行动时需要保持谨慎和前瞻性。货币政策产生的影响可能在一到两年后才能充分体现出来，到那时经济金融状况可能已经发生了变化。中央银行需要了解经济的错综复杂和联系，还需要善于预测未来的经济和通胀成本，以便能够采取适当的货币政策。实际上，许多现代中央银行依靠一套宏观经济模型来预测未来经济和通胀的前景。这样的宏观经济模型通常会捕捉经济中的关键关系和联系。现代的中央银行往往有基于不同的数学和统计技术的宏观经济模型，这样银行可以对照不同模型的结果以判断正确性。考虑到时间滞后和不确定性，中央银行通常会根据不同的可能情景进行预测。例如，中央银行可能会尝试根据对未来油价的不同估计来预测 GDP 增长率和通胀率。实际上，如果通胀和GDP 增长预测与目标区间有很大差异，这将是中央银行重新考虑其货币政策立场的信号。

第七章　结　论

本书通过借鉴国际利率走廊调控的理论与实践，在坚持马克思主义理论的前提下，结合我国特殊的经济转轨特征和微观货币实践，探讨货币政策框架转型的必要性、必然性和可能性。在分析利率走廊系统各要素基础上提出我国构建利率走廊的目标模式，并对如何完善价格型货币政策框架提出对策建议。主要结论如下：

第一，内生货币供给理论是利率走廊调控的理论基础。后凯恩斯主义货币理论认为货币供给内生于实际经济过程，商业银行通过存款创造贷款会加大社会整体的流动性；利率是由中央银行决定的外生变量，中央银行可以通过设定利率实现对经济的调控。马克思主义货币理论与后凯恩斯主义货币理论有联系，也有区别。两者的区别体现了马克思主义货币理论对利率走廊建设的指导地位。马克思对社会平均利润率的论述具有重要意义，在利率走廊建设和调控中坚持银行业取得社会平均利润率的马克思主义观点有助于解决经济虚拟化和产业空心化问题，能够让金融更好地服务实体经济。银行业收入主要分为利息收入和非息收入两部分。利率走廊调控只能控制银行业的利息收入，不能控制非息收入。中央银行需要额外的宏观审慎政策，通过规定资本充足率和相应的限制条款，控制银行业的信贷扩张，既可以保证金融稳定性，又能够控制银行业的非息收入。将利率调控和宏观审慎政策相结合可以控制银行业取得社会平均利润率。虽然微观审慎政策也规定了银行的资本充足率，但只是针对个别银行的监管措施，无法实现对整个银行体系非息收入的控制。

第二，数量型调控难度在加大。数量型调控以货币数量论为基础，其有效的前提是货币需求函数稳定。在信息技术和金融创新快速发展的背景下，货币需求函数变得越来越不稳定。我国具有的特殊国情也加大了数量型调控的难度。在国际收支失衡的情况下，由于我国实行强制结售汇制度，中央银行被动向市场投放流动性，数量型调控使货币政策丧失了一定的独立性，不利于产出稳定。数量型调控关注数量目标，欠缺对价格目标的控制，无法平抑市场利率的波动，造成价格扭曲，信号传导失真，给市场带来混乱，不利于价格稳定。由于金融创新和金融"脱媒"加速，货币总量与名义产出之间的稳定关系消失，数量型调控框架赖以存在的基础逐渐瓦解，有必要将目前数量型调控框架向价格型调控框架转型。在货币内生属性增强的背景下，中央银行外生设定利率的可能性和有效性提高了，为中央银行进行价格型调控创造了必要条件。

第三，英美两国分别实行价格型调控和数量型调控是由两国具体的国情决定的，两种调控方式没有孰优孰劣，只有适合不适合之分，更不存在阴谋论。根据 Poole 经典模型分析，货币政策选择的具体策略是当价格更不稳定的时候选择价格型调控框架，当数量更不稳定的时候选择数量型调控框架。数量和价格两者不可兼得。英国选择价格型调控框架的原因是抓住工业革命的有利时机，较早走上资本主义对外扩张道路，本国领土面积小，金融能够向深度拓展，比较容易实现内部均衡。经济受产出扩张的影响较小，来自金融领域的外生冲击比较大。19 世纪中后期美国在第二次工业革命中处于领先地位，而英国不仅没有驶上第二次工业革命的快车道，其殖民统治的日益没落加速了英国经济的衰退。美国幅员辽阔，不断涌入的海外移民带来了劳动力、资金、技术，在第二次工业革命的推动下，持续的工业化和城市化进程，劳动力从农业向工业的转移，使其经济进入结构性增长阶段，产出波动比较大。由于松散的联邦储备制度加上地域的广阔，其金融发展需要较长的持续过程，经济受金融领域冲击较小。因此，数量型调控框架更适合美国的国情。

第四，我国经济发展的下一阶段，来自实体部门的冲击将趋于稳定，相比之下来自金融领域的冲击在加大。从经济发展的趋势进行分析，价格型调控具有长期性和不可逆性。长期性体现在我国经济未来进入稳态增长，经济增长的动力主要来自技术进步，技术进步率在长期主要取决于人口增长率。不可逆性主要体现在新技术引致的劳动力从工业向服务业的转移，经济增长进入结构性减速阶段。因此，构建利率走廊具有重要性和紧迫性。借鉴国外利率走廊经验，成功的利率走廊调控必须具备有流动性管理功能的准备金制度，要有常备借贷便利工具为走廊提供上下限，要协调好公开市场操作，还要有可靠的政策目标利率。人民银行推动的利率和汇率市场化改革为利率走廊调控奠定了基础条件。同时，人民银行调控框架不断完善，增强了利率调控的能力。利率走廊的构建也面临阻碍因素，货币政策目标过多、价格形成机制不够优化、利率传导渠道不畅和中央银行独立性不足均不利于利率走廊的构建，而经济金融领域深层次结构性矛盾则对走廊建设构成挑战。

第五，结合我国转轨经济特征，从三个方面进行利率走廊的目标模式构建。一是需要建立价格稳定和金融稳定双目标。通货膨胀目标制具有高规则性和透明性，能够准确、清晰地向市场传达中央银行货币政策意图，有利于形成和引导公众预期，实现价格稳定目标。因此，构建利率走廊调控模式必须建立通胀目标制。转型期利率设定路径可以参考泰勒规则，制定相应的通胀目标。2008年国际金融危机之后，国际上对通胀目标制狭隘关注价格稳定进行了反思，认为长期价格稳定不能保障资产价格泡沫，会引发金融不稳定和经济危机。价格稳定目标和金融稳定目标同样重要，价格稳定不能自动实现金融稳定，价格型调控无法抑制资产价格泡沫，需要额外的政策工具。宏观审慎政策能够有效抑制资产价格泡沫，维护金融和经济稳定。因此，最优的货币政策框架是"通胀目标制 + 宏观审慎政策"框架。二是基准利率是短期无风险利率。Shibor通过不断培育与发展，具备基础性、市场性和主动性，适合作为基准利率。利率走廊宽度的设置要合理考虑调控成本、中央银行对利率波动的容忍度和外生冲击的影响。走廊设置太宽，利率目标容易实现，但加剧了市场的波动。走廊设置太窄，提高了中央银行公开市场操作的频率，增加了调控的成本。因此，要综合各因素合理设定利率走廊区间。三是要建立适合经济转轨特征的准备金制度。利率走廊下的准备金制度存在争议，有支持零准备金制度的，也有支持余额准备金制度的。笔者通过构建开放经济模型，将重点放在分析不同的金融市场结构、货币政策规则和中央银行货币政策目标三个方面，通过动态数值模拟和脉冲响应分析，对准备金制度的有效性进行分析。结论是我国金融市场摩擦大，人民银行具有实现价格稳定和金融稳定的双目标，最优的准备金制度应该是余额准备金制度。结合目标模式与现实条件，政策建议是加强走廊机制建设，提高中央银行的调控能力，顺畅货币政策传导机制。健全货币政策传导机制需要解决经济金融领域的结构性矛盾，建议加强金融市场建设，构建有效的微观市场主体行为，还需要应对货币政策的时滞问题，以提高货币政策的传导效率。

参考文献

［1］马克思和恩格斯．马克思恩格斯全集：第3卷［M］．北京：人民出版社，1960.

［2］马克思和恩格斯．马克思恩格斯全集：第4卷［M］．北京：人民出版社，1958.

［3］马克思和恩格斯．马克思恩格斯全集：第13卷［M］．北京：人民出版社，1962.

［4］马克思和恩格斯．马克思恩格斯全集：第16卷［M］．北京：人民出版社，1964.

［5］马克思和恩格斯．马克思恩格斯全集：第19卷［M］．北京：人民出版社，1963.

［6］马克思和恩格斯．马克思恩格斯全集：第22卷［M］．北京：人民出版社，1965.

［7］马克思和恩格斯．马克思恩格斯全集：第42卷［M］．北京：人民出版社，1979.

［8］马克思和恩格斯．马克思恩格斯全集：第46卷［M］．北京：人民出版社，1979.

［9］马克思和恩格斯．马克思恩格斯全集：第47卷［M］．北京：人民出版社，1979.

［10］马克思和恩格斯．马克思恩格斯全集：第48卷［M］．北京：人民出版社，1985.

［11］马克思和恩格斯．马克思恩格斯全集：第49卷［M］．北京：

人民出版社，1982.

［12］马克思和恩格斯．马克思恩格斯选集：第 1 – 3 卷［M］．北京：人民出版社，1995.

［13］马克思．1844 年经济学哲学手稿［M］．北京：人民出版社，2000.

［14］马克思．机器、自然力和科学的应用［M］．北京：人民出版社，1978.

［15］马克思．资本论（德文版）：第 1 卷［M］．北京：经济科学出版社，1987.

［16］马克思．资本论（法文版）：第 1 卷［M］．北京：中国社会科学出版社，1983.

［17］马克思．资本论：第 1 – 3 卷［M］．北京：人民出版社，1975.

［18］马克思和恩格斯．德意志意识形态（节选），马克思恩格斯选集第一卷［M］．北京：人民出版社，1980.

［19］列宁．帝国主义是资本主义的最高阶段［M］．北京：人民出版社，1960.

［20］列宁．列宁选集：第 1 – 4 卷［M］．北京：人民出版社，1995.

［21］教育部社会科学研究与思想政治工作司．毛泽东思想基本著作选读［M］．北京：人民出版社，2001.

［22］邓小平文选［M］．北京：人民出版社，1993.

［23］习近平．习近平谈治国理政（第一卷）［M］．北京：人民出版社，2014.

［24］习近平．习近平谈治国理政（第二卷）［M］．北京：人民出版社，2017.

［25］中共中央宣传部．习近平总书记系列重要讲话读本（2016 年版）［M］．北京：学习出版社，2016.

［26］习近平．决胜全面建成小康社会 夺取新时代中国特色社会主义伟大胜利——在中国共产党第十九次全国代表大会上的报告［EB/OL］．http：//www. xinhuanet. com//politics/2017 – 10/27/c＿11218675. htm.

［27］中共中央关于全面深化改革若干重大问题的决定［M］．北京：人民出版社，2013.

［28］爱德华·肖．经济发展中的金融深化［M］．邵伏军，许晓明，宋先平，译．上海：生活·读书·新知三联书店，1988.

［29］保罗·克鲁格曼．萧条经济学的回归［M］．刘涛，译．北京：中信出版社，2012.

［30］本·S. 伯南克，托马斯·劳巴克，弗雷德里克·S. 米什金，等．通货膨胀目标制：国际经验［M］．孙刚，钱泳，王宇，译．大连：东北财经大学出版社，2006.

［31］卞志村．转型期货币政策规则研究［M］．北京：人民出版社，2006.

［32］宾得赛尔．货币政策实施：理论、沿革与现状［M］．齐鹰飞，林山，等，译．大连：东北财经大学出版社，2013.

［33］曾宪久．货币政策传导机制论［M］．北京：中国金融出版社，2004.

［34］陈学彬．金融学.［M］．北京：高等教育出版社，2003.

［35］陈征，李建平，郭铁民．《资本论》选读［M］．北京：高等教育出版社，2003.

［36］陈征，李建平，郭铁民．《资本论》在社会主义市场经济中的运用与发展［M］．福州：福建人民出版社，1998.

［37］陈征．劳动和劳动价值论的运用与发展［M］．北京：高等教育出版社，2005.

［38］陈征．《资本论》和中国特色社会主义经济研究［M］．太原：山西经济出版社，2005.

［39］陈征．《资本论》解说（1－3）［M］．福州：福建人民出版社，1997.

［40］陈征．《资本论》选读［M］．北京：高等教育出版社，2003.

［41］达德利，诺思．贸易论．中文版．［M］．桑伍，译．北京：商务印书馆，1976.

［42］戴国强．我国商业银行利率风险管理研究［M］．上海：上海财经大学出版社，2005.

［43］樊纲，易纲，吴晓灵，等．50 人的二十年［M］．北京：中信出版社，2017.

［44］范方志．当代货币政策：理论与实践［M］．上海：生活·读书·新知三联书店，2005.

［45］弗雷德里克·S. 米什金．货币金融学［M］．郑艳文，荆国勇，译．北京：中国人民大学出版社，2011.

［46］弗里德曼，施瓦茨．美国货币史［M］．巴曙松，王劲松，等，译．北京：北京大学出版社，2009.

［47］高铁梅．计量经济分析方法与建模［M］．北京：清华大学出版社，2009.

［48］汉森．凯恩斯学说指南［M］．徐宗士，译．北京：商务印书馆，1964.

［49］胡海鸥，贾德奎．"利率走廊"调控的理论与实践［M］．上海：上海人民出版社，2006.

［50］黄达．金融学［M］．北京：中国人民大学出版社，2015

［51］黄达．中国金融百科全书［M］．北京：经济管理出版社，1990.

［52］黄赜琳．实际经济周期与中国经济波动［M］．上海：上海财经大学出版社，2008.

［53］霍默，西勒．利息史（第四版）［M］．肖新明，曹建海，译．北京：中信出版社，2010.

［54］姜旭朝．中国民间金融研究［M］．济南：山东人民出版社，1996．

［55］蒋中一．动态最优化基础［M］．北京：中国人民大学出版社，2015．

［56］斯坦利·杰文斯．政治经济学理论［M］．郭大力，译．北京：商务印书馆，1984．

［57］卡尔·瓦什．货币理论与政策［M］．3版．彭兴韵，曾刚，译．上海：格致出版社，2012．

［58］凯恩斯．就业、利息和货币通论［M］．上海：立信会计出版社，2017．

［59］李波．构建货币政策和宏观审慎政策双支柱调控框架［M］．北京：中国金融出版社，2018．

［60］李建平．《资本论》第一卷辩证法探索［M］．北京：社会科学文献出版社，2006．

［61］李建平，等．马克思主义经济学的创新与发展［M］．北京：社会科学文献出版社，2008．

［62］李社环．利率自由化［M］．上海：上海财经大学出版社，2001．

［63］梁小民．高级宏观经济学教程［M］．北京：北京大学出版社，1993．

［64］刘涤源．凯恩斯经济学说评论：第1卷［M］．武汉：武汉大学出版社，1998．

［65］刘仁伍．全球化背景下的货币政策调控［M］．北京：社会科学文献出版社，2007．

［66］刘义圣，李建建．发展经济学与中国经济发展策论［M］．北京：社会科学文献出版社，2008．

［67］刘义圣，王春丽．中国宏观经济利率微调的操作模式探绎［M］．长春：长春出版社，2012．

［68］刘义圣．中国宏观经济利率微调的操作模式探绎［M］．长春：长春出版社，2012.

［69］刘义圣．中国利率市场化改革论纲［M］．北京：北京大学出版社，2002.

［70］刘义圣．中国资本市场的多功能定位与发展方略［M］．北京：社会科学文献出版社，2006.

［71］罗纳德·I. 麦金农．经济市场化的次序——向市场经济过渡时期的金融控制［M］．2 版．周庭煜，尹翔硕，陈中亚，译．上海：格致出版社，2014.

［72］罗纳德·I·麦金农．经济发展中的货币与资本［M］．卢骢，译．上海：上海人民出版社，1997.

［73］马歇尔．经济学原理（上，下卷）．中文版［M］．朱志泰，译．北京：商务印书馆，1964.

［74］迈克尔·伍德福德．利息与价格：货币政策理论基础［M］．刘凤良，等，译．北京：中国人民大学出版社，2010.

［75］米什金．货币金融学（第九版）［M］．郑艳文，荆国勇，译．北京：中国人民大学出版社，2010.

［76］庞巴维克．资本实证论．中译本［M］．陈端，译．北京：商务印书馆，1981.

［77］钱小安．货币政策规则［M］．北京：商务印书馆，2002.

［78］钱小安．通货紧缩论［M］．北京：商务印书馆，2000.

［79］盛松成．中央银行与货币供给［M］．北京：中国金融出版社，2017.

［80］施兵超．利率理论与利率政策［M］．北京：中国金融出版社，2003.

［81］石启志．《资本论》第一卷引读［M］．哈尔滨：黑龙江人民出版社，1983.

［82］时光．金融改革与基准利率：利率市场化与 Shibor 研究［M］．

北京：民族出版社，2013.

[83] 孙丽．通货膨胀目标制［M］．上海：学林出版社，2007.

[84] 王志伟．现代西方经济学主要思潮及流派［M］．北京：高等教育出版社，2004.

[85] 威廉·配第．配第经济著作选集．中文版．［M］．陈冬野，等，译．北京：商务印书馆，1981.

[86] 魏克赛尔．利息与价格．中译本．［M］．蔡受百，等，译．北京：商务印书馆，1997.

[87] 吴宣恭．产权理论比较［M］．北京：经济科学出版社，2000.

[88] 吴易风、王健．凯恩斯学派［M］．武汉：武汉出版社，1997.

[89] 伍戈、李斌．货币数量、利率调控与政策转型［M］．北京：中国金融出版社，2016.

[90] 肖恩．动态经济学［M］．吴汉洪，译．北京：中国人民大学出版社，2003.

[91] 休谟．休谟经济论文选［M］．陈珠，译．北京：商务印书馆，1984.

[92]《西方经济学》编写组．西方经济学（下）［M］．北京：高等教育出版社，2011.

[93] 亚当·斯密．国民财富的性质和原因的研究．中文版．［M］．郭大力，王亚南，译．北京：商务印书馆，2002.

[94] 闫素仙．利息理论与利率政策研究［M］．北京：中国经济出版社，2002.

[95] 扬奎斯特，萨金特．递归宏观经济理论［M］．2版．杨斌，王忠玉，陈彦斌，等，译．北京：中国人民大学出版社，2010.

[96] 约翰·洛克．论降低利息和提高货币价值的后果．中文版．［M］．徐式谷，译．北京：商务印书馆，1962.

[97] 约瑟夫·马西．论决定自然利率的原因．中文版．［M］．胡企林，译．北京：商务印书馆，1996.

［98］周其仁. 货币的教训［M］. 北京：北京大学出版社，2012.

［99］邹至庄. 动态经济系统的分析与控制［M］. 北京：北京友谊出版社，1983.

［100］艾洪德，郭凯，李涛. 一般均衡中的利率、确定性与最优规则［J］. 财经问题研究，2008（2）：3 – 12.

［101］安宇宏. 常备借贷便利［J］. 宏观经济管理，2014（10）：78.

［102］巴曙松，尚航飞. 利率走廊调控模式的演进、实践及启示［J］. 现代经济探讨，2015，（5）：5 – 10.

［103］巴曙松. 全球复苏分化下中国金融政策的基调［J］. 财经问题研究，2010（8）：3 – 8.

［104］白重恩. 2012 年中国投资回报率仅 2.7%［N］. 第一财经日报，2013 – 07 – 30.

［105］毕海霞，郭幼佳. 新常态下我国货币政策传导机制的转变特征及对策［J］. 经济纵横，2016（10）：102 – 107.

［106］毕燕茹. 利率走廊机制国际经验及我国的借鉴［J］. 金融发展评论，2015（4）：40 – 44.

［107］毕玉江. 我国利率市场化的基准利率选择［J］. 新疆财经学院学报，2001（G1）：68 – 69.

［108］卞志村，毛泽盛. 货币政策规则理论的发展回顾［J］. 世界经济，2005（12）：64 – 76 + 80.

［109］卞志村，孟士清. 基于马尔科夫转换模型泰勒规则的实证研究［J］. 南京财经大学学报，2014（5）：21 – 28 + 36.

［110］卞志村. 泰勒规则的实证问题及在中国的检验［J］. 金融研究，2006（8）：56 – 69.

［111］卜微微. 中国金融开放问题研究［D］. 济南：山东经济学院，2011.

［112］蔡璐婧. 利率走廊和通胀目标制的国际经验［J］. 上海金

融，2017（4）：87 – 91.

[113] 蔡跃洲，吉昱华. 规则行事、泰勒规则及其在中国的适用性 [J]. 经济评论，2004（2）：89 – 93.

[114] 曹凤岐. 利率市场化进程中基准利率在货币政策体系中的地位与构建 [J]. 中央财经大学学报，2014（4）：26 – 33.

[115] 曾华，祝开元. 我国国债市场化改革与市场基准利率 [J]. 东北大学学报（社会科学版），2006（6）：426 – 429.

[116] 曾瑜. 利率市场化进程中基准利率体系构建问题研究 [J]. 经济视角（上），2013（7）：32 – 33.

[117] 曾芸，伍旭川，袁绍锋. 我国基准利率体系构建研究 [J]. 上海金融，2017（7）：63 – 67.

[118] 曾芸，袁绍锋. 利率调控、基准收益率曲线与利率期货：国际经验与启示 [J]. 债券，2017（4）：24 – 28.

[119] 陈晖，谢赤. 中国银行间同业拆借市场利率结构转换研究 [J]. 管理科学，2004（4）：65 – 70.

[120] 陈杰. 人民币汇率市场化形成机制改革动力与路径研究 [J]. 华北金融，2014（10）：8 – 10.

[121] 陈利平. 中国银行货币政策的透明与模糊 [J]. 世界经济，2005（2）：9 – 12.

[122] 陈人俊. 1993 年上海同业拆借市场概述 [J]. 上海金融，1994（5）：20 – 21.

[123] 陈时兴. 我国国债的利率效应与基准利率研究 [J]. 当代经济研究，2001（8）：53 – 56.

[124] 陈学彬. 对我国经济运行中的菲利普斯曲线关系和通胀预期的实证分析 [J]. 财经研究，1996（8）：3 – 8 + 64.

[125] 陈彦斌. 中国新凯恩斯菲利普斯曲线研究 [J]. 经济研究，2008，43（12）：50 – 64.

[126] 陈逸. 中国利率市场化改革中市场基准利率选择的比较研究

［D］．上海：复旦大学，2008.

［127］陈雨露，边卫红．货币政策规则的理论依据及其原创性论述［J］．国际金融研究，2004（6）：4 – 13.

［128］程建华，王冲．Markov 区制转移"泰勒规则"型货币政策在我国的非线性特征［J］．商业研究，2015（6）：69 – 73.

［129］程娜，付英俊，龚承刚．泰勒规则在我国货币政策中应用的研究［J］．21 世纪数量经济学，2013（14）：270 – 285.

［130］程云龙．宏观审慎框架下防范跨境资本波动的国外经验与借鉴［J］．吉林金融研究，2016（6）：52 – 56.

［131］丛剑锋．常备借贷便利构建利率走廊上限的有效性分析［J］．甘肃金融，2016（11）：30 – 33.

［132］崔百胜．利率规则与通货膨胀：一个模型分析［J］．经济经纬，2008（6）：153 – 156.

［133］崔百胜．我国货币政策规则选择［J］．浙江金融，2008（7）：14 – 15.

［134］崔丹．我国开展公开市场业务的对策选择［J］．工业技术经济，2000（1）：9 – 10 + 14.

［135］崔嵬．国际货币市场基准利率的一般做法与经验［J］．中国货币市场，2007（7）：48 – 50.

［136］崔志明．流动性管理新方向［J］．新理财（政府理财），2017（Z1）：37 – 38.

［137］戴根有．关于我国货币政策的理论与实践问题［J］．金融研究，2000（9）：1 – 12.

［138］戴根有．论我国公开市场操作的实践［J］．深圳金融，2002（11）：1 – 4.

［139］戴根有．中国央行公开市场业务操作实践和经验［J］．金融研究，2003（1）：55 – 65.

［140］戴桂兵．我国金融市场基准利率比较研究［J］．现代商贸工

业，2009，21（3）：144-145.

[141] 戴国海，李伟. SHIBOR 在我国基准利率体系中的地位及其完善渠道研究［J］. 金融监管研究，2013（6）：31-54.

[142] 戴国强，梁福涛. 中国金融市场基准利率选择的经验分析［J］. 世界经济，2006（4）：3-11+95.

[143] 戴金平，陈汉鹏. 中国利率市场化中基准利率的选择——Shibor 作为基准利率的可行性研究［J］. 财经科学，2013（10）：1-10.

[144] 单云亮. SHIBOR 作为我国货币市场基准利率的实证分析［J］. 科技信息，2009（1）：350-351.

[145] 邓伟，袁小惠. 中国货币政策创新工具：产生、比较与效果分析［J］. 江西财经大学学报，2016（4）：23-30.

[146] 邓翔，雷国胜. 泰勒规则的发展及其在中国的适用性分析［J］. 理论月刊，2011（11）：5-11+1.

[147] 邓雄. 从信贷到利率：利率市场化条件下的货币政策传导渠道转变［J］. 上海金融，2015（10）：19-24.

[148] 邓雪春. 政策利率预期度量的国际经验借鉴［J］. 福建金融，2016（9）：39-42.

[149] 刁节文，胡海鸥. 零准备金制度下商业银行储备管理行为［J］. 武汉理工大学学报，2006（3）：131-133.

[150] 刁节文，贾德奎. 货币政策透明度：理论研究与实践进展［J］. 当代财经，2005（10）：40-43.

[151] 刁节文，王铖. 加拿大利率走廊调控模式的研究及对我国的启示［J］. 海南金融，2008（7）：42-45.

[152] 刁节文."利率走廊"调控模式研究［J］. 工业技术经济，2008（7）：150-151+161.

[153] 董奋义. 利率市场化过程中我国基准利率的选择与培育［J］. 经济经纬，2006（4）：136-139.

[154] 董进. 宏观经济波动周期的测度［J］. 经济研究，2006

（7）：41 – 48.

［155］董乐. 银行间回购利率的基准效应研究——我国短期利率"领先—滞后"效应的实证检验［J］. 中国管理科学，2008（3）：16 – 22.

［156］董艳玲. 泰勒规则中加入汇率因素的探讨及其在中国的应用［J］. 经济学动态，2007（11）：51 – 54.

［157］杜金岷，郭红兵. 我国货币政策对基准收益率曲线影响的实证研究［J］. 理论月刊，2008（9）：5 – 11.

［158］樊明太. 金融结构及其对货币传导机制的影响［J］. 经济研究，2004（7）：27 – 37.

［159］樊卫东. 中国利率市场化研究［D］. 北京：中国社会科学院研究生院，2002.

［160］范从来，刘晓辉. 开放经济条件下货币政策分析框架的选择［J］. 经济理论与经济管理，2008（3）：5 – 11.

［161］范从来. 论货币政策中间目标的选择［J］. 金融研究，2004（6）：123 – 129.

［162］范立夫，丁思宁. 巴克莱银行 Libor 操纵案的反思——基于金融业综合经营趋势下利益冲突的视角［J］. 财务与会计，2013（6）：17 – 19.

［163］范希文. 全球流动性风险：若隐若现，欲罢还休［J］. 金融博览，2017（5）：44 – 45.

［164］范志勇，冯俊新，刘铭哲. 负利率政策的传导渠道和有效性研究［J］. 经济理论与经济管理，2017（2）：13 – 22.

［165］方恒. 利率走廊系统的国际经验及启示［J］. 时代金融，2017（11）：40 – 41.

［166］方齐云，余喆杨，潘华玲. 我国货币供给的内生性与货币政策中介目标选择［J］. 华中科技大学学报（人文社会科学版），2002（5）：69 – 72.

［167］方先明，花旻 . SHIBOR 能成为中国货币市场基准利率吗——基于 2007.1—2008.3 间 SHIBOR 数据的经验分析［J］. 经济学家，2009（1）：85 - 92.

［168］方先明 . 价格型货币政策操作框架：利率走廊的条件、机制与实现［J］. 经济理论与经济管理，2015（6）：43 - 51.

［169］方意，方明 . 中国货币市场基准利率的确立及其动态关系研究［J］. 金融研究，2012（7）：84 - 97.

［170］封北麟，王贵民 . 金融状况指数 FCI 与货币政策反应函数经验研究［J］. 财经研究，2006（12）：53 - 64.

［171］冯玉明，俞自由 . 中国货币政策中间目标变量的选择［J］. 上海交通大学学报，1998（12）：90 - 93.

［172］冯宗宪，郭建伟，霍天翔 . 市场基准利率 Shibor 的基准性检验［J］. 西安交通大学学报（社会科学版），2009，29（3）：24 - 30.

［173］付晓琳 . 我国货币政策中介目标的选择研究［D］. 石河子：石河子大学，2013.

［174］付英俊 . 我国央行预期管理实践：现状、问题及建议［J］. 武汉金融，2017，（9）：72 - 75.

［175］盖新哲，朱尘 . 未来货币政策的构建：政策工具选择［J］. 国际金融研究，2016（3）：3 - 16.

［176］高宏 . 非线性泰勒规则及其政策效果——基于新凯恩斯 DSGE 模型的分析［J］. 当代经济科学，2013，35（4）：19 - 26 + 124.

［177］高鸿 . 开放条件下中国利率政策调控的基本思路［J］. 生产力研究，2007（22）：37 - 38.

［178］高洁超，孟士清 . 中国非线性审慎利率规则的实证研究［J］. 南京审计学院学报，2015，12（6）：95 - 104.

［179］高婧 . 货币供应量作为我国中介目标的有效性分析［D］. 太原：山西财经大学，2012.

［180］高丽，毛小刚 . 泰勒规则研究回顾及对我国货币政策操作的

启示［J］. 新疆财经大学学报，2013（3）：26－32.

［181］高培亮，夏园园. 我国利率市场化下的基准利率的选择［J］. 理论界，2013（1）：35－37.

［182］高惺惟，谷牧青. 利率市场化对我国货币政策操作目标的影响［J］. 财经科学，2016（12）：35－46.

［183］葛奇. 从量化宽松到量化紧缩——美联储缩减资产负债表的决定因素及其影响［J］. 国际金融研究，2017（9）：45－56.

［184］葛奇. 泰勒规则和最优控制政策在 FRB/US 模型中的稳健性比较——兼论耶伦新常态货币政策的利率路径选择［J］. 国际金融研究，2015（9）：3－15.

［185］勾东宁，刘喆. SHIBOR 运行状况及改进建议［J］. 中国金融，2010（14）.

［186］官慧，刘义圣. 利率走廊模式的国际比较与我国现实选择［J］. 亚太经济，2016（6）：38－42.

［187］贯彻新发展理念，深化供给侧结构性改革——厉以宁教授解读党的十九大报告［J］. 经济科学，2017（6）：2.

［188］郭红兵，陈平. 中国货币政策的工具规则和目标规则——"多工具，多目标"背景下的一个比较实证研究［J］. 金融研究，2012（8）：29－43.

［189］郭红兵，钱毅. 我国金融市场基准利率考察——基于构建完整的基准收益率曲线［J］. 金融理论与实践，2008（3）：37－40.

［190］郭建伟. Shibor 与利率市场化［J］. 中国货币市场，2007（7）：4－11.

［191］郭凯. 最优利率规则：一般理论与应用［D］. 大连：东北财经大学，2007.

［192］郭庆旺，贾俊雪. 中国潜在产出与产出缺口的估算［J］. 经济研究，2004（5）：31－39.

［193］郭万山，丁洪福. 产出缺口、产出增长率与泰勒规则［J］.

统计与信息论坛，2015，30（11）：24-31.

[194] 郭万山．通货膨胀钉住制度下的最优货币政策规则研究 [D]．沈阳：辽宁大学，2004.

[195] 郭雄，李亚琼．我国的产出缺口与通货膨胀 [J]．统计与决策，2006（2）：82-85.

[196] 国家统计局．2011年GDP增9.2%　4季度增8.9%　创2年新低 [EB/OL]．http：//news．hexun．com/2012-01-17/137341068.htlm.

[197] 何德旭，张捷．金融经济周期下的中央银行资产负债表策略 [J]．郑州大学学报（哲学社会科学版），2016，49（1）：50-56.

[198] 何德旭，张捷．中国货币政策现状及抉择 [J]．中国经济报告，2017（6）：78-80.

[199] 何国华，常鑫鑫．开放条件下不同泰勒规则在中国的适用性研究 [J]．财贸研究，2013，24（2）：94-101.

[200] 何梦泽．我国金融市场基准利率选取的实证研究 [J]．当代经济，2013（7）：99-101.

[201] 何珊．中小银行应对利率走廊形成机制的策略研究 [J]．吉林金融研究，2017（2）：18-22.

[202] 何涛，胡资骏．国际基准利率建设经验及启示 [J]．青海金融，2014（10）：21-23.

[203] 何运信．我国货币政策中介目标研究 [D]．长沙：湖南大学，2005.

[204] 何志刚，阮琮．国债金融效应：基准利率视角的分析 [J]．商业经济与管理，2006（9）：53-57.

[205] 贺卉．关于中央银行独立性问题的研究 [J]．上海金融，2009（6）：31-35.

[206] 贺力平．政策性基准利率选择 [J]．中国金融，2014（14）：24-25.

［207］贺思文．金融危机背景下我国货币政策工具的运用与效用分析［D］．海口：海南大学，2014．

［208］贺云松．利率规则的福利成本及对我国货币政策的启示——基于新凯恩斯 DSGE 模型的分析［J］．华东经济管理，2010，24（2）：73－78．

［209］胡波．解析央行第二代支付系统及其影响［J］．银行家，2012（4）：120－122．

［210］胡光年．对中央银行独立性问题的探讨［J］．时代金融，2014（11）：84－86．

［211］胡海鸥，季波，贾德奎．"利率走廊"调控含义、机理与机制——无基础货币供给量调控的启示［J］．当代经济科学，2006（1）：35－40＋125．

［212］胡海鸥，季波，贾德奎．"利率走廊"调控与准备金制度功能的异化［J］．北京交通大学学报（社会科学版），2006（1）：55－58．

［213］胡海鸥，季波．完善我国基准利率主导作用的基本思路［J］．上海金融，2006（11）：34－37．

［214］胡海鸥，季波．准备金制度功能的异化与我国准备金政策的取向［J］．财经科学，2007（3）：1－8．

［215］胡海鸥，贾德奎．"利率走廊"调控的运行机制及其在我国的实践意义［J］．上海金融，2004（2）：12－14．

［216］胡海鸥，赵慈拉．理顺和规范 Shibor 决定机制的思考［J］．上海金融，2008（9）：30－33．

［217］胡明东．对中国货币市场基准利率的验证［J］．北方金融，2014（10）：34－37．

［218］胡岳峰．关于中国新兴货币政策工具"常备借贷便利"的解析与国际比较［J］．金融经济，2015（2）：18－19．

［219］华秀萍，熊爱宗，张斌．金融开放的测度［J］．金融评论，2012，4（5）：110－121＋126．

[220] 黄昌利，尚友芳．资产价格波动对中国货币政策的影响——基于前瞻性泰勒规则的实证研究 [J]．宏观经济研究，2013（1）：3-10+37.

[221] 黄晨，任若恩，李焰，等．中国金融市场基准利率分析 [J]．北京航空航天大学学报（社会科学版），2002（2）：38-43.

[222] 黄国明．我国央行基准利率选择之分析 [J]．上海金融，1997（1）：15-16.

[223] 黄金老．利率市场化与商业银行风险控制 [J]．经济研究，2001（1）：19-28+94.

[224] 黄启才，刘睎蕊．我国货币政策目标偏好的非对称估计与检验 [J]．现代财经（天津财经大学学报），2011，31（2）：92-97.

[225] 黄启才．非线性菲利普斯曲线及对货币政策的影响 [J]．金融经济，2010（22）：60-62.

[226] 黄启才．泰勒规则及其在中国的应用 [J]．中国物价，2012（9）：36-38.

[227] 黄启才．中国利率波动的体制转换与非对称性分析——基于 MSIH-AR 模型研究 [J]．亚太经济，2010（6）：32-36.

[228] 黄启才．最优货币政策规则及在中国的实证 [J]．发展研究，2010（11）：60-63.

[229] 黄小英，刘婷．利率走廊降低利率波动的机理与实证检验——基于发达国家央行数据的实证研究 [J]．现代财经（天津财经大学学报），2017，37（2）：55-68.

[230] 黄益平．利率市场化改变尚未完成 [EB/OL]．http://news.hexun.com/2015-11-18/180632588.html.

[231] 黄志忠，谢军．宏观货币政策、区域金融发展和企业融资约束——货币政策传导机制的微观证据 [J]．会计研究，2013（1）：63-69+96.

[232] 纪中慷．汇率制度与货币政策裙带关系带给我们的启示

[J]．山东商业职业技术学院学报，2007（6）：20－24．

［233］季伟．从公开市场操作到利率走廊［J］．中国金融，2016（5）：26－27．

［234］季伟．由公开市场操作走向利率走廊：我国利率调控模式的转型方向［J］．金融发展评论，2015（8）：102－108．

［235］季晓静．"利率走廊"深化我国利率市场化改革的新途径［J］．财经界（学术版），2009（10）：5－6＋8．

［236］贾德奎，胡海鸥．"利率走廊"：货币市场利率调控的新范式［J］．经济评论，2004（2）：94－97．

［237］贾德奎，胡海鸥．"利率走廊"调控模式的机制与启示［J］．中央财经大学学报，2004（1）：31－35．

［238］贾德奎，胡海鸥．利率走廊：我国利率调控模式的未来选择［J］．财经研究，2004（9）：56－65．

［239］贾德奎．基于自愿准备金制度的利率走廊调控模式研究［J］．财经理论与实践，2007（4）：14－18．

［240］贾雅茹．日本利率市场化及其对中国的启示［J］．北方经济，2013（8）：74－76．

［241］江春，陈永．中国利率市场化阶段利率规则探究——基于对泰勒规则的扩展［J］．财贸研究，2014，25（3）：100－107．

［242］姜楠．如何评价我国当前货币政策的有效性［J］．科技经济导刊，2016（29）：246．

［243］姜汝楠，程逸飞．对央行创设 PSL 货币政策工具的思考［J］．价格理论与实践，2014（8）：96－98．

［244］蒋竞．中国基准利率选择的实证分析［J］．四川理工学院学报（社会科学版），2007（4）：60－63＋82．

［245］蒋先玲，苏日娜，孙倩．Shibor 作为中国基准利率的可行性研究［J］．金融论坛，2012，17（9）：25－32＋60．

［246］蒋先玲，赵一林．基于 SVAR 的常备借贷便利工具传导机制

有效性研究［J］. 国际商务（对外经济贸易大学学报），2016（4）：105 – 116.

［247］蒋贤锋，王贺，史永东. 我国金融市场中基准利率的选择［J］. 金融研究，2008（10）：22 – 36.

［248］金成晓，李雨真. 名义负利率政策的理论、实施与效果［J］. 江西社会科学，2017，37（6）：49 – 57.

［249］金成晓，朱培金. 包含汇率因素的非线性泰勒规则及其在中国的适用性检验［J］. 统计与决策，2013（7）：4 – 7.

［250］金中夏. 从央行视角看利率市场化［J］. 中国金融，2014（1）：20 – 22.

［251］荆海龙，淡亚君，李亚奇. 我国市场化利率形成问题研究［J］. 青海金融，2014（10）：7 – 12.

［252］康彬，尤立杰. 负利率政策利弊观［J］. 新理财，2017（8）：38 – 42.

［253］雷国胜. 货币政策的动态优化与调整［D］. 成都：四川大学，2007.

［254］雷耀，胡莹. 韩国利率市场化改革与其经济金融运行变化［J］. 中国货币市场，2012（10）：8 – 11.

［255］李成，王彬，马文涛. 资产价格、汇率波动与最优利率规则［J］. 经济研究，2010，45（3）：91 – 103.

［256］李冠超，罗鹏静，郭凯. 中美货币政策分化、影响及对策［J］. 宏观经济管理，2017（5）：83 – 87.

［257］李嘉洁. 试论国外利率走廊实践对我国利率调控机制的启示与建议［J］. 金融理论与实践，2014（9）：100 – 102.

［258］李建建. 马克思利息理论与中国利率市场化的改革实践［J］. 当代经济研究，2006，134（10）：44 – 48.

［259］李京阳. 货币政策透明度中"度"的把握——基于中国实际情况的分析［J］. 中国市场，2012（9）：59 – 63.

［260］李静．中国利率走廊操作模式的选择——基于国际经验比较［J］．银行家，2017（10）：62－65＋6．

［261］李良松，柳永明．新魏克塞尔主义下我国基准利率的比较与定位［J］．财经研究，2009，35（6）：52－64．

［262］李露．利率走廊：央行利率调控"新"模式［J］．金融博览·财富，2015（12）：20－21．

［263］李丕东，魏巍贤．韩国货币政策体系的演化及其借鉴［J］．世界经济研究，2005（2）：56－61．

［264］李琼，王志伟．利率规则理论研究新进展［J］．经济学动态，2008（1）：83－88．

［265］李琼，王志伟．泰勒规则与中国宏观经济波动——1994—2006 的实证检验［J］．经济科学，2009（2）：9－22．

［266］李社环．适应我国利率全面市场化的基准利率的研究［J］．财经研究，2001（4）：45－49．

［267］李树利，王敬花．Libor 操纵案对我国 Shibor 管理的启示［J］．对外经贸实务，2014（1）：53－56．

［268］李涛，傅强．考虑资产价格波动的前瞻性泰勒规则及实证检验［J］．统计与决策，2011（17）：137－140．

［269］李维刚．泰勒规则、联储货币政策及我国货币调控问题的思考［J］．国际金融研究，2001（6）：15－19．

［270］李维林，朱文君．我国市场基准利率的选择与培育——基于价格型货币政策传导渠道的分析［J］．宏观经济研究，2017（8）：59－68．

［271］李文溥，李鑫．利率平滑化与产出、物价波动——一个基于泰勒规则的研究［J］．南开经济研究，2010（1）：36－50．

［272］李翔，孙曌琳．我国利率市场化路径和风险分析［J］．经济研究参考，2014（64）：45－54．

［273］李秀秀，乔小枫．"格林斯潘之谜"或将重演［J］．银行

家，2017（9）：56－59＋6.

[274] 李雅丽. 利率市场化与中国货币政策框架转型 [J]. 新金融，2015（5）：28－32.

[275] 李雅丽. 中央银行利率调控模式的比较分析 [J]. 新金融，2016（11）：13－19.

[276] 李扬. 中国利率市场化：做了什么，要做什么 [J]. 国际金融研究，2003（9）：9－13.

[277] 李自磊，张云. 美国量化宽松政策对金砖四国溢出效应的比较研究——基于 SVAR 模型的跨国分析 [J]. 财经科学，2014（4）：22－31.

[278] 连平，徐光林. 资产价格应成为货币政策的重要参考因素 [J]. 新金融，2009（10）：4－8.

[279] 梁丽丽，许世瑛. 短期利率对商业银行资产结构影响研究——兼论加强利率走廊建设的重要性 [J]. 农村金融研究，2016（2）：34－39.

[280] 梁琪，张孝岩，过新伟. 中国金融市场基准利率的培育——基于构建完整基准收益率曲线的实证分析 [J]. 金融研究，2010（9）：87－105.

[281] 梁斯. 流动性"紧平衡"与货币政策操作——对结构性流动性短缺操作框架的思考 [J]. 南方金融，2017（9）：18－25.

[282] 梁斯. 新货币政策框架下的货币供给机制：强化与纠偏 [J]. 新金融，2017（9）：32－35.

[283] 林琛. 利率走廊调控初探 [J]. 消费导刊，2008（21）：79.

[284] 林海，郑振龙. 中国利率动态模型研究 [J]. 财经问题研究，2005（9）：45－49.

[285] 林锦鸿. 我国市场基准利率的选择研究 [J]. 福建商业高等专科学校学报，2015（6）：1－7＋60.

[286] 刘斌，张怀清. 我国产出缺口的估计 [J]. 金融研究，2001

（10）：69－77.

［287］刘斌．稳健的最优简单货币政策规则在我国的应用［J］．金融研究，2006（4）：12－23.

［288］刘斌．最优货币政策规则的选择及在我国的应用［J］．经济研究，2003（9）：3－13＋92.

［289］刘斌．最优前瞻性货币政策规则的设计与应用［J］．世界经济，2004（4）：12－18＋80.

［290］刘春田．西方利息理论评析及对中国利率问题的思考［D］．福州：福州大学，2006.

［291］刘杰，王定祥．人民币汇率、资产价格与非线性利率规则［J］．财经科学，2014（1）：19－27.

［292］刘金全，范剑青．中国经济周期的非对称性和相关性研究［J］．经济研究，2001（5）：28－37＋94.

［293］刘金全，张小宇．时变参数"泰勒规则"在我国货币政策操作中的实证研究［J］．管理世界，2012（7）：20－28.

［294］刘俊奇．以货币供应量作为我国货币政策中介目标的不适应性分析及优化策略——兼评以通胀定标作为我国货币政策框架的可行性［J］．社会科学辑刊，2005（3）：81－85.

［295］刘澜飚，文艺．美国量化宽松货币政策退出对亚太经济体的影响［J］．南开学报（哲学社会科学版），2014（2）：142－150.

［296］刘澜飚，尹海晨，张靖佳．欧元区非传统货币政策的发展及对中国的启示［J］．国际金融研究，2017（3）：35－44.

［297］刘陆宇．利率市场化进程中基准利率的选择［J］．华东经济管理，2013，27（9）：115－119.

［298］刘明月．泰勒规则在我国的实践需要解决的两大问题［J］．上海金融，2003（9）：13－15.

［299］刘娜．货币政策透明度研究与分析［J］．山西科技，2008（2）：24＋27.

［300］刘树成. 多次性微调：使经济增长率不"冒顶"［J］. 中国经贸导刊，2006（24）：7 - 8.

［301］刘宛恬. 基于信贷渠道的常备借贷工具的有效性研究［J］. 辽宁经济，2017（4）：54 - 57.

［302］刘湘云，邱乐平. Shibor 已成为我国货币市场基准利率了吗？［J］. 金融理论与实践，2011（1）：24 - 27.

［303］刘晓燕. 利率走廊对短期市场利率波动的影响研究［D］. 济南：山东大学，2017.

［304］刘新源. "利率走廊"在中国实施的可行性［J］. 产业与科技论坛，2017，16（16）：103 - 104.

［305］刘阳. 利率上调当口之"千姿百看"［J］. 首席财务官，2017（5）：40 - 41.

［306］刘义圣，郭志. 利率市场化进程中利率规则在中国的适用性分析［J］. 宏观经济研究，2016（2）：45 - 54 + 80.

［307］刘义圣，黄启才. 央行的利率平滑调控偏好：基于一个动态优化模型分析框架［J］. 江汉论坛，2008（11）：109 - 112.

［308］刘义圣，刘一林. 泰勒规则及其对中国适应性研究［J］. 当代经济研究，2010（10）：48 - 53.

［309］刘义圣，王世杰. 中美货币市场基准利率传导效应比较研究［J］. 亚太经济，2015（5）：25 - 31.

［310］刘义圣，张晶. 关于我国利率微调"平滑化"的思考［J］. 当代经济研究，2008（9）：58 - 63 + 73.

［311］刘义圣，赵东喜. 利率走廊理论述评［J］. 经济学动态，2012（7）：122 - 129.

［312］刘义圣，赵东喜. 中国利率政策调控机制与经验实证［J］. 江汉论坛，2014（12）：5 - 11.

［313］刘义圣. 关于现时期我国利率微调问题的思考［J］. 经济问题，2007（12）：101 - 104 + 125.

［314］刘义圣．我国宏观经济调控体系中利率微调政策的时效性研究［J］．东南学术，2007（6）：59－67.

［315］刘轶，李久学．中国利率市场化进程中基准利率的选择［J］．财经理论与实践，2003（4）：56－59.

［316］刘兆强，倪全学．主要新兴市场国家利率走廊货币政策框架选择及启示［J］．时代金融，2017（3）：10－11.

［317］柳洪．利率走廊调控机制的特点及影响［J］．金融博览，2016（2）：50－51.

［318］柳欣，刘磊，吕元祥．我国货币市场基准利率的比较研究［J］．经济学家，2013（5）：65－74.

［319］卢超．"新常态"下中国货币政策实施研究［D］．长春：东北师范大学，2017.

［320］卢遵华．我国货币市场基准利率研究［J］．证券市场导报，2006（8）：63－69.

［321］鲁政委，李苗献．中国利率走廊的经验宽度研究［J］．新金融评论，2016（2）：57－71.

［322］鲁政委．利率市场化开启之后的思考［J］．中国金融，2012，（15）：22－23.

［323］陆军，钟丹．泰勒规则在中国的协整检验［J］．经济研究，2003（8）：76－85＋93.

［324］陆磊．"钱荒"的本质是结构失衡［J］．中国农村金融，2013（13）：18－21.

［325］陆维新．上海银行间拆放利率的基准效应研究［J］．统计与决策，2010（5）：130－132.

［326］陆玉．中国货币政策规则有关问题研究［D］．成都：西南财经大学，2006.

［327］罗杰．商业银行贷款利率市场化定价的新进展及政策建议［J］．区域金融研究，2014（12）：13－17.

[328] 罗滢. 谁可担当基准利率的重任？ [J]. 资本市场，2004 (06)：37 - 39.

[329] 罗原. 常备借贷便利、利率走廊与中国利率调控探究 [J]. 现代商业，2017 (8)：82 - 83.

[330] 吕江林，汪洋. 我国转轨现阶段货币调控基准利率的选择 [J]. 武汉金融，2004 (4)：4 - 6.

[331] 吕小锋. 利率规则在我国的实证研究 [D]. 福州：福建师范大学，2010.

[332] 马俊，纪敏. 新货币政策框架下的利率传导机制 [M]. 北京：中国金融出版社，2016.

[333] 马理、刘艺. 借贷便利类货币政策工具的传导机制与文献述评 [J]. 世界经济研究，2014 (9).

[334] 马明霞，王立军. 开放经济体中利率调控的宏观经济效应研究 [J]. 金融理论与实践，2014 (1)：46 - 49.

[335] 毛泽盛，李鹏鹏. 超额存款准备金付息制度与"利率走廊"构建 [J]. 当代经济研究，2014 (3)：75 - 81.

[336] 毛志杰，李博，杨晋丽. 货币政策指数及对经济周期的影响 [J]. 西部金融，2013 (7)：24 - 30.

[337] 孟士清. 构建中国的利率走廊：国际经验与国情分析 [J]. 现代金融，2015 (12)：34 - 36.

[338] 孟阳. 负利率政策：背景、现状、影响及评价 [J]. 债券，2016 (4)：67 - 73.

[339] 闵晓鸣. 国际主要基准利率改革最新进展及对我国的启示 [J]. 吉林金融研究，2015 (6)：30 - 33.

[340] 闵远光，胡海鸥. 利率平滑研究及其新进展 [J]. 经济学动态，2006 (10)：83 - 87.

[341] 明明. 货币政策的新特点 [J]. 中国金融，2017 (6)：73 - 75.

［342］倪亚芬．关于利率走廊的国内文献述评［J］．经济论坛，2016（7）：150－152．

［343］牛慕鸿，张黎娜，张翔．利率走廊、利率稳定性和调控成本［J］．金融研究，2017（7）：16－28．

［344］牛慕鸿，张黎娜，张翔．利率走廊系统的国际经验借鉴［J］．金融发展评论，2015（12）：59－64．

［345］钮文新．"央行利率走廊"的新方式［J］．中国经济周刊，2015（46）：72．

［346］欧阳志刚，韩士专．我国经济周期中菲利普斯曲线机制转移的阈值协整研究［J］．数量经济技术经济研究，2007（11）：27－36＋55．

［347］欧阳志刚，王世杰．我国货币政策对通货膨胀与产出的非对称反应［J］．经济研究，2009，44（9）：27－38．

［348］潘功胜．外汇管理改革发展的实践与思考——纪念外汇管理改革暨国家外汇管理局成立40周年［EB/OL］．http：//www. safe. gov. cn/safe/2019/0121/．

［349］彭红枫，鲁维洁．中国金融市场基准利率的选择研究［J］．管理世界，2010（11）：166－167．

［350］彭兴韵，张运才．缩不回去的美联储资产负债表［J］．中国金融，2017（13）：43－45．

［351］彭兴韵．金融危机管理中的货币政策操作——美联储的若干工具创新及货币政策的国际协调［J］．金融研究，2009（4）：20－35．

［352］齐稚平，刘广伟．泰勒规则在中国的实证检验［J］．统计与决策，2007（3）：104－105．

［353］钱小安．资产价格变化对货币政策的影响［J］．经济研究，1998（1）：72－78．

［354］钱宥妮．菲利普斯曲线在中国经济中的实证研究——基于产出缺口的分析［J］．财经研究，2005（6）：60－67．

［355］钱喆．纳入资产价格因素的最优利率规则研究［D］．南京：南京师范大学，2012.

［356］乔婕．我国货币政策的工具变量效应与货币政策的有效性——1997—2004 年的实证分析［J］．世界经济情况，2006（4）：23 - 26 + 11.

［357］邱冠华，王剑，张宇．从利率走廊角度理解逆回购和 SLF［J］．金融博览，2017（3）：58 - 59.

［358］曲彬．成熟经济体利率市场化改革对我国的经验启示［J］．财经界（学术版），2014（3）：56 - 58 + 101.

［359］曲彬．我国价格型货币政策调控模式的前瞻性研究——"利率走廊"调控新范式初探［J］．华北金融，2014（7）：8 - 11.

［360］任启诺．利率市场化背景下利率管理模式研究［D］．合肥：安徽大学，2017.

［361］戎梅，齐炜．金融市场基准利率：一个研究综述［J］．武汉金融，2014（5）：16 - 19.

［362］申琳．"利率走廊"能降低短期市场利率波动吗［J］．财贸经济，2015（9）：61 - 73.

［363］沈建光．2017 年中国货币政策展望［J］．中国外汇，2017（4）：12.

［364］盛松成，吴培新．中国货币政策的二元传导机制——"两中介目标，两调控对象"模式研究［J］．经济研究，2008，43（10）：37 - 51.

［365］施恬．完善基准利率体系，构建利率走廊机制［J］．经济师，2014（8）：171 - 172.

［366］施恬．我国建立利率走廊机制的基础、约束与发展方向［J］．台州学院学报，2016，38（2）：30 - 32.

［367］施伟俊．论我国利率市场化进程中基准利率的选择［J］．计划与市场，2001（1）：32 - 33 + 43.

[368] 石柱，张帆，赵国林，等. 新常态下货币政策传导机制有效性探析——基于利率传导机制的实证分析 [J]. 华北金融，2017（8）：19 – 25.

[369] 石柱鲜，孙皓，邓创. Taylor 规则在我国货币政策中的实证检验——基于时变隐性通货膨胀目标的新证据 [J]. 当代财经，2009（12）：43 – 48.

[370] 时光，高珂. 对 SHIBOR 作为我国货币市场基准利率的有效性检验 [J]. 财经科学，2012（2）：20 – 28.

[371] 宋芳秀，杜宁. 我国货币市场的基准利率及其管制因素 [J]. 改革，2010（11）：91 – 96.

[372] 宋雪涛. 从利率走廊看货币政策框架转型与利率市场化之路 [J]. 清华金融评论，2016（4）：68 – 70.

[373] 宋艳伟. 负利率时代展望以及对商业银行的影响分析 [J]. 海南金融，2016（10）：4 – 11.

[374] 苏迅. 试论我国的有效货币政策 [J]. 商，2014（19）：100.

[375] 孙彬彬，周岳，高志刚. 从国际实践看利率走廊的中国路径 [J]. 债券，2016（1）：34 – 41.

[376] 孙丹，李宏瑾. 经济新常态下我国货币政策工具的创新 [J]. 南方金融，2017（9）：10 – 17.

[377] 孙丹，李宏瑾. 我国创新性货币政策工具：特点、效果、问题及建议 [J]. 南方金融，2017（9）：51 – 62.

[378] 孙婧. 利率走廊的调控机制、国际实践及对我国的启示 [D]. 北京：外交学院，2017.

[379] 孙静雯. 美联储加息及其对全球经济的影响 [J]. 时代金融，2017（15）：6 + 10.

[380] 孙立行. 中国金融业对外开放的历史进程与战略取向 [J]. 世界经济研究，2008（8）：9 – 14 + 87.

［381］孙丽丽．关于完善 SHIBOR 作为货币市场基准利率的研究［D］．北京：首都经济贸易大学，2014.

［382］孙若宁．论公开市场业务及其在我国的运用［D］．长春：吉林大学，2004.

［383］孙音．流动性过剩、最优利率规则与通胀目标制：对中国货币政策的检验与冲击响应分析［D］．大连：东北财经大学，2011.

［384］孙友杰．我国央行基准利率选择问题研究［D］．上海：华东师范大学，2005.

［385］谈小生．第二代支付系统技术体系架构研究［J］．金融电子化，2009（10）：75 – 77.

［386］覃宇环．制约国债收益率发挥市场基准利率作用的障碍分析及对策［J］．广西金融研究，2008（10）.

［387］谭小芬，李昆．负利率的理论基础、实施效果与中国对策［J］．国际金融，2017（5）：37 – 42.

［388］谭小芬．泰勒规则及其在中国的适应性分析［J］．山西财经大学学报，2006（4）：106 – 111.

［389］唐珏岚．当前启动和强化结构性货币政策工具的必要性［J］．广西金融研究，2003（5）：15 – 17 + 32.

［390］田远．欧洲中央银行负利率政策运行框架的梳理与思考［J］．经济研究参考，2017（13）：57 – 67.

［391］佟文立．"大放水"结论过早，低利率走廊成型［J］．商业观察，2016（3）：40 – 41.

［392］万光彩，常文琪．我国"新常态"货币框架下的"利率走廊"构建［J］．江南大学学报（人文社会科学版），2015，14（4）：75 – 85.

［393］万光彩，陈燕．论我国货币政策中间目标的有效性［J］．宿州学院学报，2015，30（6）：12 – 16.

［394］王彬，高健淋．从宏观经济形势看货币政策与利率长期趋势

［J］. 金融市场研究，2017（5）：1 – 15.

［395］王超，陈乐一. "利率走廊"模式的国际经验及启示［J］. 经济纵横，2015（9）：107 – 111.

［396］王超，陈乐一. 利率走廊：作用机理、国际实践及其启示［J］. 价格理论与实践，2015（7）：64 – 66.

［397］王春丽，刘义圣. 货币政策的利率微调问题试探［J］. 福建论坛（人文社会科学版），2009（11）：26 – 29.

［398］王春丽. 我国宏观经济调控中的利率微调问题研究［D］. 福州：福建师范大学，2010.

［399］王春丽. 经济周期波动与我国利率调整——基于凯恩斯利息理论视角［J］. 西安财经学院学报，2009，22（6）：5 – 9.

［400］王春丽. 市场起决定作用下的利率调控模式：国际比较与借鉴［J］. 亚太经济，2015（2）：28 – 32 + 126.

［401］王锋，王兆华. 欧洲央行的利率角色与货币政策操作［J］. 西部金融，2014（1）：36 – 39.

［402］王光伟. 我国当前货币政策效果与外汇管理体制改革［J］. 经济学动态，2002（1）：30 – 33.

［403］王海洋，杨晓光. SHIBOR 运行半年来的分析和评述［N］. 科学时报，2007 – 06 – 27.

［404］王贺. 我国金融市场基准利率选择问题研究［D］. 大连：东北财经大学，2007.

［405］王家强，瞿亢. 英国利率市场化的历史沿革与银行业应对策略［J］. 中国货币市场. 2012（7）：24 – 30.

［406］王建国. 泰勒规则与我国货币政策反应函数的实证研究［J］. 数量经济技术经济研究，2006（1）：43 – 49.

［407］王鉴岗. 国债市场基准利率的形成［J］. 中国青年政治学院学报，2001（2）：67 – 71.

［408］王晋斌，刘元春. 关于 IS – LM/AS 模型分析范式演变的思考

[J]. 中国人民大学学报, 2005 (2): 76 – 83.

[409] 王晋忠, 赵杰强, 王茜. Shibor 作为中国基准利率有效性的市场属性分析 [J]. 经济理论与经济管理, 2014 (2): 85 – 94.

[410] 王静文. 从利率走廊机制看货币政策框架转型 [J]. 中国农村金融, 2015 (24): 39 – 40.

[411] 王珏. 市场基准利率与我国货币政策目标的相关性研究 [D]. 杭州: 浙江大学, 2017.

[412] 王凯, 舒力. 市场基准利率的核心属性与形成机制 [J]. 济南金融, 2003 (6): 51 – 52.

[413] 王坤. 我国货币政策中介目标、工具及传导机制研究 [D]. 济南: 山东大学, 2006.

[414] 王璐. 马克思的内生货币理论解析 [J]. 教学与研究, 2007 (5): 29 – 35.

[415] 王如丰. 利率对汇率变化反应了吗?——基于开放经济下泰勒规则的分位数回归 [J]. 财贸研究, 2009, 20 (6): 75 – 81.

[416] 王森. 张燕兰. 后金融危机时期我国公开市场操作的实际效果分析 [J]. 经济学动态, 2014 (3): 82 – 88.

[417] 王少林. 双重时变 "泰勒规则" 在中国货币政策操作中的检验 [J]. 南方经济, 2015 (6): 67 – 83.

[418] 王胜, 邹恒甫. 开放经济中的泰勒规则——对中国货币政策的检验 [J]. 统计研究, 2006 (3): 42 – 46.

[419] 王世杰. 基准利率的市场传导效应比较分析 [J]. 东南学术, 2015 (5): 119 – 125.

[420] 王树同. Shibor 与利率市场化: 前景展望 [J]. 中国货币市场, 2007 (7): 28 – 29.

[421] 王瑱, 雷耀. 日本利率市场化改革的路径及效应 [J]. 中国货币市场, 2012 (9): 14 – 18.

[422] 王新平. 对区域经济发展战略与货币政策协调性的思考

[J]．中国金融，2009（17）：62.

［423］王莹．"利率走廊"操作模式在中国的适用性分析［J］．上海金融，2016（12）：17－20.

［424］王莹．泰勒规则评析及其对我国货币政策制定的借鉴意义［J］．武汉金融，2004（1）：6－8.

［425］王应贵，甘当善．新世纪以来美联储货币政策的操作特点［J］．世界经济与政治论坛，2005（6）：68－73.

［426］王勇．常备借贷便利已成市场流动性稳定利器［N］．上海证券报，2013－11－12（A02）.

［427］王佑元，马运生，石明悦，等．对我国再贴现利率生成机制及其政策信号与导向作用的研究［J］．金融理论与实践，2012（2）：45－50.

［428］王媛．季末央行"加码"投放千亿逆回购公开市场重启单日净投放［N］．上海证券报，2017－03－21（002）.

［429］王云中．马克思利率理论与凯恩斯和萨缪尔森利率理论的比较［J］．当代经济研究，2005（1）：12－16＋73.

［430］王泽．韩国中小企业信用增级途径对我国债券融资的启示［J］．时代金融，2017（5）：172＋177.

［431］王哲．牵住流动性的"牛鼻子"［J］．中国报道，2017（3）：34－35.

［432］王镇．国外宏观审慎监管政策回顾及对我国的启示［J］．华北金融，2017（4）：56－59＋67.

［433］王志栋．利率理论考察与基准利率定义［J］．现代管理科学，2011（9）：32－35.

［434］王志栋．中国货币市场基准利率选择的实证研究［J］．投资研究，2012，31（1）：25－40.

［435］王志强，贺畅达．时变货币政策规则对利率期限结构的动态影响分析［J］．宏观经济研究，2012（10）：21－29＋62.

[436] 魏澄荣, 刘义圣. 马克思的利率市场性理论与我国利率市场化改革 [J]. 福建论坛 (人文社会科学版), 2007 (8): 4-8.

[437] 温彬. 我国利率市场化后基准利率选择的实证研究 [J]. 国际金融研究, 2004 (11): 54-60.

[438] 吴瑞花. 浅谈我国利率市场化改革 [J]. 长春金融高等专科学校学报, 2010 (3): 9-11.

[439] 吴曙明. 关于国债利率成为基准利率的思考 [J]. 中央财经大学学报, 1997 (8): 48-49.

[440] 吴曙明. 国债利率成为基准利率的必然性 [J]. 经济研究参考, 1997 (A5): 21-22.

[441] 吴曙明. 国债利率可否成为基准利率? [J]. 四川财政, 1997 (8): 15-16.

[442] 吴玮. 联邦基金利率发展经验及对 Shibor 推广的启示 (上) [J]. 中国货币市场, 2007 (8): 49-53.

[443] 吴秀波. 海外负利率政策实施的效果及借鉴 [J]. 价格理论与实践, 2016 (3): 17-23.

[444] 伍戈, 李斌. 货币创造渠道的变化与货币政策的应对 [J]. 国际金融研究, 2012 (10): 4-10.

[445] 伍戈, 王苏阳. 货币政策是否应调控中长期利率? [J]. 金融发展评论, 2015 (4): 31-39.

[446] 奚君羊, 刘卫江. 通货膨胀目标制的理论思考——论我国货币政策中介目标的重新界定 [J]. 财经研究, 2002 (4): 3-8.

[447] 夏斌, 廖强. 货币供应量已不宜作为当前我国货币政策的中介目标 [J]. 经济研究, 2001 (8): 33-43.

[448] 夏乐, 董晋越. 新工具完善央行货币政策框架 [J]. 国际金融, 2017 (7): 5-7.

[449] 向祥华, 杨昱星. 麦卡勒姆规则及其对我国货币政策的借鉴意义 [J]. 上海金融, 2004 (5): 17-20.

［450］项卫星，李宏瑾．货币市场基准利率的性质及对 Shibor 的实证研究［J］．经济评论，2014（1）：107－117.

［451］肖卫国，刘杰．前瞻性、后顾性与混合型泰勒规则政策效果的动态模拟［J］．金融经济学研究，2014，29（3）：3－12.

［452］肖娱．美国货币政策冲击的国际传导研究——针对亚洲经济体的实证分析［J］．国际金融研究，2011（9）：18－29.

［453］萧松华，杨德娟．利率平滑：基于学习机制和美联储实践的分析与启示［J］．国际金融研究，2009（8）：17－22.

［454］谢多．中国货币市场的现状与发展［J］．中国金融，2001（7）：31－33.

［455］谢多．中国货币市场发展的分析［J］．经济研究，2001（9）：3－11＋30－95.

［456］谢静敏．国际利率走廊运行经验及其启示［J］．新金融，2016（6）：26－30.

［457］谢静敏．利率走廊运行的国际经验及其对我国的启示［J］．武汉金融，2016（12）：44－47.

［458］谢平，程均丽．货币政策透明度的基础理论分析［J］．金融研究，2005（1）：24－31.

［459］谢平，刘斌．货币政策规则研究的新进展［J］．金融研究，2004（2）：9－20.

［460］谢平，罗雄．泰勒规则及其在中国货币政策中的检验［J］．经济研究，2002（3）：3－12＋92.

［461］谢平，袁沁敭．我国近年利率政策的效果分析［J］．金融研究，2003（5）：1－13.

［462］谢仍明．中国利率市场化研究［D］．北京：中国社会科学院研究生院，2014.

［463］辛清泉，林斌，王彦超．政府控制、经历薪酬与资本投资［J］．经济研究，2007（8）.

［464］熊海芳，王志强．基于市场利率的利率偏离与央行学习行为［J］．宏观经济研究，2014（11）：39-46+106.

［465］熊启跃，王哲，赵乙欧．日本"负利率"政策实施及其影响探微［J］．中国农村金融，2016（23）：82-84.

［466］徐策．印度的利率市场化改革及利率走廊调控机制［J］．南亚研究季刊，2016（1）：61-65+72+5.

［467］徐聪聪．SHIBOR 作为我国基准利率市场运行的可行性研究［D］．成都：西南财经大学，2011.

［468］徐凡．基准利率体系的构建［J］．科技创业月刊，2009，22（2）：31-32.

［469］徐慧伦，耿亚莹，谭小芬．完善利率走廊疏通传导机制［J］．清华金融评论，2017（2）：65-68.

［470］徐慧贤．资产价格波动与最优货币政策选择［J］．中央财经大学学报，2009（11）：47-50.

［471］徐杰．货币政策透明化及对中国的启示［J］．国家行政学院学报，2009（5）：114-117.

［472］徐清．马克思与凯恩斯利息理论的分野与耦合［D］．福州：福建师范大学，2007.

［473］徐义国，殷剑峰．中国金融市场体系的未来取向——十九大报告蕴涵的金融元素［J］．经济社会体制比较，2018（1）：19-27.

［474］徐忠．中国稳健货币政策的实践经验与货币政策理论的国际前沿［J］．金融研究，2017（1）：1-21.

［475］许冰，叶娅芬．基于理性预期模型的最优货币政策的选择及应用［J］．统计研究，2009，26（5）：25-32.

［476］许冰，章上峰．经济转型时期中国的非线性菲利普斯曲线［J］．中国管理科学，2008（5）：37-41.

［477］许彩玲．凯恩斯利息理论及其对中国适用性考探［D］．福州：福建师范大学，2006.

［478］许方，赵艳，李荷娟．利率走廊机制在中国的适用性［J］．金融理论与实践，2016（2）：114－118.

［479］许召元．中国的潜在产出、产出缺口及产量——通货膨胀交替关系——基于"Kalman 滤波"方法的研究［J］．数量经济技术经济研究，2005（12）：3－15.

［480］许志平．降准考验货币政策传导机制［N］．金融时报，2015－02－09（002）.

［481］闫明健．利率市场化进程中我国货币市场基准利率的选择［D］．上海：上海社会科学院，2010.

［482］闫文涛．汇率与泰勒规则文献评述［J］．经济学动态，2010（10）：137－139.

［483］闫小娜．泰勒规则及其在我国的检验［D］．北京：中国社会科学院研究生院，2003.

［484］央行：适时适度开展常备借贷便利和中期借贷便利操作［EB/OL］．http：//bank. cnfol. com/yanghang/20150508/20719784. shtml.

［485］杨春蕾．货币政策工具与中介目标选择：国际比较与中国实证［D］．上海：上海社会科学院，2017.

［486］杨德勇，刘笑彤，赵袁军．互联网金融背景下中国货币政策工具的使用研究——基于金融市场反应机制及 VEC 模型的实证分析［J］．武汉金融，2017（2）：26－32.

［487］杨迪川．利率走廊的国际经验与我国利率走廊构建研究［J］．金融监管研究，2016（11）：43－64.

［488］杨佳，段军山．利率走廊模式对我国的影响分析［J］．浙江金融，2016（5）：3－11.

［489］杨娉．中央银行政策利率的实现模式［J］．债券，2016（1）：23－28.

［490］杨绍基．我国银行间债券回购利率影响因素的实证研究［J］．南方金融，2005（8）：30－32＋22.

［491］杨伟. 中国式"利率走廊"机制的前景及影响［J］. 银行家，2014（8）：37－38.

［492］杨文进. 论马克思宏观性的货币理论［J］. 当代财经，2004（7）：5－9.

［493］杨晓胜. 基于 Shibor 完善我国基准利率的研究［J］. 福建金融管理干部学院学报，2007（3）：11－15.

［494］杨英杰. 泰勒规则与麦克勒姆规则在中国货币政策中的检验［J］. 数量经济技术经济研究，2002（12）：97－100.

［495］杨宇. "三元悖论"下货币政策困境及两种流动性矛盾［J］. 财经界（学术版），2017（9）：23－25.

［496］杨长岩. 目前利率市场化改革与探索——基于福建省的实践与启示［J］. 福建金融，2017（4）：10－15.

［497］姚小义，王学坤. 论我国利率市场化进程中基准利率的选择［J］. 湖南财经高等专科学校学报，2003（1）：15－18.

［498］姚余栋，谭海鸣. 央票利率可以作为货币政策的综合性指标［J］. 经济研究，2011，46（S2）：63－74.

［499］叶茂，胡新天. 我国货币政策的利率规则、货币供应量规则和贷款规则的比较和检验［J］. 学术研究，2015（3）：85－94＋160.

［500］叶永刚，陈勃特. 中国政策利率调控对市场基准利率的影响研究［J］. 管理世界，2012（4）：169－170.

［501］易纲. 进一步确立 Shibor 的基准性地位［J］. 中国货币市场，2008（1）：7－12.

［502］易纲. 中国改革开放三十年的利率市场化进程［J］. 金融研究，2009（1）：1－14.

［503］易宪容. 中国利率市场化改革的理论分析［J］. 江苏社会科学，2015（2）：1－10.

［504］余海萍. 日本利率市场化与泡沫经济对中国的启示［J］. 河北民族师范学院学报，2014（1）：74－76.

［505］余文建，施海松．美国联邦储备系统的货币政策及其启示［J］．海南金融，2005（4）：42－44.

［506］盂建华．日本利率市场化的背景、方式及特点［J］．上海金融，2004（9）：41－42.

［507］俞鸿琳．银行贷款、管理者投资行为与公司投资效率［J］．南方经济，2012（7）：30－42.

［508］袁靖，陈伟．基于MCMC方法对中国非线性广义泰勒规则的构建［J］．统计与决策，2012（19）：21－24.

［509］岳娟丽，徐晓伟．基于社会福利的央行货币政策目标利率选择——动态随机一般均衡模型下的实证分析［J］．江西财经大学学报，2014（2）：33－43.

［510］佚名．SLO与MLF［J］．天津经济，2015（1）：83－84.

［511］张海星．国债利率基准化与市场化探析［J］．东北财经大学学报，2002（1）：44－47.

［512］张和英．"新常态"下我国货币政策转型的理论及政策分析［J］．商场现代化，2017（16）：110－111.

［513］张红地，严文兵．论中国公开市场业务的改革与发展［J］．武汉金融高等专科学校学报，2001（4）：7－12.

［514］张晶．从利率走廊看中国货币政策框架转型与利率市场化之路［J］．金融市场研究，2015（12）：80－84.

［515］张晶．利率平滑调控理论及其在我国的应用探研［D］．福州：福州大学，2008.

［516］张莉．我国货币政策的利率传导机制及效率研究［D］．苏州：苏州大学，2010.

［517］张林，何广文．我国货币市场基准利率SHIBOR实证分析及运行评价［J］．金融理论与实践，2009（4）：9－12.

［518］张前程．基准利率调整与企业投资行为——来自中国上市公司的经验证据［J］．投资研究，2014，33（2）：22－32.

[519] 张庆昌，王跃生．负利率的实施及影响 [J]．中国金融，2017（13）：46-47．

[520] 张帅．韩国利率市场化的经验与启示 [J]．经济纵横，2003（10）：39-41．

[521] 张小宇，刘金全．"泰勒规则"在中国经济运行中的经验证据 [J]．财经研究，2010，36（11）：127-134．

[522] 张晓慧．货币政策回顾与展望 [J]．中国金融，2017（3）：12-15．

[523] 张晓慧．走向间接调控的中国货币政策 [J]．中国金融，2008（23）：44-47．

[524] 张晓霞，张研．国债市场与利率自由化——理论解说与发展策略 [J]．贵州财经学院学报，2002（4）：32-35．

[525] 张晓燕，张捷．利率走廊模式下的货币政策 [J]．中国金融，2016（17）：62-63．

[526] 张孝岩．中国基准收益率曲线的培育及其应用价值研究 [D]．天津：南开大学，2012．

[527] 张亚光．凯恩斯主义利率理论的新发展 [J]．北京大学研究生学志，2007（1）：53-62．

[528] 张尧．负利率政策对银行业的影响及对中国的启示 [D]．北京：外交学院，2017．

[529] 张亿镭，吴伶伶．联储货币政策在美国"新经济"中运作 [J]．世界经济文汇，2000（6）：52-57．

[530] 张屹山，张代强．前瞻性货币政策反应函数在我国货币政策中的检验 [J]．经济研究，2007（3）：20-32．

[531] 章潇萌．我国货币政策有效性演变研究：数量型和价格型的比较 [J]．中国物价，2016（12）：7-10．

[532] 张翠微．美、英、欧、日中央银行货币政策操作比较研究 [J]．中国货币市场，2003（2）：20-32．

［533］张辉，黄泽华．我国货币政策的汇率传导机制研究［J］．经济学动态，2011（8）：53－57．

［534］赵彩波，李昌宇．美国基准利率近年变动状况考察及借鉴［J］．北方经贸，2009（9）：118－120．

［535］赵慈拉．构建全国一体化票据交易市场的路径设计［J］．上海金融，2016（3）：27－31．

［536］赵进文，高辉．中国利率市场化主导下稳健货币政策规则的构建及应用［J］．经济学（季刊），2004（S1）：41－64．

［537］赵进文，闵捷．央行货币政策操作效果非对称性实证研究［J］．经济研究，2005（2）：26－34＋53．

［538］赵进文，闵捷．央行货币政策操作政策拐点与开关函数的测定［J］．经济研究，2005（12）：90－101．

［539］赵磊．宏观经济稳定与货币政策中介目标的选择——基于普尔规则的实证分析［J］．经济经纬，2007（5）：26－29．

［540］赵尚梅．市场化利率体制有效运行的要件约束与制度建设［J］．经济学动态，2002（11）：30－33．

［541］郑葵方．央行上调各类政策性利率意在降杠杆［J］．银行家，2017（3）：80－81．

［542］郑理．G20货币政策框架的比较及启示［J］．现代管理科学，2017（10）：78－80．

［543］郑挺国，刘金全．区制转移形式的"泰勒规则"及其在中国货币政策中的应用［J］．经济研究，2010，45（3）：40－52．

［544］郑挺国，王霞．泰勒规则的实时分析及其在我国货币政策中的适用性［J］．金融研究，2011（8）：31－46．

［545］郑晓亚，赵自然，陈华．利率走廊、政策利率传导与商业银行贷款市场化定价——结合中美实践的比较研究［J］．财政研究，2016（7）：92－100．

［546］郑振龙，莫天瑜．政策利率引导市场利率的走势吗——央票

发行利率与央票市场利率双向互动关系研究 [J]. 财贸经济，2011 (1)：49 - 55 + 136.

[547] 郑周胜. 发挥常备借贷便利作用构建利率走廊机制 [J]. 甘肃金融，2015 (11)：1.

[548] 中国工商银行城市金融研究所课题组. 银行间市场基准利率体系选择及 Shibor 运行分析——兼析基准利率变动对商业银行的影响 [J]. 金融论坛，2008 (4)：3 - 8.

[549] 中国人民银行货币政策分析小组. 中国货币政策执行报告 [EB/OL]. http：//www. pbc. gov. cn/goutongjiaoliu/113456/113469/2973791/ index. html.

[550] 中国人民银行营业管理部课题组. 中央银行利率引导——理论、经验分析与中国的政策选择 [J]. 金融研究，2013 (9)：44 - 55.

[551] 中国人民银行营业管理部课题组. 非线性泰勒规则在我国货币政策操作中的实证研究 [J]. 金融研究，2009 (12)：30 - 44.

[552] 中国人民银行长沙中心支行课题组. 利率市场化背景下我国利率调控体系构建研究 [J]. 金融监管研究，2015 (2)：10 - 32.

[553] 钟凡. 德国中央银行的再贴现管理 [J]. 中国金融，2002 (5)：50 - 51.

[554] 钟菲. 浅谈利率走廊机制及其对商业银行的影响 [J]. 商，2016 (3)：179.

[555] 钟言. 深化利率市场化正当其时 [J]. 债券，2017 (10)：6.

[556] 钟正生，牛播坤，夏天然. 中国离建立利率走廊还有多远? [J]. 银行家，2015 (10)：68 - 71.

[557] 钟正生，张璐. 金融去杠杆向何处去 [J]. 中国金融，2017 (11)：54 - 56.

[558] 钟正生. PSL 的"此岸"与"彼岸" [J]. 金融博览，2014 (8).

［559］周彬，胡凯．开放经济下不同目标制的最优货币政策分析
［J］．中南财经政法大学学报，2009（6）：82－85.

［560］周诚君．外生利率下的货币政策中介目标选择——兼析马克
思的货币利息理论［J］．经济评论，2002（5）：88－91.

［561］周莉萍．论我国基准利率的选择及市场形成条件［D］．桂
林：广西师范大学，2006.

［562］周沁怡，胡海鸥．央票作为我国公开市场操作手段的局限
［J］．科学技术与工程，2009，9（11）：3162－3164＋3168.

［563］周小川．关于推进利率市场化改革的若干思考［J］．中国总
会计师，2011（1）：54－56.

［564］周小川．全面深化金融业改革开放　加快完善金融市场体系
［J］．中国金融家，2014（1）：38－41.

［565］朱韩丹丹．利率市场化对货币政策传导机制的影响［D］．杭
州：浙江大学，2014.

［566］朱华培．中国金融市场开放度——基于两类模型的比较研究
［J］．当代经济科学，2009，31（3）：48－55＋125.

［567］朱钧钧．中国利率政策的不对称行为研究［J］．上海经济研
究，2009（12）：18－26.

［568］朱培金．扩展的泰勒规则及其在中国的适用性研究［D］．长
春：吉林大学，2013.

［569］朱曙光，李堃．利率走廊机制的国际实践及对我国的启示
［J］．现代金融，2016（1）：40－42.

［570］宗良，张靓．稳步构建利率走廊助推货币政策转型［J］．清
华金融评论，2016（8）：63－66.

［571］邹蜀宁，马居亭，丁培培．我国SHIBOR基准性地位研究及
改进［J］．金融发展研究，2008（12）：38－41.

［572］邹蜀宁．我国SHIBOR基准性地位研究及改进［J］．金融发
展与研究，2018（12）：38－41.

［573］Aleksander Berentsen, Cyril Monnet. Monetary policy in a channel system ［J］. Journal of Monetary Economics, 2008, 55 (6).

［574］Allen, Gale. Understandin Financial Crises ［M］. OXFORD University Press, 2000.

［575］Angelini , Nobili, Picillo. The interbank market after August 2007: what has changed, and why? ［D］. Bank of Italy, Economic Research and International Relations Area, 2009.

［576］Archer, David, Brookes. A Cash Rate System for Implementing-Monetary Policy ［G］. Reserve Bank of New Zealand Bulletin, 1999 (62): 51 -61.

［577］Azariadis C. Self – fulfilling prophecies ［J］. Journal of Economic Theory, 1981, 25 (3): 380 – 396.

［578］Bagehot, Walter. Lombard Street: A Description of the Money Market ［M］. Hoboken: John Wiley & Sons, 2003.

［579］Bai Jushan, Ng Serena. A Test for Conditional Symmetry in Time Series Models ［J］. Journal of Econometrics, 1998.

［580］Ball L. Efficient Rules for Monetary Policy ［J］. International Finance, 1999, 2 (1).

［581］Barro R J, Gordon D B. Rules, Discretion and Reputation in a Model of Monetary Policy ［J］. Journal of Monetary Economics, 1983, 12 (1): 101 – 121.

［582］Barro, Robert J. Unanticipated Money Growth and Unemployment in the United States ［J］. American Economic Review, 1977 (67): 101 – 115.

［583］Ben Bernanke, Mark Gertler. Inside the Black Box: The Credit Channle of Monetary Policy Transmission ［J］. Journal of Economic Perspectives, 1995 (9): 27 – 48.

［584］Ben S. Bernanke, Alan S. Blinder. The Federal Funds Rate and the Channels of Monetary Transmission [J]. The American Economic Review, 1992, 82 (4): 901 – 921.

[585] Ben S. Bernanke, Mark Gertler, Simon Gilchrist. Chapter 21 The financial accelerator in a quantitative business cycle framework [J]. Handbook of Macroeconomics, 1999 (1).

[586] Benjamin Cohen. Monetary Policy Procedures and Volatility Transmission along the Yield Curve in: CGFS Papers chapters [G]. Bank for International Settlements, 1999 (11).

[587] Bennett, Paul, Stavros Peristiani. Are U. S. Reserve Requirements Still Effective? [G]. Federal Reserve Bank of New York, 2001.

[588] Berentsen, Marchesiani, Waller. Channel systems: Why is there a positive spread? [G]. Federal Reserve Bank of St. Louis Working Paper Series, 2010 (49).

[589] Berentsen A, Monnet C. Monetary Policy in a Channel System [J]. Journal of Monetary Economics, 2008, 55 (6): 1067 – 1080.

[590] Berentsen A, Monnet C. Monetary Policy in a Channel System [G]. CESIFO Working Paper, 2007.

[591] Bernanke B S, Mishkin F S. Inflation Targeting: A New Framework for Monetary Policy? [J]. Journal of Economic Perspectives, 1992, 11 (2): 97 – 116.

[592] Bindseil U. Monetary Policy Implementation: Theory, past, and present [J]. OUP Catalogue, 2004.

[593] Bindseil, Jablecki. The optimal width of the central bank standing facilities corridor and banks' day – to – day liquidity management [G]. European Central Bank Working Paper Series, 2011.

[594] Black, Fischer. Banking in a World without Money: The Effects of Uncontrolled Banking [J]. Journal of Bank Research, 1970 (1): 9 – 20.

[595] Blanchard O J, Kahn C M. The Solution of Linear Difference

Models Under Rational Expectations [J]. Econometrica, 1980, 48 (5): 1305 – 1311.

[596] Blinder, Alan. Central Banking in Theory and Practice [M]. Cambridge: MIT Press, 1998.

[597] Blinder, Alan, Charles Goodhart, et al. How Do Central Banks Talk? Geneva Report on the World Economy [G]. International Center for Monetary and Banking Studies, 2001 (3).

[598] Bomfim, N. Antulio. Pre – Announcement Effects, News and Volatility: Monetary Policy and the Stock Market [G]. Federal Reserve Board FEDS Paper, 2000 (64).

[599] Borio, E. V. Claudio. The Implementation of Monetary Policy in Industrial Countries: A Survey [G]. Bank for International Settlements Economic Paper, 1997 (47).

[600] Boschen, John, Herschel I. Grossman. Tests of Equilibrium Macroeconomics using Contemporaneous Monetary Data [J]. Journal of Monetary Economics, 1982 (10): 309 – 333.

[601] Brookes, Andrew. Monetary Policy and the Reserve Bank Balance Sheet [G]. Reserve Bank of New Zealand Bulletin, 1999, 62 (4): 17 – 33.

[602] C. Mollenkamp, M. Whitehouse. Study casts doubt on key rate: WSJ analysis suggests banks may have reported awed interest data for Libor [N]. The Wall Street Journal, 2008 – 05 – 28.

[603] Calvo A. Guillermo. Staggered Prices in a Utility – Maximizing Framework [J]. Journal of Monetary Economics, 1983 (12): 383 – 398.

[604] Campbell R. Harvey, Roger D. Huang. The Impact of the Federal Reserve Bank's Open Market Operations [J]. Journal of Financial Market, 2002, 5 (2): 223 – 257.

[605] Campbell, Frank. Reserve Bank Domestic Operations under RTGS

[G]. Reserve Bank of Australia Bulletin, 1998 (11): 54 – 59.

[606] Carpenter S. B., Demiralp S. The Liquidity Effect in the Federal Funds Market: Evidence from Daily Open Market Operations [J]. Journal of Money, Credit and Banking, 2006, 38 (4): 901 – 920.

[607] Cecchetti S G, Genberg H, Wadhwani S, et al. Asset Prices in a Flexible Inflation Targeting Framework [J]. National Bureau of Economic Research, 2002.

[608] Cecchetti S G. Legal Structure, Financial Structure, and the Monetary Policy Transmission Mechanism [J]. Economic and Policy Review, 1999, 5 (2): 9 – 28.

[609] Chari V. Discussion of QE 1 vs. 2 vs. 3...: A framework for analyzing large – scale asset purchases as a monetary policy tool [J]. International Journal of Central Banking, 2013: 61 – 68.

[610] Chari, V. V., Lawrence J. Handbook of Macroeconomics [M]. Amsterdam: North – Holland, 1999.

[611] Chester A. Phillips. Bank Credit: A Study of the Principles and Factors Underlying Advances Made by Banks to Borrowers [M]. NY: MacMillan Company, 1931.

[612] Christiano, Lawrence J., Martin Eichenbaum, et al. Nominal Rigidities and the Dynamic Effects of a Shock to Monetary Policy [G]. Northwestern University, 2001.

[613] Claessens, Stijn, Thomas Glaessner, et al. E – Finance in Emerging Markets: Is Leapfr ogging Possible? [G]. The World Bank Financial Sector Discussion Paper, 2001 (7).

[614] Clarida R H, Gali J, Gertler M, et al. Monetary Policy Rules and Macroeconomic Stability: Evidence and Some Theory [J]. Quarterly Journal of Economics, 1998, 115 (1): 147 – 180.

[615] Clarida R H, Gali J, Gertler M, et al. Monetary Policy Rules in

Practice：Some International Evidence ［J］. European Economic Review，1997，42（6）：1033 - 1067.

［616］Clarida R H，Gertler M. How the Bundesbank Conducts Monetary Policy ［J］. National Bureau of Economic Research，1996：363 - 412.

［617］Clarida，Richard，Jordi Gali，et al. The Science of Monetary Policy：A New Keynesian Perspective ［J］. Journal of Economic Literature，1999（37）：1661 - 1707.

［618］Clements M P，Krolzig H. Business cycle asymmetries：characterisation and testing based on Markov - switching autoregressions ［J］. Journal of Business & Economic Statistics，2003，21（1）：196 - 211.

［619］Clinton Kevin. Bank of Canada Cash Management：The Main Technique for Implementing Monetary Policy ［R］. Bank of Canada Review，1991（1）.

［620］Clinton Kevin. Implementation of Monetary Policy in a Regime with Zero Reserve Requirements ［R］. Bank of Canada Working Paper，1997（8）.

［621］Clouse，James A.，Douglas W. Elmendorf. Declining Required Reserves and the Volatility of the Federal Funds Rate ［G］. Federal Reserve Board FEDS Paper，1997（30）.

［622］Cogley T，Sbordone A M. Trend Inflation，Indexation，and Inflation Persistence in the New Keynesian Phillips Curve ［J］. The American Economic Review，2008，98（5）：2101 - 2126.

［623］Connan Snider，Thomas Youle. Does the Libor react bank's borrowing costs？ ［EB/OL］. http：//papers. ssrn. com/sol3/papers. cfm？abstract _ id = 1569603，2010 - 04 - 02.

［624］Cook，Timothy，Thomas Hahn. The Effect of Changes in the Federal Funds Rate Target on Market Interest Rates in the 1970s ［J］. Journal of Monetary Economics，1989（24）：331 - 351.

［625］ Costa, Claudia, Paul De Grauwe. Monetary Policy in a Cashless Society ［R］. CEPR discussion paper, 2001: 2696.

［626］ Cukierman. Monetary policy and institutions before, during, and after the global financial crisis ［J］. Journal of Financial Stability, 2013 (2).

［627］ Cukierman, Alex, Allan Meltzer. A Theory of Ambiguity, Credibility, and Inflation under Discretion and Asymmetric Information ［J］. Econometrica , 1986 (54): 1099 - 1128.

［628］ Curdia V, Ferrero A, Ng G C, et al. Has U. S. monetary policy tracked the efficient interest rate ［J］. Journal of Monetary Economics, 2015 (3): 72 - 83.

［629］ Curdia V, Woodford M. The Central - Bank Balance Sheet As an Instrument of Monetary Policy ［J］. Journal of Monetary Economics, 2011, 58 (1): 54 - 79.

［630］ Daniel L, Thornton. The Fed and Short Term Rates: Is it Open Market Operations, Open Mouth Operations, Or Interest Rate Smoothing ［J］. Journal of Banking & Finance, 2004, 28 (3): 475 - 498.

［631］ Demiralp, Selva, Oscar Jorda. The Pavlovian Response of Term Rates to Fed Announcements ［G］. Federal Reserve Board, FDES Paper, 2001 (10).

［632］ Dieter Nautz, Sandra Schmidt. Monetary policy implementation and the federal funds rate ［J］. Journal of Banking and Finance, 2009, 33 (7).

［633］ Dobrynskaya V. Asymmetric price rigidity and the optimal interest Rate Defense of the exchange rate: Some evidence for the US ［J］. Journal of Policy Modeling, 2008, 30 (5): 713 - 724.

［634］ Dolado J J, Mariadolores R, Rugemurcia F J, et al. Nonlinear Monetary Policy Rules: Some New Evidence for the U. S ［J］. Studies in Nonlinear Dynamics and Econometrics, 2005, 8 (3): 1 – 34.

[635] Douglas Laxton, David Rose, Demosthenes Tambakis. The U. S. Phillips curve: The ca se for asymmetry [J]. Journal of Economic Dynamics and Control, 1999, 23 (9).

[636] Douglas Laxton, Guy Meredith, David Rose. Asymmetric Effects of Economic Activity on Inflation: Evidence and Policy Implications [R]. IMF Staff Papers, 1995, 42 (2): 344 – 374.

[637] E. Stiglitz, Joseph. Reflections on the Natural Rate Hypothesis [J]. Journal of Economic Perspectives, 1997.

[638] Edward M Gramlich. Monetary Rules [C]. New York: The Samuelson Lecture, the 24th Annual Conference of the Eastern Economic Association, 1998 – 02 – 27.

[639] Eisner, R. , A New View of the NAIRU, in P. Davidson and J. Kregel (eds.), Improving the Global Economy: Keynesianism and the Growth in Output and Employment [M]. Cheltenham: Edward Elgar, 1997.

[640] European Central Bank. The Monetary Policy of the ECB [EB/OL]. https: //www. ecb. europa. eu/pub/pdf/scpwps/ecbwp041. pdf , 2001 – 01 – 01.

[641] Fendel, Ralf, Frenkel, et al. Five Years of Single European Monetary Policy in Practice: Is the ECB Rule – Based? [J]. Contemporary Economic Policy, 2006 (24): 106 – 115.

[642] Fisher, I. 100% Money [M]. New Haven: City Printing Compan, 1945.

[643] Fisher, I. Stabilizing the dollar [M]. New York: MacMillan, 1920.

[644] Fleming, M. . Domestic financial policies under fixed and under floating exchange rates [C]. International Monetary Funds Staff Papers, 1962 (9): 369 – 319.

［645］Fontana G. Post Keynesian Approaches to Endogenous Money: A time framework explanation ［J］. Review of Political Economy, 2003, 15 (3): 291 –314.

［646］Freedman, Charles. Monetary Policy Implementation: Past, Present and Future — Will Electronic Money Lead to the Eventual Demise of Central Banking ［J］. International Finance, 2000 (3): 211 –227.

［647］Freidman, Milton. The role of Monetary Policy ［J］. American Economic Review, 1968, 58 (21).

［648］Freixas, Xavier, Bruno M. Systemic Risk, Interbank Relations, and Liquidity Provision by the Central Bank ［J］. Journal of Money, Credit and Banking, 2000, 32 (3).

［649］Friedman, Schwartz. A Monetary History of the United States, 1867 –1960. ［M］. Princeton: Princeton University Press, 1963.

［650］Friedman B M, Kuttner K N. Money, Income, Prices and Interest Rates ［J］. The American Economic Review, 1992, 82 (3): 472 –492.

［651］Friedman M. A Monetary and Fiscal Framework for Economic Stability. In: Estrin S. , Marin A. (eds) Essential Readings in Economics. Palgrave, London, 1995.

［652］Friedman, Benjamin M. The Future of Monetary Policy: The Central Bank as an Army with Only a Signal Corps ［J］. International Finance, 1999 (2): 321 –338.

［653］Furfine, Craig H. Interbank Payments and the Daily Federal Funds Rate ［J］. Journal of Monetary Economics, 2000 (46): 535 –553.

［654］Gali, Jordi, Mark Gertler. Inflation Dynamics: A Structural Econometric Analysis ［J］. Journal of Monetary Economics, 1999 (44): 195 –222.

［655］Garcia, Rene, Perron, Pierre. An Analysis of the Real Interest Rate Under Regime Shifts ［J］. Review of Economics and Statistics, 1995.

[656] George Akerlof, William R, Dickens , et al. The Macroeconomics of Low Inflation [R]. Brookings Papers on Economic Activity, 1996, 27 (1): 1 −76.

[657] Gerlach S. Recession Aversion, Output and the Kydland − Prescott Barro − Gordon Model [J]. Economics Letters, 2003, 81 (3): 389 − 394.

[658] Gerlach, Stefan. Asymmetric Policy Reactions And Inflation [R]. Bank for International Settlements, 2000.

[659] Gerlach, Stefan. Recession aversion, output and the Kydland − Prescott Barro − Gordon model [J]. Economics Letters, 2004, 81 (3).

[660] Ghironi F, Bilbiie F O, Melitz M J, et al. Monetary Policy and Business Cycles with Endogenous Entry and Product Variety [J]. National Bureau of Economic Research, 2007: 299 − 353.

[661] Giannoni M P. Robust Optimal Policy in a Forward − Looking Model with Parameter and Shock Uncertainty [J]. Journal of Applied Econometrics, 2006, 22 (1): 179 − 213.

[662] Giannoni, Marc P. , Michael Woodford. Optimal Interest Rate Rules [R]. Federal Reserve Bank of New York, 2002 (8).

[663] Gilbert, R. Anton. Operating Procedures for Conducting Monetary Policy [R]. Federal Reserve Bank of St. Louis Review, 1985 (2): 13 − 21.

[664] Giuseppe Fontana. Post Keynesian Approaches to Endogenous Money: A Time Framework Explanation [J]. Review of Political Economy, 2003, 15 (3): 291 − 314.

[665] Goodfriend M, Mccallum B T. Banking and Interest Rates in Monetary Policy Analysis: A Quantitative Exploration [J]. Journal of Monetary Economics, 2007, 54 (5): 1480 − 1507.

[666] Goodfriend, Marvin, Robert G. King. The New Neoclassical Syn-

thesis and the Role of Monetary Policy ［R］. NBER Macroeconomics Annual，1997 （12）.

［667］ Goodhart，A. E. Charles. The Endogeneity of Money ［A］. P. Arestis，M. Desai，and S. Dow. Money，Macroeconomics and Keynes ［M］. London：Routledge，2001.

［668］ Goodhart，C. Liquidity Management ［C］. Conference on Financial Stability and Macroeconomic Policy，Jackson Hole，2009.

［669］ Gormez，Yuksel，Forrest Capie. Surveys on Electronic Money ［R］. Helsinki：Bank of Finland Discussion Paper ，2000 （7）.

［670］ Grant McQueen ，Steven Thorley. Asymmetric business cycle turning points ［J］. Journal of Monetary Economics，1993，31 （3）：341 – 362.

［671］ Grimes，Arthur. Discount Policy and Bank Liquidity：Implications for the Modigliani – Miller and Quantity Theories ［R］. Oakland：Reserve Bank of New Zealand Discussion Paper ，1992 （12）.

［672］ Guthrie，Graeme，Julian Wright. Open Mouth Operations ［J］. Journal of Monetary Economics 2000 （24）：489 – 516.

［673］ Hall，Robert E. Optimal Fiduciary Monetary Systems ［J］. Journal of Monetary Economics ，1983 （12）：33 – 50.

［674］ Hampton，Tim. Y2K and Banking System Liquidity ［J］. Reserve Bank of New Zealand Bulletin，2000 （ 63）：52 – 60.

［675］ Hayek，Friedrich A. Market Standards for Money ［J］. Economic Affairs，1986，6 （4）：8 – 10.

［676］ Henckel Timo，Alain Ize，et al. Central Banking without Central Bank Money ［R］. IMF Working Paper ，1999，92 （7）.

［677］ Hoerova Marie，Monnet Cyril. Money Market Discipline and Central Bank Lending ［EB/OL］. https：//ssrn. com/abstract = 2786501，2016 – 12 – 05.

［678］ Irfan Akbar Kazi，Hakimzadi Wagan，Farhan Akbar. The changing international transmission of U. S. monetary policy shocks: Is there evidence of contagion effect on OECD countries [J]. Economic Modelling, 2013, 30.

[679] Irving Fisher, Harry Gunnison Brown. The purchasing power of money [M]. New York: Macmillan , 1913.

[680] Issing, Ottmar. Monetary Policy and Financial Markets [C]. Remarks to the ECB Watchers' Conference, Frankfurt, Germany, 2001 – 06 – 18.

[681] Jacob Gyntelberg , Philip Wooldridge. Interbank rate fixings during the recent turmoil [J]. BIS Quarterly Review, 2008.

[682] James D. Hamilton. Measuring the Liquidity Effect [J]. The American Economic Review, 1997, 87 (1): 80 – 97.

[683] Jenkins, Paul. Communicating Canadian Monetary Policy: Towards Greater Transparency [C]. Remarks to the Ottawa Economics Association, Ottawa, Canada, 2001 – 05 – 22.

[684] John Law. Money and Trade Considered, with a Proposal for Supplying the Nation with Money [M]. New York: A. M. Kelly, 1966.

[685] Jorgenson D W. Capital Theory and Investment Behavior [J]. The American Economic Review, 1963, 53 (2).

[686] Joshua N. Feinman. Reserve requirements: history, current practice, and potential reform [A]. Board of Governors of the Federal Reserve System (U. S.). Federal Reserve Bulletin [R]. Washington: the Federal Reserve Board's Publications Committee, 1993 (6): 569 – 589.

[687] Judd J P, Rudebusch G D. Taylor's rule and the Fed, 1970 – 1997 [J]. Econometric Reviews, 1998 (2): 3 – 16.

[688] Julian di Giovanni, Jay C. Shambaugh. The impact of foreign interest rates on the economy: The role of the exchange rate regime [J]. Journal of International Economics, 2007, 74 (2).

[689] Kaldor, N. The new monetarism [J]. Lloyds Bank Review,

1970 (97): 1 – 18.

[690] Kaldor, N. The Scourge of Monetarism [M]. Oxford: Oxford University Press, 1982.

[691] Katsimbris G M, Miller S M. Interest Rate Linkages within the European Monetary System: Further Analysis [J]. Journal of Money Credit and Banking, 1993, 25 (4): 771 – 779.

[692] Keister, Martin, Mcandres. Divorcing money from monetary policy [J]. FRBNY Economic Policy Review, 2008 (9).

[693] Kerr William, Robert G. King. Limits on Interest Rates in the IS Model [R]. Richmond: Federal Reserve Bank of Richmond Economic Quarterly, 1996 (Spring): 47 – 76.

[694] Kerry Back, Jaime F. Zender. Auctions of Divisible Goods: On the Rationale for the Treasury Experiment [J]. The Review of Financial Studies, 1993 (4): 733 – 764.

[695] King M. Changes for monetary policy: new and old, Seminal papers for monetary policy rules [R]. Washington: IMF Working Papers, 2000 (3): 11 – 57.

[696] King, Mervyn. Challenges for Monetary Policy: New and Old [A]. New Challenges for Monetary Policy [R]. Kansas City: Federal Reserve Bank of Kansas City, 1999.

[697] Kozicki S. How useful are Taylor rules for monetary policy [J]. Econometric Reviews, 1999, 84 (2): 5 – 33.

[698] Krugman P R. It's Baaack! Japan's Slump and the Return of the Liquidity [G]. Brookings Papers on Economic Activity, Economic Studies Program, The Brookings Institution, 1998, 29 (2): 137 – 206.

[699] Kuttner, Kenneth N. Monetary Policy Surprises and Interest Rates: Evidence from the Fed Funds Futures Market [J]. Journal of Monetary Economics, 2001 (47): 523 – 544.

[700] Kydland F E, Prescott E C. Rules Rather than Discretion: The Inconsistency of Optimal Plans [J]. Journal of Political Economy, 1977, 85 (3).

[701] Lagos R. Asset prices and liquidity in an exchange economy [J]. Journal of Monetary Economics, 2010, 57 (8): 913 – 930.

[702] Lange, Joe, Brian Sack, William Whitesell. Anticipations of Monetary Policy in Financial Markets [G]. Federal Reserve Board FEDS paper, 2001 (4).

[703] Lars E. O. Svensson, Michael Woodford. Implementing Optimal Policy through Inflation – Forecast Targeting [R]. Washington: National Bureau of Economic Research, Inc. NBER Working Papers, 2003.

[704] Lars E. O. Svensson. Open – Economy Inflation Targeting [J]. Journal of International Economics, 2000 (50): 155 – 183.

[705] Lars E. O. Svensson. What is Wrong with Taylor Rules? Using Judgment in Monetary Policy through Targeting Rules [R]. Stockholm: Stockholm University, 2001 (8).

[706] Lars E. O. Svensson. Inflation forecast targeting: Implementing and monitoring inflation targets [J]. European Economic Review, 1997.

[707] Lawrence Kreicher, Robert McCauley, Philip Wooldridge. Benchmark tipping in the global bond market [R]. BIS Working Papers, Bank for International Settlements, 2014.

[708] Laxton Douglas, et al. The U. S. Phillips Curve: The Case for Asymmetry [J]. Journal of Economic Dynamics and Control, 1998 (23): 1459 – 1485.

[709] Levin A T, Wieland V, Williams J C, et al. Robustness of Simple Monetary Policy Rules under Model Uncertainty [J]. Social Science Research Network, 1998: 263 – 318.

[710] Levin A T, Wieland V, Williams J C, et al. The Performance of

Forecast – Based Monetary Policy Rules Under Model Uncertainty [J]. The American Economic Review, 2003, 93 (3): 622 – 645.

[711] Litterman R B, Weiss L. Money, Real Interest Rates, and Output: A Reinterpretation of Postwar U. S. Data [J]. Econometrica, 1985, 53 (1): 129 – 156.

[712] Lucas R E. Econometric policy evaluation: A critique [J]. Carnegie – Rochester Conference Series on Public Policy, 1976, 1 (1): 19 – 46.

[713] Lucio Sarno, Daniel L. Thornton. The dynamic relationship between the federal funds rate and the Treasury bill rate: An empirical investigation [J]. Journal of Banking and Finance, 2003, 27 (6).

[714] Marga Peeters. Measuring Monetary Conditions in Europe: Use and Limitations of the MCI [J]. De Economist, 1999, 147 (2): 183 – 203.

[715] Martin A, Monnet C. Monetary policy implementation frameworks: a comparative analysis [J]. Staff Reports, 2008.

[716] Martin Neil Baily. Stabilization Policy and Private Economic Behavior [J]. Brookin gs Papers on Economic Activity, 1978, 9 (1): 11 – 60.

[717] Mccallum B T, Nelson E. Performance of Operational Policy Rules in an Estimated Semi – Classical Structural Model [J]. National Bureau of Economic Research, 1998: 15 – 56.

[718] Mccallum B T. Discretion versus policy rules in practice: two critical points [J]. Carnegie – Rochester Conference Series on Public Policy, 1993: 215 – 220.

[719] McCallum B. Alternative monetary policy rules: a comparison with historical settings for the United States, the United Kingdom, and Japan [J]. Economic Quarterly, 2000 (2): 49 – 79.

[720] McCallum, Bennett T. Issues in the design of monetary policy rules [A]. J. B. Taylor, M. Woodford. Handbook of Macroeconomics [M]. Amsterdam: Elsevier, 1999, 1 (23): 1483 – 1530.

［721］McCallum, B. T. The Cases for Rules in the Conduct for Monetary Policy: A Concrete Example ［J］. Federal Reserve Bank of Richmond Economic Review. 1987 (73): 10 – 18.

［722］McCulloch, J. Huston. Beyond the Historical Gold Standard ［A］. C. D. Campbell, W. R. Dougan. Alternative Monetary Regimes ［M］. Baltimore: Johns Hopkins University Press, 1986.

［723］Mehra Y P. A Forward – Looking Monetary Policy Reaction Function ［J］. Economic Quarterly, 1999, 85 (2): 33 – 54.

［724］Meulendyke, Anne – Marie. U. S. Monetary Policy and Financial Markets ［R］. New York: Federal Reserve Bank of New York, 1998.

［725］Michael P Clements, Hans – Martin Krolzig. Business Cycle Asymmetries ［J］. Journal of Business & Economic Statistics, 2003, 21 (1).

［726］Michael Woodford. Optimal Monetary Policy Inertia ［J］. The Manchester School, 1999 (67): 1 – 35.

［727］Milton Friedman. The Role of Monetary Policy ［J］. American Economic Review, 1968, 58 (1): 1 – 17.

［728］Mohamed Arouri, Fredj Jawadi, Duc Khuong Nguyen. What can we tell about monetary policy synchronization and interdependence over the 2007 – 2009 global financial crisis? ［J］. Journal of Macroeconomics, 2013 (36).

［729］Mouawiya Al Awad, Barry K. Goodwin. Dynamic linkages among real interest rates in international capital markets ［J］. Journal of International Money and Finance, 1998, 17 (6).

［730］Mundell, R. Capital mobility and stabilization policy under fixed and under flexible exchange rates ［J］. Canadian Journal of Economics and Political Science, 1963 (29): 475 – 485.

［731］Nautz Dieter. How Auctions Reveal Information: A Case Study on German REPO Rates ［J］. Journal of Money, Credit and Banking, 1997, 29

（1）：17 – 25.

[732] Nicolas A. Cuche. Monetary policy with forward – looking rules：The Swiss case [R]. Zurich：Swiss National Bank, 2000.

[733] Nobay Robert , David A. Peel. Optimal Discretionary Monetary Policy in a Model of Asymmetric Central Bank Preferences [J]. The Economic Journal, 2003, 113（489）.

[734] Obstfeld Maurice, M. Taylor Alan, C. Shambaugh, Jay. The Trilemma in History：Tradeoffs Among Exchange Rates, Monetary Policies, and Capital Mobility [J]. The Review of Economics and Statistics, 2005（87）：423 – 438.

[735] Okun, A. M. Potential GNP & Its Measurement and Significance [C]. Proceedings of the Business and Economics Statistics Section, American Statistical Association, 1962.

[736] Olivier Blanchard. Transcript of the World Economic Outlook（WEO）Press Briefing [EB/OL]. www. imf. org/en/News/Articles/2015/09/28/04/54/tr092011a.

[737] Olivier Jean Blanchard, Stanley Fischer. Lectures on Macroeconomics [M]. Boston：The MIT Press, 1989.

[738] Orphanides, A. Monetary Policy Rules Based on Real – Time Data [J]. American Economic Revies, 2001, 91（4）：964 – 985.

[739] Palley T I. Accommodationism versus Structuralism：Time for an Accommodation [J]. Journal of Post Keynesian Economics, 1996, 18（4）：585 – 594.

[740] Paolo Surico. Inflation Targeting and Nonlinear Policy Rules：the Case of Asymmetric Preferences [C]. No. 8 Econometric Society 2004 Latin American Meetings, Santiago, 2004.

[741] Paolo Surico. The Monetary Policy of the European Central Bank [J]. Scandinavian Journal of Economics, 2007, 109（1）.

[742] Pérez Quirós. Asymmetric Standing Facilities: An Unexploited Monetary Policy Tool [R]. IMF Economic Review, 2012, 60 (1): 43.

[743] Pierre – Richard, Agénor, Alper, et al. Capital Regulation, Monetary Policy, and Financial Stability [J]. International Journal of Central Banking, 2013, 9 (3): 198 – 243.

[744] Poole, W. Commercial Bank Reserve Management in a Stochastic Model: Implications for Monetary Policy [J]. Journal of Finance, 1968.

[745] Poole, W. Optimal Choice of Monetary Policy Instruments in a Simple Stochastic Macro Model [J]. Quarterly Journal of Economics, 1970 (84): 197 – 216.

[746] Ralph C. Bryant, Peter Hooper, Catherine L. Mann. Evaluating policy regimes: new research in empirical macroeconomics [M]. Washington. D. C. : Brookings Institution, 1993.

[747] Reserve Bank of New Zealand. Monetary Policy Implementation: Changes to Operating Procedures [R]. Oakland: Reserve Bank of New Zealand, 1999, 62 (1): 46 – 50.

[748] Richard Clarida, Jordi Gali, Mark Gertler. Monetary policy rules in practice [J]. European Economic Review, 1998, 42 (6).

[749] Richard Dennis, John C. , Williams. Monetary Policy, Transparency, and Credibility [C]. San Francisco: Conference Summary of Economic Research Data, 2007 – 05 – 25.

[750] Robert L. Hetzel. The Taylor rule: is it a useful guide to understanding monetary policy? [J]. Economic Quarterly, 2000 (Spr): 1 – 33.

[751] Robert Nobay, A, Peel David. Optimal Monetary Policy in a Model of Asymmetric Central Bank Preferences [J]. The Economics Journal, 1998: 657 – 665.

[752] Rochet J, Tirole J. Platform Competition in two – sided markets [J]. Journal of the European Economic Association, 2003, 1 (4):

990 – 1029.

［753］ Romer, D. , Advanced Macroeconomics ［M］. New York: McGraw – Hill, 2006.

［754］ Rudebusch G D. Assessing the Lucas Critique in Monetary Policy Models ［J］. Journal of Money, Credit and Banking, 2005, 37 （2）: 245 – 272.

［755］ Rudebusch G D. Monetary policy inertia: fact or fiction? ［J］. International Journal of Central Banking, 2005, 2 （4）.

［756］ Rudebusch G. D. , Svensson L E. Policy Rules for Inflation Targeting ［J］. National Bureau of Economic Research, 1998: 203 – 262.

［757］ Rudebusch G. D. Term structure evidence on interest rate smoothing and monetary policy inertia ［J］. Journal of Monetary Economics, 2002, 49 （6）.

［758］ Rugemurcia F J. The Inflation Bias When the Central Bank Targets, the Natural Rate of Unemployment ［J］. European Economic Review, 2004, 48 （1）: 91 – 107.

［759］ Ruth A. Judson, Elizabeth Klee. The Impact of Federal Reserve Open Market Operations in Recent Years ［J］. Journal of Macroeconomics, 2010 （32）: 713 – 731.

［760］ S. J. Kopchak. The liquidity Effect for Open Market Operations ［J］. Journal of Banking & Finance, 2011, 35 （12）: 292 – 299.

［761］ Sack B P, Wieland V. Interest – rate smoothing and optimal monetary policy: a review of recent empirical evidence ［J］. Journal of Economics and Business, 2000, 52 （1）: 205 – 228.

［762］ Sack B P. Does the Fed Act Gradually? A VAR Analysis ［J］. Journal of Monetary Economics, 1998, 46 （1）: 229 – 256.

［763］ Sargent T J, Wallace N. "Rational" Expectations, the Optimal Monetary Instrument, and the Optimal Money Supply Rule ［J］. Journal of Political Economy, 1975, 83 (2): 241 –254.

[764] Sbordone, Argia M. Prices and Unit Labor Costs: A New Test of Price Stickiness [R]. Stockholm: Stockholm University, 1998 (10).

[765] Schaling E. The Non – Linear Phillips Curve and Inflation Forecast Targeting [J]. Social Science Research, 1999.

[766] Schumpeter, Joseph A. The Theory of Economic Development: An Inquiry into Profits, Capital, Credit, Interest, and the Business Cycle [R]. Urbana: University of Illinois at Urbana – Champaign's Academy, 1934.

[767] Sellon, Gordon H., Jr., Stuart E. Weiner. Monetary Policy Without Reserve Requirements: Analytical Issues [J]. Federal Reserve Bank of Kansas City Economic Review , 1996, 81 (4): 5 –24.

[768] Seth J. Kopchak. The liquidity effect for open market operations [J]. Journal of Banking and Finance, 2011, 35 (12).

[769] Sichel, Daniel E. Business Cycle Asymmetry: A Deeper Look [J]. Economic Inquiry, 1993, 31 (2): 224 –236.

[770] Sims C A. Macroeconomics and Reality [J]. Econometrica, 1980, 48 (1): 1 –48.

[771] Smithin J. A real interest rate rule for monetary policy [J]. Journal of Post Keynesian Economics, 2007, 30 (1): 101 –118.

[772] Soyoung Kim. International transmission of U. S. monetary policy shocks: Evidence from VAR's [J]. Journal of Monetary Economics, 2001, 48 (2).

[773] Spindt, Paul A., Ronald J. Hoffmeister. The Micromechanics of the Federal Funds Market: Implications for Day – of – the – Week Effects in Funds Rate Variability [J]. Journal of Financial and Quantitative Analysis , 1998 (23): 401 –416.

[774] Stuart, A. Simple monetary policy rules [J]. Bank of England

Quarterly Bulletin, 1996.

[775] Stuart E. Weiner. The changing role of reserve requirements in monetary policy [J]. Economic Review, 1992 (77): 45 – 63.

[776] Surico P. The Monetary Policy of the European Central Bank [J]. The Scandinavian Journal of Economics, 2007, 109 (1): 115 – 135.

[777] Taylor, M. Woodford. Handbook of Macroeconomics [M]. vol. 1C, Amsterdam: North – Holland, 1999.

[778] Taylor J B. An Historical Analysis of Monetary Policy Rules [J]. National Bureau of Economic Research, 1998: 319 – 348.

[779] Taylor J B. Discretion versus policy rules in practice [J]. Carne-gie – Rochester Conference Series on Public Policy, 1993, 39 (1): 195 – 214.

[780] Taylor J B. Expectations, Open Market Operations, and Changes in the Federal Funds Rate [J]. Canadian Parliamentary Review, 2001, 83 (4): 33 – 58.

[781] Taylor J B. Low inflation, pass – through, and the pricing power of firms [J]. European Economic Review, 2000, 44 (7): 1389 – 1408.

[782] Taylor J B. The Robustness and Efficiency of Monetary Policy Rules as Guidelines for Interest Rate Setting by the European Central Bank [J]. Journal of Monetary Economics, 1999, 43 (3): 655 – 679.

[783] Taylor J B. The Monetary Transmission Mechanism: An Empirical Framework [J]. Journal of Economic Perspectives, 1995 (9): 11 – 26.

[784] Taylor J B. The Role of the Exchange Rate in Monetary – Policy Rules [J]. The American Economic Review, 2003, 91 (2): 263 – 267.

[785] The world bank. GDP Ranking [EB/OL]. https://datacatalog. worldbank. org /dataset/ gdp – ranking.

[786] Thornton, H. An inquiry into the nature and effects of paper credit of Great Britain [M]. New York: Kelley, 1962.

[787] Tobin J. A General Equilibrium Approach to Monetary Theory [J]. Journal of Money, Credit and Banking, 1969, 1 (1): 15 – 29.

[788] Tootell G M. How farsighted is the FOMC [J]. New England Economic Review, 1997: 49 – 65.

[789] Ulrich Bindseil, Juliusz Jabłecki. A structural model of central bank operations and bank intermediation [R]. Frankfurt: European Central Bank Working Paper Series, 2001.

[790] Ulrich Bindseil, Juliusz Jabłecki. The optimal width of the central bank standing facilities corridor and banks' day – to – day liquidity management [R]. Frankfurt: European Central Bank, Working Paper Series, 2001.

[791] Vítor Gaspar, Gabriel Pérez – Quirós, Hugo Rodriguez Mendizabal. Interest rate determination in the interbank market [R]. Madrid: Banco de España, Working Papers, 2004.

[792] White, Bruce. Central Banking: Back to the Future [R]. Oakland: Reserve Bank of New Zealand, Discussion Paper 2001.

[793] Whitesell W C. Interest rate corridors and reserves [J]. Journal of Monetary Economics, 2006, 53 (6): 1177 – 1195.

[794] Knut Wicksell. The Influence of the Rate of Interest on Prices [J]. History of Economic Thought Articles, 1907: 213 – 220.

[795] Knut Wicksell, Interest and Prices [M]. London: Macmillan, 1936.

[796] William Whitesell. Interest rate corridors and reserves [J]. Journal of Monetary Economics, 2005, 53 (6).

[797] William, Whitesell. Tunnels and reserves in monetary policy implementation [A]. Board of Governors of the Federal Reserve System, Finance and Economics Discussion Series [C]. Washington: Board of Governors of the Federal Reserve System, 2003.

[798] Williams J C. Simple rules for monetary policy [J]. Econometric

Reviews, 1999: 1 – 12.

［799］Woodford M. Inflation Stabilization and Welfare ［J］. B E Journal of Macroeconomics, 2001, 2 （1）: 1 –53.

［800］Woodford M. Pitfalls of Forward – Looking Monetary Policy ［J］. The American Economic Review, 2000, 90 （2）: 100 – 104.

［801］Woodford, Michael. Monetary Policy in a World without Money ［J］. International Finance, 2000, 3 （2）: 229 –260.

［802］Woodford, Michael. Interest and Prices: Foundations of a Theory of Monetary Policy ［M］. Princeton: Princeton University, 2001.

［803］Xiaojin sun, Kwok Ping Tsang. Optima interest rate rule in a DSGE model with housing market spillovers ［J］. Economics Letters, 2014, 125 （1）: 47 –51.

［804］Zellner A. Bayesian Estimation and Prediction Using Asymmetric Loss Functions ［J］. Journal of the American Statistical Association, 1986, 81 （394）: 446 –451.

后　记

本书源于我2015—2019年读博期间对利率市场化改革的研究，2019年博士毕业后我进入福建江夏学院任教，繁忙的教学工作之余，仍然希望继续拓展原有的研究并申报课题，经过努力获得了2020年度福建省高校以马克思主义为指导的哲学社会科学基础理论研究项目立项。之所以选择利率走廊调控作为研究课题，一是因为国内涉及该领域的公开出版著作还比较少，进行研究和创新的空间较大；二是因为自己从事《西方经济学》这门课程的教学，主要研究方向为货币理论与货币政策，有一定的理论和知识积累。但是，在撰写的过程中还是感觉面临的问题多，困难大。所以从酝酿、构思到定稿，经历了近两年的时间，付出了艰苦的努力。不过由于水平有限，我确实感觉到本书有许多不尽如人意之处，有些观点和结论还不够成熟，恳请各位专家、学者和同行不吝赐教、批评指正。

在此，首先要感谢我的导师刘义圣教授和蔡秀玲教授。两位导师不论是在我读博期间，还是毕业后走上教学与科研的道路，都给了我悉心的指导和点拨。导师们以渊博的学识、严谨的治学态度、独特敏锐的视角教导我们如何做学问与做人，引领我们不断地探索与研究中国金融改革的热点问题和前沿理论，这将使我终生受益。

我还要向李建平教授（福建师范大学）、李建建教授（福建师范大学）、黄茂兴教授（福建师范大学）、李闽榕教授（福建师范大学）、林子华教授（福建师范大学）、张华荣教授（福建师范大学）、林卿教授（福建师范大学）、陈少晖教授（福建师范大学）、祝健教授（福建师范大学)、黄启才研究员(福建省社科院)、王世杰副教授(广东金融学院)、王春丽副研究员(福建省社科院)等专家学者表达深深的敬意与衷心的感谢。长期以来,他们给予我诸多学术上的教益、学业和工作上的鞭策与鼓励。感谢中国金融出版社的细心编排,使得此书得以顺利出版。另外,我还要感谢福建江夏学院学术著作资助出版,感谢经济贸易学院的领导与同事一直以来的帮助和鼓励。最后,我想向家人表达歉意和感激。由于长期投身科研,陪伴他们的时间太短暂,正是他们的理解、鼓励与支持,才使我能够在学术的道路上继续坚持下去。

在本书完稿之际,正值榕城夏日的尾巴,八月热辣的阳光仿佛昨日还在头顶,九月就已经裹挟着微凉的秋意到来,让人感慨时光的流逝。从文献的阅读到课题的开展,我感受到货币这一研究领域的博大精深,这一过程中既有顿悟后的喜悦,也有力不从心的困惑与彷徨。推己及人,几个世纪以来,一位位学者踏在前人的脚印上一步步地推动着货币理论不断发展和完善,为政府制定经济政策、企业和居民作出投资和消费决策以及金融部门进行产品创新等作出重要贡献。这个过程虽然漫长且艰辛,但意义非凡。希望自己的一点努力与坚持能够为读者揭开货币这层"面纱"提供一个新视角,激发读者进一步研究的兴趣。

杨斌

2021 年 9 月 2 日